金融强国

FINANCIALLY
ROBUST COUNTRY

张健华 等著

人民日报出版社

北京

图书在版编目 (CIP) 数据

金融强国 / 张健华等著 . — 北京：人民日报出版
社，2024.11
　ISBN 978-7-5115-8290-4

　Ⅰ.①金…　Ⅱ.①张…　Ⅲ.①金融业—经济发展—研
究—中国　Ⅳ.①F832

中国国家版本馆 CIP 数据核字（2024）第 096913 号

书　　　名：金融强国
　　　　　　JINRONG QIANGGUO
作　　　者：张健华等

出 版 人：刘华新
责任编辑：蒋菊平　李　安
版式设计：九章文化

出版发行：人民日报出版社

社　　　址：北京金台西路 2 号
邮政编码：100733
发行热线：（010）65369509　65369527　65369846　65369512
邮购热线：（010）65369530　65363527
编辑热线：（010）65369528
网　　　址：www.peopledailypress.com
经　　　销：新华书店
印　　　刷：大厂回族自治县彩虹印刷有限公司
法律顾问：北京科宇律师事务所　（010）83622312

开　　　本：710mm×1000mm　1/16
字　　　数：232 千字
印　　　张：19.5
版次印次：2024 年 11 月第 1 版　　　2024 年 11 月第 1 次印刷

书　　　号：ISBN 978-7-5115-8290-4
定　　　价：56.00 元

如有印装质量问题，请与本社调换，电话（010）65369463

序言

金融强国之路——稳健前行，共创未来

肖 钢

2023 年 10 月，中央金融工作会议首次正式提出建设金融强国这一宏伟目标，这是党中央立足新发展阶段、贯彻新发展理念、构建新发展格局作出的重大战略决策，对于推动中国金融事业高质量发展，实现中国式现代化目标，具有十分重要的意义。

回顾历史，每一次经济的飞跃，背后都有金融力量的强劲支撑。从大航海时代的信贷创新，到工业革命中的资本积累，再到当代科技革命中的风险投资，金融体系的每一次革新，都极大地推动了社会生产力的发展。当今世界，金融作为现代经济的核心与动力的重要性更加凸显。一个强大的金融体系，不仅能够促进经济增长、维护经济稳定，更能在全球舞台上展现国家的软实力与影响力。可以说，如何提升国家金融竞争力，已成为每个国家必须面对的重要课题。

党的十八大以来，以习近平同志为核心的党中央高度重视金融工作，作出一系列重大决策部署，推动中国金融事业取得了历史性成就。目前，我国已是名副其实的金融大国，不仅拥有全球最大银行体系，还是全球第二大股票、债券和保险市场。然而，我们也要清醒地认识到，与世界金融强国相比，当前我国金融体系仍然存在一些短板和不足，如金融结

构不合理、风险防控机制不健全、金融创新能力不足等问题。特别是，我们正面临百年未有之大变局，国内外经济环境复杂多变、金融风险隐患增多，为金融业带来了前所未有的新挑战。面对这样的形势，我们必须有清晰的战略眼光和坚定的战略定力，以金融强国为目标，推动我国金融体系向更高水平迈进。

展望未来，我们需要坚持系统性的发展理念，坚持目标导向和问题导向，以更加务实的举措和更加开放的姿态，探索出一条符合我国国情的中国特色金融强国之路。

一是坚持党中央对金融工作的集中统一领导。这是做好新时代金融工作的根本保证。要坚持以人民为中心的价值取向，牢记金融的使命与目标是服务实体经济、服务人民，增进民生福祉，金融政策和制度设计必须始终围绕改善民众生活水平、促进社会公平正义来进行，提升金融服务的覆盖面、可得性和满意度、让人民群众共享发展成果。

二是深化金融体制改革。金融改革是推动金融发展的重要途径，要继续推进金融供给侧结构性改革，优化金融结构，提升金融服务实体经济和科技创新的能力。以"两个毫不动摇"为原则，深化金融机构改革，提升金融机构的公司治理能力，建立更加有效的决策、执行和监督机制。要完善多层次资本市场体系，拓宽直接融资渠道，推进利率市场化、汇率形成机制改革，提升金融资源配置效率。

三是坚持市场化和法治化建设。市场化是推动金融发展的根本动力，只有充分发挥市场在资源配置中的决定性作用，才能激发金融创新的活力，提高金融服务实体经济的效率和质量。同时，法治化是保障金融市场公平竞争的基石，只有建立健全的法律法规体系，坚决打击违法违规金融活动，才能有效保护投资者与消费者的合法权益，维护金融市场的稳定和繁荣。

四是推动金融创新与科技赋能。 在数字化转型的浪潮中，金融科技已成为推动金融创新、赋能实体经济的重要力量，要加快金融科技基础设施建设，加强金融科技人才培养，提升金融机构的科技创新能力，鼓励金融机构运用大数据、人工智能、区块链等新技术，创新金融产品和服务模式，提高金融服务的数字化、智能化水平，满足多样化的金融需求。

五是健全金融风险防控体系。 防控金融风险是金融发展的永恒主题，面对复杂多变的国内外经济金融形势，在追求金融发展的同时，要始终铭记"稳中求进"的总基调，完善宏观审慎管理框架，加强金融监管，提升金融基础设施的自主掌控能力，为金融安全与效率奠定坚实基础，确保金融系统的稳定性，守住金融安全底线。

六是扩大高水平金融对外开放。 在全球化背景下，金融开放是提升国家金融竞争力的必由之路。要积极参与全球金融治理，提升中国在国际金融事务中的话语权和影响力。通过实施"一带一路"等倡议，深化与沿线国家的金融合作，共享发展机遇，共同抵御金融风险。要稳步推动人民币国际化进程，增强人民币在全球贸易结算、投资、大宗商品计价、储备货币中的作用，提升人民币在国际货币体系中的地位。

总之。金融强国的建设是一项伟大而艰巨的任务，《金融强国》一书的出版恰逢其时，该书以深刻的见解和丰富的内容为我们提供了一个深入思考和探讨金融强国建设的框架与路径，具有较强的学术性、厚重的历史感和鲜明的实践性。我们坚信，中国特色金融强国之路会越走越宽广，并能为世界金融发展和稳定贡献中国智慧和力量。

作者系中国证监会原主席、中国银行原董事长

目　录
CONTENTS

目 录

前 言
PREFACE

　　2023 年 10 月 31 日，中央金融工作会议（以下简称"会议"）在北京举行，会议规格从之前的"全国金融工作会议"升格至"中央金融工作会议"，彰显了党和国家领导人对金融工作的高度重视。此次会议明确指出，金融是国民经济的血脉，是国家核心竞争力的重要组成部分，强调了金融在支撑国家整体战略中的不可替代地位。尤其是，会议提出了"要加快建设金融强国"的重要指示，这是中共中央首次提出"金融强国"概念，标志着当前金融体系建设发展的目标已从原来的"规模发展"转向"高质量发展"。

　　什么是金融强国？在 2024 年 1 月 16 日的省部级主要领导干部推动金融高质量发展专题研讨班开班式上，习近平总书记指出，金融强国应当基于强大的经济基础，具有领先世界的经济实力、科技实力和综合国力，同时具备一系列关键核心金融要素，即：拥有强大的货币、强大的中央银行、强大的金融机构、强大的国际金融中心、强大的金融监管、强大的金融人才队伍。按照这一标准，建设金融强国甚至比我国本世纪中叶进入发达国家行列的目标还要高许多，因为发达国家并不等于金融强国，如历史上的很多国家以及目前的西欧多国；金融发达国家也不等于金融强国，如当下的瑞士、卢森堡及新加坡等国；即使如日本、德国这些经济及金融均高度发达的大国也不完全等同于金融强国。要看到的是，金融强国既是发展目标，也是一个长期的奋斗过程。强大的金融不仅是一国软实力的体现，还是可以影响他国甚至全球经济金融稳定的硬实力。从世界历史和国际经验来看，现代化强国必然是金融强国，金融强国是现代化强国的必要条件。没有一个强大的金融体系作支撑，社会主义现代化强国不可能实现。由此可见，中国作为新兴大国及金融大国，建设金融强国是一项艰巨且光荣的任务。

一、建设金融强国是实现高质量发展的必然要求

高质量发展是坚持"发展是硬道理"的发展，是坚持以经济建设为中心的发展，是坚持以人民为中心的发展，是坚持贯彻新发展理念的发展，不再是简单地以数量和增速作为发展目标，不再是执着于"大不大""快不快"，而是转向寻求更高的发展质效，并紧紧锚定"好不好""优不优"的发展主线，强调经济结构的优化升级和实体经济的持续健康发展。中央金融工作会议指出，高质量发展是全面建设社会主义现代化国家的首要任务，金融要为经济社会发展提供高质量服务。金融强，则经济强，金融是国家重要的核心竞争力，一个强大的金融体系能够有效配置资源，促进资本形成，支持产业升级、经济转型、动能转换和效率提升，从而增强国家的整体经济实力和国际竞争力。因此，加快建设金融强国，是我国在金融全球化进程中维护国家金融安全的需要，也是我国经济长远发展的战略抉择，更是推动我国经济高质量发展的必然要求，事关国家繁荣富强、社会和谐稳定、人民幸福安康，全面建成社会主义现代化

强国需要建设一个金融强国。

二、建设金融强国是提高人民生活品质的必然要求

为民造福是立党为公、执政为民的本质要求。对金融工作来讲，这个本质要求要落到实处，就要在增进民生福祉、提高人民生活品质方面有所作为。金融工作具有政治性、人民性，人民对美好生活的向往是金融工作的出发点和落脚点，金融发展必须坚持以人民为中心的价值取向，通过提供包括养老保险、医疗保险、教育贷款、消费信贷等在内的金融服务，帮助民众更好地规划未来，应对生活中的不确定性，提升安全感和幸福感。同时，金融要真正得到发展，也必须取信于民，得到人民的信任和支持，各种金融创新和各项金融服务，也必须有深厚的市场和群众基础。因此，金融工作要服从国家战略安排，服务实体经济，服务民生保障，为扎实促进经济增长、增加就业、推进共同富裕贡献力量，为人民追求更高品质的美好生活提供支撑，不断提高人民获得感、幸福感和安全感。

三、建设金融强国是提升国际竞争力的必然要求

当今世界正处于百年未有之大变局加速演进时期，国际形势复杂多变，世界经济增长乏力，地缘政治风险加剧，全球性挑战层出不穷。在这个动荡变化的世界中，维护好国家和人民的利益就必须发挥好金融的重要作用。金融是国家软实力的重要体现，强大的金融体系能够增强一国在国际事务中的话语权和规则制定权，促进资本的全球配置，提升企

业的国际竞争力，提供高水平的金融服务，维护金融安全和稳定，推动本国货币的国际化，是提升国家在全球经济治理中地位、增强国际竞争力的战略选择，更是融入并引领全球经济一体化发展的必然要求。无论是从中国自身的发展来看，还是从国际合作竞争来看，都需要把金融做优、做大和做强，因此，建设金融强国是提升国家的经济实力和国际影响力的必然要求。

自党的十八大以来，我国金融行业快速发展取得历史性成就，银行业资产规模位居全球第一，股票、债券、保险规模位居全球第二，外汇储备规模稳居世界第一，金融业综合实力显著增强。同时要清醒看到，我国金融体系"大而不强、大而不精"的问题依然存在，距离金融强国尚有差距。我国金融正处在"金融大国"向"金融强国"变迁转型的关键时期，机遇和挑战并存。如何做好科技金融、绿色金融、普惠金融、养老金融和数字金融五篇大文章，如何以建设金融强国赋能金融业高质量发展，坚定不移走中国特色金融发展之路，这些问题成为政学业三界关注的焦点。在此背景下，本书以金融强国为题，尝试探讨金融强国的建设之路，期望能为我国快速、顺利建设成世界金融强国提供一定的参考。

──── 第一章 ────

世界金融强国的历史演变

金融发展伴随着整个人类文明的演进历程，任何大国的崛起都离不开金融强有力的支撑，可以说世界史就是一部金融史。通过梳理金融的发展历史和世界金融强国的崛起之路，能够为我国建成金融强国提供重要参考与借鉴。

第一节　金融的起源与发展

金融的起源和发展是一个复杂而漫长的过程，它与货币、信用、商业活动、国家政权等多个因素密切相关。从最初的简单货币交换到现代的复杂金融体系，金融在促进经济发展、提高资金使用效率以及推动社会进步方面发挥了重要作用。了解金融的起源与发展，对于我们更好地理解现代金融市场的运作机制和未来趋势意义重大。

一、金融的起源

金融的最早形式其实可以追溯到货币出现之前的物物交换阶段。在这个阶段，人们通过直接交换商品和服务来满足自己的需求。随着社会发展和交易需求的增加，物物交换带来极大不便，货币由此被发明出来作为交换媒介。货币的出现大大简化了交易过程，逐渐衍生出信用关系，金融活动自此开始有迹可循。根据对金融史料的梳理，金融的起源阶段大致可以划分为以下几个时期。

（一）公元前 21 世纪—前 6 世纪：古巴比伦和古希腊的寺庙

金融活动的起源可以追溯到公元前 21 世纪巴比伦寺庙和公元前 6 世纪希腊寺庙。当时的寺庙不仅作为宗教场所，还承担了许多社会和经济功能，其中之一便是作为货币和贵重物品的保管处，人们可以将自己的财富存放在寺庙中，由寺庙负责保管确保财富安全。同时，寺庙还提供放款业务，通过收取利息的方式进行贷款业务，这是早期金融活动的雏形，而当时的寺庙可视为最初的金融机构。

在古巴比伦时期，寺庙的放款业务通常以农业为基础，农民在播种季节从寺庙借款购买种子和农具，然后在收获季节偿还本金和利息。到了公元前 6 世纪的希腊时期，寺庙的放款业务更多地与商业和贸易相关，由于希腊的商人和贸易者经常需要在不同城市之间进行交易，他们将货币存放在寺庙中，由寺庙提供保管和转账服务。此外，希腊寺庙还向商人和手工业者提供贷款，帮助他们扩大生产和贸易规模。这两个时期的寺庙金融业务都体现了金融的基本特征，即货币的跨时间、跨地区流通以及风险的分散和管理。

（二）公元前 5—前 3 世纪：古雅典和古罗马的银钱商

在公元前 5 世纪的古雅典和公元前 3 世纪的古罗马，先后出现了银钱商（money changers）和类似银行的商业机构，这些机构通常由富有的商人或贵族经营，主要提供货币兑换、存款、贷款等服务，为当时的商业和贸易活动提供了重要支持，可以说是现代银行的雏形。

公元前 5 世纪的古雅典正处伯里克利时代[①]，当时的民主制度和社会繁荣推动了贸易和经济活动的增长。在此期间，由于雅典拥有强大的海军和广泛的海外殖民地网络，商业活动频繁，自然催生了对于货币兑换和金融服务的需求。银钱商作为商人阶层的一部分，开始活跃在市场和港口地区，并在广场上设有摊位，为市民提供便捷的金融服务。例如，将外来的或质量各异的货币兑换成本地可接受的标准货币[②]，保证了交易的顺利进行；为长途贸易的商人提供保管金银、宝石等贵重物品的服务，并开展简单的汇兑业务；向急需资金的商人或者农民提供短期贷款等。总之，银钱商们的存在极大地促进了雅典的商业活动和经济发展。

古罗马的金融活动起初较为简单，直到公元前 3 世纪，罗马共和国才开始铸造自己的货币。随着罗马从一个城邦逐步崛起为地域大国，并最终建立起庞大的帝国，金融活动达到了前所未有的高度。在此期间，罗马的银钱商通过提供贷款支持军事扩张和大型公共工程的建设，对罗马帝国的经济发展和政治稳定起到了关键作用。同时，随着罗马帝国不断征服周边地区和扩张其领土，贸易网络迅速扩展，银钱商的活动范围也随之扩展到了整个地中海地区。银钱商们不仅提供货币兑换和信贷服务，还开始涉足更复杂的金融业务，例如，与政府合作参与税收的征收和管理，确保税收的有效收集和分配；投资农业和工业生产，促进了罗马经济的多元化和增长；从事信托业务，代理客户管理财产等。此外，古罗

[①]　伯里克利时代是古希腊历史上一个极为辉煌的时期，从公元前 440 年至公元前 430 年，直至公元前 429 年伯里克利去世。这一时期也是雅典民主政治的黄金时代，伯里克利作为雅典的杰出政治家和将军，主导了一系列政治和社会改革，极大促进了雅典在政治、文化、艺术和哲学等领域的繁荣。

[②]　古雅典的货币体系以银币为主，其中最著名的是雅典的四德拉克马银币，这种银币因其高质量和广泛的接受度而成为地中海地区的主要货币之一。

马还出现了类似银行的商业机构，如国营的罗马铸币厂和私人经营的兑换商行等，可以视为现代银行的雏形。

总的来说，古雅典和古罗马的银钱商在各自的历史时期内，通过提供金融服务和参与经济活动，对两个文明的繁荣和发展做出了重要贡献，推动了地中海地区贸易和金融体系的形成和发展。尽管与现代意义上的银行相比尚处于初级阶段，但它们的出现无疑构成了金融服务业的早期形态，标志着金融业开始逐渐从商业中分离出来，成为一个独立的领域。

（三）中世纪①：欧洲的货币兑换业和金匠业

现代银行业的起源可以追溯到中世纪的欧洲。当时的欧洲是一个由众多小国家、城邦和领地组成的碎片化地区。这些政治实体通常都有自己的货币体系，导致货币种类繁多，而且由于铸币工艺和材料的不同，使得货币的含金量、重量和尺寸都不同，质量参差不齐，实际价值差异很大，于是货币兑换业应运而生。从事货币兑换业务的这些兑换商通常会在市场上设立摊位，负责将一种货币兑换成另一种货币，以便帮助商人、旅行者以及其他需要跨地区交易的人们解决货币流通的问题。这些货币兑换商往往对各种货币较为熟悉，并掌握货币的市场价格信息，能够准确估定汇率，迅速准确地完成复杂的货币转换，从中赚取手续费或兑换差价。此外，他们还经常提供汇款、支付和信贷服务，进一步促进了商业的流动性和效率。

与货币兑换业类似，金匠业在中世纪欧洲也扮演了重要角色。金匠

---

① 中世纪是指从公元476年西罗马帝国的灭亡到公元1453年东罗马帝国的灭亡这一历史时期。

们不仅承担着为贵族和教会制作金银首饰和艺术品的任务，还为客户提供金银的买卖、鉴定和熔炼服务。随着经济的发展，金匠们开始涉及货币存储和兑换业务。由于金匠们的专业技能和对贵金属市场的深入了解，人们愿意将金银等贵重金属存放在金匠那里，金匠则开具一种叫作"金匠券"的收据。这些收据逐渐演变为一种可以转让的凭证，并作为一种支付手段在市场上流通，持有者凭此即可向金匠提取相应价值的金银，这便是早期的银行存款和支票制度的原型。同时，金匠们还会根据客户的需要，将客户所存的金银财宝兑换成流通货币。

值得注意的是，中世纪欧洲的货币兑换业和金匠业往往与当时的政治、经济和社会环境紧密相连。例如，在佛罗伦萨、威尼斯和热那亚等贸易繁荣的城市，这些行业得到了显著发展，开始提供长期的信用服务，允许客户提取超过实际存款额的资金，这就形成了最初的贷款业务。在中世纪后期，随着业务范围扩大，货币兑换业和金匠业逐渐合并，很多金匠后来逐渐演变成了专业的货币兑换商或银行家，许多金匠店也转变为初期的银行机构，不仅承担着货币兑换和制作的任务，还从事贷款和储蓄等业务，为欧洲的金融体系奠定了基础，如著名的佩鲁齐家族①等。

在中世纪，还有一个名为"圣殿骑士团"的组织开展了一系列创新且具有现代银行雏形的金融业务。圣殿骑士团原是为保护前往耶路撒冷朝圣的基督徒免受侵扰而设立，在此过程中，圣殿骑士团发展出了复杂的金融网络，成为中世纪的国际银行家，为国王和贵族提供贷款、保管

---

① 佩鲁齐家族是 13—14 世纪意大利的一个显赫金融家族，以银行业闻名。佩鲁齐家族的银行业务随着欧洲经济的发展而繁荣，对当时经济活动有着重要影响。他们不仅在意大利，乃至整个欧洲的金融领域都扮演了关键角色，通过提供货币兑换、信贷和融资服务，支持了商业贸易和贵族的资金需求。佩鲁齐家族的银行是现代银行体系的先驱之一，展示了中世纪银行业如何运作以及它对后世经济体系发展的影响。

贵重物品和进行跨境汇款等服务。到了 14 世纪，这些汇款、存贷、理财、支付等标准的信用中介业务已经随着圣殿骑士团的拓展在整个欧洲流行起来，上至国王贵族，下至普通百姓都开始在圣殿骑士团这里做储蓄理财业务。这些金融业务活动不仅帮助圣殿骑士团积累了巨额财富，也使他们成为当时最具影响力的金融机构之一。尽管圣殿骑士团最终因为各种原因被解散[①]，但他们在金融发展史上的贡献和影响是不可磨灭的，不仅推动了金融工具和机构的发展，还为后来的金融机构提供了运作模式和经验。

（四）14—16 世纪：现代金融体系雏形逐渐形成

14—16 世纪是一个从传统金融活动向现代金融体系过渡的重要时期。这段时期涵盖了欧洲文艺复兴时期，当时在金融领域中比较活跃的国家是意大利，尤其是佛罗伦萨、威尼斯、热那亚等意大利北部城市的银行家们在全球金融领域占据了主导地位。例如，美第奇家族[②]、巴尔迪家族[③]和佩鲁齐家族等成为欧洲最重要的金融家族，他们经营的银行网络横跨

---

① 1307 年，法王腓力四世出于对圣殿骑士团财富的觊觎及消除债务的动机，联合教宗克莱门特五世发起了针对圣殿骑士团的指控，包括异端、亵渎圣物、崇拜偶像等罪名。大规模的逮捕、审讯和酷刑随之而来，导致许多骑士被迫认罪。1312 年，教宗正式解散了圣殿骑士团，其财产被没收并转移给了另一个军事修士会——医院骑士团。

② 美第奇家族是意大利佛罗伦萨历史上最为显赫和著名的家族之一，其影响力横跨 14 世纪至 18 世纪中期，尤其在文艺复兴时期扮演了核心角色。家族的财富起源于银行业，通过精明的商业操作和金融策略，特别是在国际贸易和货币兑换方面的业务，美第奇家族逐渐累积了巨大的财富和影响力。

③ 巴尔迪家族的银行生意兴盛于 13—15 世纪，与美第奇家族、佩鲁齐家族并列为当时佛罗伦萨最著名的三大银行家族。巴尔迪家族的银行网络横跨欧洲大陆，拥有广泛的分行系统。他们提供货币兑换、信贷、国际转账等服务，对当时的国际贸易和金融交易产生了重大影响。

欧洲，甚至延伸至中东和远东，为国际汇兑、商业贷款和政府融资提供了极大便利。上述几个城市也逐渐成为当时欧洲的金融中心，威尼斯和热那亚更是国际贸易和金融交易的枢纽，1407年在热那亚成立的圣乔治银行（Banco di San Giorgio）通常被认为是世界上最早的银行，圣乔治银行不仅提供存款和贷款服务，还参与管理国家债务、发行货币、进行贸易融资等，它的成功经验对后来的银行业发展产生了深远影响，尤其是对意大利和欧洲其他国家的银行体系产生了示范作用，其所设立的股份制和董事会管理模式，也为现代银行制度的发展奠定了基础。

这一时期的金融创新同样层出不穷。例如，美第奇家族发明了复式记账法，极大地提高了财务管理的精度和效率，发展了汇票和银行承兑汇票等金融工具，大大简化了远程贸易的支付和结算过程；保险业务也开始兴起，为海上贸易等高风险行业提供保障；康曼达契约^①（Commenda）则为未来的公司组织形式和金融市场的发展提供了思路。同时，随着国家战争、城市建设等所需资金的增加，各国政府开始发行公债，虽然此时的债券市场尚不成熟，但已经孕育了未来债券市场和国债体系的雏形。

在货币发展方面，随着金银的开采和冶炼技术的进步，金银货币逐渐取代了之前的实物货币，成为主要的交易媒介，纸币开始在某些地区出现并得到应用。欧洲各国的货币制度也逐渐发展和完善，主要表现在铸币技术的进步、货币制度的统一以及货币价值的稳定。例如，英国在14世纪初实行了货币改革，将银币作为主要货币，并对铸币技术进行了

---

① 康曼达契约（Commenda），又称为康孟达，是一种古老的商事契约形式，最早产生于欧洲中世纪的地中海沿岸诸个城市。这种契约形式最初盛行于海上贸易，由资本家出资，航海者负责航海，盈利按照出资额进行分配。如果出现亏损，航海者承担无限责任，而资本家则只在出资范围内承担有限责任。随着时间的推移，这种合伙形式逐渐发展到陆上贸易，并最终演变成为隐名合伙和两合公司。

改进，提高了货币的信誉度，各国政府也加强对货币流通的监管，以确保货币价值的稳定。

此外，金融思想在这一时期也得到了发展。金融理论开始形成，学者们开始探讨货币、信用和金融市场的运作机制。例如，当时的学者尼古拉·奥雷斯梅（Nicolas Oreseme）被认为是货币理论的先驱，他讨论了货币的本质、价值以及货币政策对经济的影响，这是经济思想史上的重要里程碑，对后来的金融理论发展具有重大的启发意义。

二、金融的发展

自 17 世纪后，全球金融经历了飞速的发展。随着银行体系的不断完善、金融市场的日益成熟以及金融工具的创新涌现，金融逐渐渗透到经济社会的每个角落，世界金融强国也开始陆续粉墨登场。

（一）17—19 世纪初：资本主义和工业革命带来金融变革

17 世纪，荷兰和英国等国家开始进行金融创新，但两国的经济发展结果不同。由于当时荷兰的资本主义经济发展得最为活跃，荷兰的阿姆斯特丹在这一时期率先成为世界金融中心，在此设立的银行、保险公司和证券交易所等金融机构组成了一个完整的金融体系。例如，1602 年荷兰阿姆斯特丹证券交易所正式成立，这是世界上第一个正式的证券交易所，标志着现代股票市场的起源；荷兰东印度公司等大型企业通过发行股票和债券来筹集资本，开创了现代公司股权融资的先例，荷兰东印度公司也相应成为世界上第一个股份制公司；1609 年荷兰又建立了阿姆斯特丹银行，这是世界上最早的银行之一，该银行不仅吸纳各种存款，而且为整个欧洲提供贷款。此外，荷兰还开创了以风险投资为基础的商业模式，通过风险共担的方式吸引了大量投资者。

17 世纪末，英国也进行了金融革命，最具标志性的事件是 1694 年英格兰银行的建立。英格兰银行作为国家银行，不仅提供政府贷款，还发行银行券，成为货币供应的重要源头。通过成立英格兰银行，显著改变了英国政府筹集资金的能力，从经济层面上推动了英国从旧社会转型到现代社会，并为英国的崛起及世界霸权的最终确立奠定了基础。后来，受到"郁金香泡沫"①破裂的冲击，荷兰经济和金融业遭受重创，世界金融中心开始由荷兰转向英国。18 世纪，英国的金融体系继续发展，伦敦金融城的建立彰显了英国金融市场的繁荣，英国的国债制度和税收制度改革促进了国家的财政稳定和经济增长，这也为后来的工业革命奠定了坚实的经济基础。18 世纪末至 19 世纪初，工业革命在英国爆发，对大规模资本的需求激增，推动了金融体系的深化和拓宽。在这个时期，英国金融业对外开放程度也在加快，向欧美各国的殖民地直接输出大量资本，例如，1815 年第二次英美战争②结束后，英国资金流入美国，19 世纪 30 年代后还大量投资于美国地方政府债和铁路证券等。英国的金融业此时

---

① 郁金香泡沫是发生在 17 世纪荷兰的一次著名金融泡沫事件，被视为人类历史上有记载的最早的投机泡沫案例。这场泡沫主要围绕当时极为流行的郁金香花球的交易而产生。1636 年到 1637 年间，郁金香球茎的价格达到顶峰，一些稀有品种的球茎价格甚至超过了一座豪宅的价格。1637 年年初，市场信心突然崩溃，郁金香价格迅速下跌，成千上万的人因此破产，经济受到重创。

② 英美第二次战争，是发生于 1812 年至 1815 年间美国与英国之间的冲突。这场战争的直接原因包括英国对美国海上贸易的干扰、强征美国海员入伍以及美国对加拿大领土的野心等。1814 年 12 月 24 日，美国与英国在比利时的根特签署了《根特条约》，正式结束了战争状态，但考虑到战争的实际停止和所有军事行动的结束，1815 年常被视为战争结束的年份。《根特条约》基本恢复了战前的状态，没有明确的胜利者和领土的实质性变动。但战争极大地激发了美国的民族主义情绪，并促进了美国的工业发展。

也逐渐与世界其他地区的金融市场相互连接，英镑标价的国际票据在国际金融市场上广泛流通，伦敦也开始取代阿姆斯特丹成为新的世界金融中心。

（二）19 世纪中期至 20 世纪初：由自由放任到加强金融监管

19 世纪中期，英国凭借其经济、军事优势以及在海外广阔的殖民地版图，通过货币局制度①在殖民地推广英镑，使得英镑在全世界得到广泛使用，确立了英镑作为国际货币的地位。同时，随着股份制企业的增多，证券市场的重要性日益提升，伦敦证券交易所顺势成为当时全球最大的资本市场。此外，随着工业革命带来的经济增长，对资本的需求空前旺盛，使得商业银行和投资银行的数量和规模显著增加，借助于英国遍布世界各地的银行网络，伦敦还成为国际银行业中心，并最终坐上世界金融中心的王座，吸引着全球各地的资金涌入英国。

到了 19 世纪 70 年代至 20 世纪初，金本位制开始在国际上广泛实行，英、德、法、意、美等国相继实行了国际金本位货币制度，规定本国货币与一定量的黄金相挂钩。这一制度的特点是固定汇率制度，能平抑各国货币汇率波动，稳定汇率预期，进而促进了国际货币体系的标准化和稳定化。同一时期，金融资本与工业资本紧密结合，形成了金融寡头，银行家和工业家相互持股、合作，共同控制了经济命脉。随着工业生产

---

① 货币局制度（Currency Board System）是一种特定的货币管理制度，其基本原则是发行货币的总量必须由充足的外汇储备全额支持，从而确保货币的稳定性和可兑换性。历史上，英国在其殖民地推行货币局制度，确保殖民地货币与英镑之间保持固定的兑换率，以此来维护英镑的国际地位，并控制殖民地的经济。殖民地政府或货币局在发行货币之前，需要有等额的英镑或其他硬通货作为储备，这实质上剥夺了殖民地的货币主权，同时加强了英国对殖民地经济的控制。

和资本的高度集中，垄断组织和托拉斯盛行，金融资本不仅服务于实体经济，还通过操纵市场和政治权力来获取超额利润，这也为后来的经济大萧条埋下了种子。

19 世纪末至 20 世纪初，世界经历了一系列经济危机，如 1873 年的"长萧条"①、1907 年的美国金融恐慌②、1929 年的经济大萧条③等。这些危机揭示了金融市场的脆弱性和监管的不足，对金融监管的专业化和国际化提出了新的挑战和要求，金融监管逐渐成为这一时期的重要议题，各国政府开始重视金融监管体制的改革，以进一步强化监管、应对风险挑战。例如，美国国会于 1913 年通过法案成立了美国联邦储备系统（FRS），旨在提供弹性货币供给和防止金融危机；1933 年颁布《格拉斯 – 斯蒂格尔法》，旨在加强对银行业的监管，要求商业银行与投资银行进行业务分离；同年，成立联邦存款保险公司，建立了世界上最早期的存款保险制度；1934 年颁布《证券交易法》，并成立了美国证券交易委员会（SEC），旨在监管证券市场，保护投资者免受欺诈和操纵；1935 年又颁布《银行

---

① 1873 年的"长萧条"（Long Depression）是指从 1873 年到 1896 年间发生的全球性经济衰退，这场危机起始于 1873 年 5 月 9 日的维也纳，随后迅速蔓延至欧洲其他国家的金融市场，并最终影响到美国及其他地区，成为 19 世纪持续时间最长、影响范围广泛的一次经济危机。

② 1907 年的美国金融恐慌，也称为"1907 年银行恐慌"或"尼克博克危机"，是尼克博克信托公司等几家重要金融机构的倒闭所引发的存款人恐慌，进而出现银行挤兑危机。这次危机暴露了美国金融体系的脆弱性和监管的不足，并直接促成了美国联邦储备系统（Federal Reserve System）的建立。

③ 1929 年的经济大萧条，也称为大萧条（The Great Depression），是 20 世纪最为严重的全球经济危机之一，其起始点通常被认为是 1929 年 10 月 24 日的"黑色星期四"，当天美国纽约股市发生了崩盘。这场危机持续时间长，影响范围广，直到 20 世纪 30 年代末才逐渐缓解。这场危机揭示了市场经济的脆弱性和金融体系的不稳定性。通过吸取教训，各国加强了政府在经济中的角色，实施了广泛的改革措施，为未来的经济发展提供了宝贵的经验和教训。

法修正案》，撤销了财政部和通货总监在联邦储备委员会中的席位，减少了政府对美联的直接干预，扩大了美联储的独立性和自主权，使其能够更加独立地制定和执行货币政策，增加了美联储的监管权力。

（三）20世纪中期至20世纪末：金融市场的全球化与自由化

20世纪中期，世界金融体系经历了"二战"后的重建和调整。"二战"结束后，西欧国家面临严重经济困境，美国借机通过马歇尔计划向欧洲输送了大量的经济援助，推动了战后经济复苏和金融重建。同时，美国凭借强大的经济和军事实力，在1944年召开的布雷顿森林会议中，确立了以美元为中心的国际货币体系，各国货币与美元挂钩，美元与黄金保持固定比价，美元也借机取代英镑成为新的国际货币。此外，在布雷顿森林会议中还宣布成立国际货币基金组织（IMF）和世界银行等国际金融组织，这为战后经济恢复和全球经济发展提供了重要支持。然而，到了20世纪70年代，由于国际收支失衡和美元危机等问题，布雷顿森林体系崩溃，各国开始放弃固定汇率制度转而实行浮动汇率制度。

20世纪80—90年代，全球金融市场又出现了金融自由化和国际化的趋势，包括放松金融管制、降低利率、资本账户开放等。许多国家在这一时期启动了金融自由化改革，取消了对利率、汇率和资本账户的严格管制，允许金融机构开展多元化经营，鼓励市场竞争。多个新兴市场国家或地区，如亚洲四小龙[1]、巴西、俄罗斯、印度、中国等在世界经济舞台上开始崭露头角，成为全球经济增长的重要引擎，同时带动了本地

---

[1] 亚洲四小龙指的是在20世纪后半叶快速工业化和经济高速增长的四个东亚经济体：韩国、中国台湾、中国香港和新加坡。

金融市场的发展。而资本流动的自由化、金融技术的创新以及信息技术的发展，则共同推动了全球金融市场的融合；美国 1998 年通过的《金融服务现代化法案》^①打破了金融业分业经营的限制；1999 年欧元的诞生是这一时期的重要事件，它标志着欧洲经济一体化的深化，并对战后国际货币体系产生了重要影响。

这一时期金融创新和衍生品也快速发展，包括期货、期权、互换等衍生品市场的规模出现爆炸式增长，而某些创新型金融衍生工具的复杂设计也成为日后多次金融危机主要导火索。这段时期发生了多次经济或金融危机，如 20 世纪 70 年代的第一次和第二次石油危机^②、20 世纪 80

①《金融服务现代化法案》(*Gramm-Leach-Bliley Act*，GLBA)，又称《格雷姆－里奇－比利雷法案》。该法案的核心内容是废止了 1933 年《格拉斯－斯蒂格尔法》中关于限制商业银行、证券公司和保险公司跨界经营的条款，结束了长达 66 年之久的金融分业经营制度，标志着美国金融业从分业经营转向混业经营的新时代。

② 第一次石油危机始于 1973 年 10 月，直接原因是第四次中东战争（也称赎罪日战争）的爆发。阿拉伯石油输出国组织（OAPEC，包括 OPEC 成员国和埃及、叙利亚）为了抗议西方国家支持以色列，宣布对美国等支持以色列的国家实施石油禁运，同时削减石油产量。这导致全球石油供应急剧减少，原油价格从 1973 年的每桶不到 3 美元猛增至超过 13 美元，引发了全球范围内的能源危机，物价飞涨，经济增长放缓，西方国家经历了二战后最严重的经济衰退之一。

第二次石油危机发生在 1979 年至 20 世纪 80 年代初，主要导火索是 1978 年底伊朗的伊斯兰革命。革命导致伊朗的石油产量急剧下降，特别是 1978 年 12 月至次年 3 月初，伊朗完全停止输出石油 60 天，每天市场短缺石油约 500 万桶，占当时世界总消费量的十分之一，这对全球石油市场造成了巨大冲击。此外，1980 年爆发的两伊战争进一步减少了两国的石油出口，加剧了石油供应紧张的局面。在此期间，原油价格从 1979 年的每桶约 15 美元飙升至 1981 年 2 月的近 39 美元，导致全球范围内再次出现经济衰退，通货膨胀加剧，尤其对依赖石油进口的国家经济造成了严重影响。

年代的拉丁美洲债务危机①、1987 年的美国"黑色星期一"股灾②、20 世纪 90 年代的日本房地产泡沫破裂、1997 年的亚洲金融危机等。这些危机的出现也推动了国际社会对金融监管和风险管理的重新思考。针对金融危机的教训,各国开始强化金融监管,例如,欧洲中央银行于 1998 年成立后,在区域内推行了一系列金融监管改革,旨在加强金融稳定、提高银行业的稳健性和改善金融市场的透明度;国际层面,IMF、世界银行、巴塞尔银行监管委员会等国际组织加大了对全球金融稳定的关注,推动了 G20③ 等多边论坛在金融监管协调方面的合作。

(四)21 世纪初至今:数字化技术带来金融生态新变化

21 世纪伊始,全球金融市场便经历了几次重大的金融危机。首先是 2000 年互联网泡沫的破裂,导致全球股市大幅下跌;接着 2001 年的"9·11"事件,对全球经济产生了一定的影响;然后是 2007 年至 2008 年

---

① 这场危机的根源可以追溯到 20 世纪 70 年代,当时由于石油危机导致油价暴涨,使得大量资金流入国际金融市场。拉丁美洲国家利用这一时期的低利率环境,大举借入外债,用以资助国内发展项目、基础设施建设和公共服务。然而,这些贷款往往没有得到有效管理和投资,加之经济管理不善,使得债务负担日益加重。到了 20 世纪 80 年代,全球经济环境发生了变化,包括美国联邦储备系统为控制通货膨胀而提高利率,这导致国际借贷成本上升,同时也减少了从发展中国家进口商品的需求,使得这些国家的外汇收入减少,难以偿还高额的外债利息和本金。危机的标志性事件是 1982 年 8 月墨西哥宣布无力偿还其外债,这迅速波及其他拉丁美洲国家,包括巴西、委内瑞拉、阿根廷、秘鲁和智利等,这些国家也相继遭遇了偿还外债的严重困难。此次债务危机导致了拉丁美洲经济的严重衰退,通货膨胀率飙升,贫困和失业率大幅度增加,经济陷入了停滞状态,许多国家经历了所谓的"失去的十年"。

② 1987 年 10 月 19 日,美国股市发生严重崩盘,道琼斯工业平均指数暴跌 22.6%,是美国股市历史上单日跌幅最大的百分比。这一事件被称为"黑色星期一"。

③ G20,即二十国集团(Group of Twenty),是一个由 19 个国家和欧盟组成的国际论坛,成立于 1999 年,旨在促进全球经济合作和协调,解决全球经济和金融问题。这 19 个国家分别是阿根廷、澳大利亚、巴西、加拿大、中国、法国、德国、印度、印度尼西亚、意大利、日本、韩国、墨西哥、俄罗斯、沙特阿拉伯、南非、土耳其、英国、美国。

的美国次贷危机，这场危机起源于美国房地产市场，最终演变成全球性的金融危机；再是 2009 年开始爆发并持续近 3 年的欧洲部分国家的主权债务危机等。在金融危机的影响下，各国政府采取了一系列救市措施，以稳定金融市场。这一时期，全球金融监管政策倾向于对系统性金融风险的监管，例如，美国的《多德 – 弗兰克法案》①旨在限制系统性风险；巴塞尔银行监管委员会 2010 年推出的《巴塞尔协议 III》强化了对影子银行、系统性风险的关注与管控。

2016 年前后，科技革命为金融业带来了巨大的变革。随着互联网技术的飞速发展和普及，金融行业与科技的联系日益紧密，推动了金融科技（FinTech）的广泛应用。移动支付、网上银行、区块链技术、人工智能等逐渐成为金融行业的重要组成部分，这些技术的运用大大提高了金融服务的效率和便捷性，同时为金融行业带来了新的业务模式和商业机会。在此背景下，各类金融机构也在纷纷向数字化方向转型，以适应新的市场环境，金融监管也在不断调整，大力发展监管科技以应对新的风险和挑战。

近些年来，比特币等数字货币的出现引发了金融领域的广泛关注。这些数字货币基于区块链技术，具有去中心化、安全性高等特点，为金融交易提供了新的选择。多个国家的央行开始研究和推广法定数字货币（CBDC），我国的数字人民币研发成功并开始试点应用和推广。同时，区块链技术在其他金融领域得到了广泛应用，如供应链金融、智能合约等，

---

① 《多德 – 弗兰克法案》全称为《多德 – 弗兰克华尔街改革和消费者保护法案》（*Dodd-Frank Wall Street Reform and Consumer Protection Act*），是美国在 2008 年金融危机后通过的一项全面的金融监管改革立法。该法案由美国参议员克里斯·多德（Chris Dodd）和众议员巴尼·弗兰克（Barney Frank）提出，于 2010 年 7 月 21 日由时任总统奥巴马签署成为法律。该法案旨在减少系统性风险，保护消费者，加强金融监管，防止未来金融危机的发生。

这些技术的发展将为金融行业带来了新的发展机遇和挑战。

除了数字化技术带来的金融新业态外，随着全球气候变化和环境问题的日益突出，绿色金融和可持续发展金融也成为金融行业的重要发展方向。各国政府和金融机构开始关注环境保护和可持续发展，推动绿色债券、绿色基金等金融产品的发展，以支持可持续项目和减少碳排放。同时，普惠金融也得到了广泛的关注和发展，各国政府和国际组织致力于推动金融服务的普及和包容性，以便更多人能够享受到便捷的金融服务。总之，绿色金融和普惠金融的兴起为金融行业注入了新的活力，推动了未来金融行业的可持续发展。

三、中国金融业的起源与发展

回顾我国金融业的发展历史，起点可追溯到公元前 16 世纪至公元前 771 年的商周时期。当时的实物货币有贝壳、龟甲、粮食、布匹等，金属称量货币主要是铜，金融活动主要以货币交换和借贷为主。《周礼》中就有关于货币兑换和借贷的记载，并将办理赊贷业务的机构称之为"泉府"。到了公元前 770 年至公元前 476 年的春秋战国时期，货币流通的范围更加广泛，人们逐渐普遍地使用青铜铸币。例如，秦国的铜钱铸成方孔圆形，币文为半两，铸币权由国家掌握。秦始皇统一六国后，推行了统一的货币制度，促进了货币流通和金融活动的发展。在南齐时（公元 479~502 年）出现了以收取实物作抵押进行放款的机构"质库"，即后来的当铺，当时由寺院经营。后至唐代，类似金融机构开始由贵族垄断，宋代时出现了民营质库。公元 1023 年，四川成都地区率先发行了世界上最早的纸币"交子"，标志着金融创新的重大突破。到了明朝末期，钱庄

（北方称银号）成为金融业的主体，后来又陆续出现了票号、官银钱号等其他金融机构。

近代金融业起源于清朝末年，随着西方列强的入侵和通商口岸的开放，中国的金融业开始受到西方金融体系的影响。在这一时期，外国银行开始在中国设立分支机构，带来了新的金融理念和业务模式。最早的是英国丽如银行（1845），随后又相继设立了英国的麦加利银行（渣打银行）和汇丰银行、德国的德华银行、日本的横滨正金银行、法国的东方汇理银行、俄国的华俄道胜银行等。1897 年，清朝政府在上海创办了中国通商银行，这是中国历史上第一家真正意义上的官商合办的近代银行。此后，全国各地银行相继设立，金融体系逐渐形成。1912 年中华民国成立后，金融体系继续发展，银行数量增加，银行业务范围也相继扩大，并出现了证券交易所① 和保险行业。例如，1920 年，上海证券物品交易所正式成立，这是民国时期最重要的证券交易所之一，它不仅交易股票，还包括了商品期货等多样化的金融产品。针对保险行业，1913 年，中华民国政府颁布了《暂行保险公司章程》，为保险公司的许可和监督建立了框架；随后又颁布了 1929 年的《保险法》，为该行业提供了更全面的法律框架；这些法规帮助促进了当时国内保险业的发展。

1949 年新中国成立后，人民政府接管了旧中国遗留下来的金融业，开始了国有银行体系的建立。中国人民银行成为国家的中央银行，负责发行货币和管理国家的货币政策。同时，建立了包括中国银行、农业银

---

① 中国最早的证券交易可以追溯到 1905 年设立的"上海众业公所"，这是中国近代意义上的第一个证券市场雏形，主要进行股票、债券等有价证券的交易。抗日战争和随后的国共内战严重影响了中国的经济和社会秩序，证券交易活动随之大幅缩减。1949 年中华人民共和国成立后，旧的证券市场体系被取消，直到改革开放后的 20 世纪 90 年代才重新建立现代证券交易所。

行等在内的国有商业银行体系，这些银行在支持国家经济发展和社会主义建设中发挥了重要作用。1978 年改革开放后，我国政府推动金融市场化改革，逐步放松对金融行业的管制，引入竞争机制，促进了金融业的快速发展。这一时期，银行业进行了体制改革，四大国有银行逐步商业化，同时地方性商业银行和股份制银行开始涌现。1990 年 11 月和 12 月，上海证券交易所和深圳证券交易所先后成立，标志着中国资本市场正式启动，股票、债券市场迅速发展，证券投资基金等行业也随之兴起。金融监管体系逐步完善，中国人民银行、中国证监会、中国保监会、中国银监会①等监管机构陆续成立或改革，以适应日益复杂的金融市场环境。进入 21 世纪后，从 2002 年至 2011 年，我国的金融业主动走向国际金融舞台，与世界经济和金融市场接轨。这一时期，国家按照现代金融企业制度要求对国有商业银行进行了股份制改革，并加强了金融市场的监管和价格机制。2012 年至今，金融业进入了全面开放发展的新时代，并借助日趋成熟的互联网和信息技术，金融业在深化供给侧改革的同时不断推动金融创新，而且在某些金融业务领域已经走在世界前列，如数字货币、移动支付等。

现阶段，我国金融业已成为全球规模最大、最具活力的金融体系之一，包括银行、证券、保险、信托、基金、租赁、期货、资产管理等多元化的金融业态。同时，我国正积极推进金融对外开放，打造更具竞争力和影响力的国际金融中心，致力于实现金融业高质量发展，服务实体经济发展和人民美好生活。

---

① 中国银监会和中国保监会于 2018 年合并为中国银保监会，后于 2023 年改制为国家金融监督管理总局。

第二节　世界金融强国的历史演进

从前述对金融发展历史的回顾看，能称得上世界金融强国的只有荷兰、英国、美国，其分别在不同时期影响并推动全球金融发展。在金融强国发展中，荷兰、英国、美国金融业实力强大，荷兰盾、英镑、美元先后成为世界货币，阿姆斯特丹、伦敦、纽约相继成为国际金融中心，在全球范围内配置金融资源，助力本国建设成为金融强国。

一、16 世纪末至 18 世纪上半叶的荷兰

荷兰地处欧洲大陆西北部，拥有优越的海岸线和港口，便利的海上交通促进了贸易的发展。17 世纪，荷兰因其独特的地理位置和航海技术的领先，成为全球贸易中心，荷兰商船队也被称为"海上马车夫"，控制了全球大量的海上贸易路线，并通过香料贸易、奴隶贸易等积累了大量财富。尤其是 1566—1648 年的尼德兰革命①，作为世界历史上第一次成功的资产阶级革命，让荷兰摆脱西班牙的统治成立共和国，进入发展的黄金时代，其渔业、航运业、工厂手工业在欧洲都排名第一，逐渐发展成为欧洲经济和军事强国，进入所谓的"荷兰黄金时代"。

在荷兰经济、军事壮大的同时，其金融业快速发展，当时荷兰各

---

① 尼德兰革命，又称荷兰独立战争、八十年战争，是 16—17 世纪爆发于尼德兰地区的一场反对西班牙统治的战争。这场战争持续了近 80 年，最终以尼德兰七省脱离西班牙统治、建立尼德兰共和国而告终。通过尼德兰革命，荷兰不仅成功摆脱了西班牙的统治，还奠定了其在全球政治、经济和文化领域的领先地位。

项金融业务始终围绕服务商业贸易来开展，全力支持商业贸易的发展。1602 年，荷兰东印度公司（VOC）成立，负责向亚洲进行殖民掠夺和垄断亚洲贸易；1621 年，又成立荷兰西印度公司（WIC），负责开发和管理大西洋沿岸的殖民地，特别是在美洲和非洲的贸易活动。两家公司利用从国家议会获取的特许权，实际上成为荷兰对外侵略和殖民统治的权力机构，在全球抢夺殖民地。1602 年成立的阿姆斯特丹证券交易所为股份公司的融资提供了便利，在该交易所上市的东印度公司、西印度公司股票价格曾作为研判荷兰经济和殖民地经济状况的信心指标。1609 年，阿姆斯特丹维塞尔银行的创立是荷兰金融崛起的一个重要里程碑，它不仅是世界上最早的中央银行雏形之一，也是荷兰货币体系的基石，承担着货币兑换、政府贷款和支付清算等功能，对阿姆斯特丹成为 17 世纪顶级国际金融中心起了核心作用。同时，由于荷兰海外贸易发达，海上长途运输存在较大风险，船舶抵押贷款利率较高，1614 年专门成立有国家背景的商业机构即阿姆斯特丹借款银行，为海洋运输提供贷款服务。16世纪末，荷兰开始发展航运保险业，17 世纪末，阿姆斯特丹发展出再保险业务，到 18 世纪初阿姆斯特丹成为欧洲从事海上保险业最发达的城市。而且在 17 世纪中期至 18 世纪初这段时间，荷兰作为当时世界上最富裕和最先进的经济体之一，其货币荷兰盾的国际信誉和流通范围达到了顶峰，被广泛用于国际支付和储备货币，从而在某种意义上成了当时的"世界货币"，且荷兰的贵金属交易和贵金属货币市场当时也位居世界首位。18 世纪初期，荷兰又通过发行国家债券筹集资金，建立了一个稳定的国家债务市场，国家债务市场的成功运行增强了荷兰政府的财政能力和信用。

总之，荷兰金融的强大与其开放的国际贸易政策密切相关。荷兰商人和金融家不仅在国内市场活跃，也在国际市场上积极寻求机会，通过广泛的贸易网络和金融联系，将荷兰的影响力扩展到了全球各地。这种面向全球的金融发展策略，让荷兰能够在17世纪成为无可争议的金融强国。然而，1637年荷兰受"郁金香泡沫"破裂的影响，外加17世纪中期开始到1784年的英荷战争[①]使荷兰国际贸易受到重创，直接影响了荷兰的金融强国地位，阿姆斯特丹也开始逐步失去世界金融中心的地位。

二、17世纪末至20世纪上半叶的英国

英国位于欧洲西北部，靠近大西洋，同荷兰一样，英国的地理位置也十分优越，有利于海上贸易的发展。1588年，英国打败西班牙无敌舰队，为其日后成为全球海上霸主进行海外资本掠夺奠定了基础；1688年，英国又进行光荣革命[②]，确立了君主立宪政治制度，为后来的工业革命爆发提供了政治保障。随后，1694年英格兰银行建立，它是世界上最早的中央银行之一，为政府提供贷款并发行纸币，稳定了财政体系，也为后来的金融发展奠定了基础。17世纪末至18世纪初，为应对战争带来的财政危机，同时也为满足经济部门的资本需求，以提供信贷、促进资本流转为目标的银行业在英国迅速兴起。大体而言，当时英国的银行业包括两部分：一部分是由金匠发展而来的私人银行家，主要办理吸收存款、发

---

① 英荷战争是17世纪和18世纪之间英国和荷兰之间发生的一系列海上军事冲突。这些战争主要围绕海上霸权和全球贸易控制权展开，共有四次主要战争，分别发生在1652—1654年、1665—1667年、1672—1674年和1780—1784年。

② 光荣革命又称英国革命，是指1688—1689年发生在英国的一场资产阶级革命。这场革命推翻了詹姆斯二世的专制统治，确立了君主立宪制和议会主导的政治结构，推动了宗教宽容和社会进步。

放贷款、票据贴现等业务，这类银行从 1750 年的不到 30 家增加至 1780 年的 70 家；另一部分是金融中间人，也就是票据经纪人，从农村地区吸收资金，在工业发达的城市地区放贷。就资本市场而言，17 世纪伦敦的金融市场初步成型，商业票据市场活跃，尤其是英国开创了现代国债制度，通过发行债券筹集战争资金，这种做法大大增强了政府的融资能力，同时也为私人投资者提供了新的投资渠道；1801 年，伦敦交易所正式成立①，并逐渐取代了阿姆斯特丹交易所的地位，成为当时世界上最大的交易所；在保险业方面，英国也积极发展海上保险业务，英国女王于 1720 年为皇家交易所保险公司和伦敦保险公司发布特许状，允许其发展海上、人寿、火灾等领域保险。

18 世纪中叶，英国爆发工业革命，实现从手工生产向机器生产、从工场手工业向工厂过渡，大大提高了生产效率，并成为世界上第一个实现工业化的国家。工业化需要大量的资本，这进一步推动了英国银行业和金融市场的发展。18 世纪末，英国已经成为最强大的海洋强国和殖民强国，1860 年英国的人均收入是欧洲大陆其他国家的两倍，强大的经济实力推动伦敦逐步成为国际金融中心，并吸引了大批外国商人和银行家，如荷兰最大的私人银行霍普银行搬到伦敦，罗斯柴尔德家族也在伦敦投资成立银行，这些都为伦敦成长为国际金融中心做出了积极贡献。1816 年，英国率先实行金本位制度，英镑与黄金挂钩，这一制度增强了英镑的国际信誉和地位，英镑成为国际贸易的主要结算货币和储备货币，逐渐成为国际货币体系的中心。19 世纪初到第一次世界大战前夕，伦敦作

---

① 1773 年，当时交易员在乔纳森咖啡馆（Jonathan's Coffee House）成立了一个股票交易的正式组织，这可以被视为伦敦证券交易所的早期形式。1801 年伦敦证券交易所正式成立并开始营业，成为一个有正式规则和制度的证券交易所。

为国际金融中心超越阿姆斯特丹，已经是全球无可争议的第一大国际金融中心，其国际债券市场、外汇市场和保险业均居世界领先地位。

然而，随着两次世界大战的爆发，英国的经济实力和金融实力有所下滑，特别是 1944 年，布雷顿森林会议确立了以美元为中心的国际货币体系，英镑失去了国际货币体系的霸主地位，伦敦也丢掉了世界金融中心的王冠，但是依靠历史的厚重积累，英国依然是仅次于美国的金融强国，英镑也是仅次于美元的国际储备货币。

三、20 世纪以来的美国

18 世纪末至 19 世纪中叶，美国初步建立了金融业的基础设施体系。美国建国初期，金融市场相对简陋，国内市场主要以农产品交易为主，为了改变这一状况，1791 年美国第一任财政部长汉密尔顿等人推动建立了美国第一银行作为当时的央行，为新国家提供财政稳定和促进经济发展的手段[①]。1792 年，纽约证券交易所成立[②]，成为美国金融市场的重要组成部分，而且在 19 世纪初，美国各地出现了许多地方银行，这些银行发行自己的货币，形成了一个分散但活跃的金融体系。为了规范这些银行，1811 年和 1836 年还分别颁布了《第一银行法案》和《第二银行法案》，推动银行体系和金融监管的初步形成，这些都为美国的财政和金融体系奠定了基础。

19 世纪，美国除了世纪初的第二次美英战争和 60 年代的南北战争外，

---

① 美国第一银行的许可证在 1811 年被国会拒绝续期，此后美国经历了多年的没有中央银行的日子，直到 1913 年美联储的成立。

② 成立时没有命名为纽约证券交易所，直到 1863 年才正式命名。

基本处于和平时期，南北战争前美国基本建立工业体系。在第二次工业革命后美国投资银行业快速发展，大规模承销铁路公司债券并服务科技创新，对美国金融业重构和经济发展发挥了积极作用，为后续经济快速增长奠定基础。19世纪末，英国的世界工厂地位衰落，美国经济快速兴起，最终在第一次世界大战前成为头号资本主义强国。第一次世界大战后，商业银行在华尔街快速发展，共同基金等新型金融机构也开始出现[①]，为小投资者提供了参与资本市场的途径。在政策方面，1924年美联储采用低利率维持美元对英镑汇率稳定，增加国外对美元的需求，推动纽约逐渐成为全球证券市场的中心。

虽然1929年大危机爆发导致美国经济在20世纪30年代整体处于萧条时期，但罗斯福政府推行新政有效挽救了美国经济。两次世界大战以欧洲为主战场，英国等欧洲国家受战争影响较大，而美国在地理上远离欧洲，且并非最初参战国，使其受战争破坏较小，并通过在战争期间出口军火、为同盟国提供战争借款等获利，在战后也获得战争赔偿。这些因素共同作用下，美国生产力水平大幅提高，财富迅速积累，美国工业产品产量在1950年已占全球的50%，20世纪60年代美国政府政策刺激加上第三产业发展进一步推动美国经济快速增长。在此期间纽约成为全球第一金融中心，其地位在20世纪50年代得到稳固。特别是，1944年美国主导建立布雷顿森林体系，其中一个重要内容就是建立金汇兑本位制，即美元与黄金挂钩，各国货币与美元挂钩，强化了美元在国际货币体系中的主导地位。虽然1971年美国取消美元与黄金挂钩，1976年牙买加体系取代布雷顿森林体系，但美元作为石油计价货币仍可以有效稳定美元的国际地位，美联

---

① 1924年，美国成立了第一个现代化的共同基金（mutual fund），名为马萨诸塞投资者信托（Massachusetts Investors Trust）。

储作为美国的中央银行，其货币政策调整变化对全球经济也具有较大外溢影响。此外，美国商业银行还进行了大规模的海外扩张，1955年美国的7家银行共有106个海外分支机构；1958—1969年，美国的银行在欧洲货币市场的份额从17%快速上升至54%。20世纪70年代石油危机给美国经济发展带来一定阻力，而美国作为第三次科技革命的发源地和主要推动者，在科技力量的帮助下，美国经济发展仍取得较大的成绩。20世纪80年代后，美国进入大缓和时期，经济始终保持良好的运行状态，虽然经历2008年次贷危机的冲击，但其金融实力至今仍是世界头号强国。

总的来说，美国成为世界金融强国的主要发展历程经历了从建国初期的起步阶段到"一战"至"二战"期间的崛起，再到布雷顿森林体系的建立以及金融创新和全球化的发展。在这个过程中，美国充分利用了自身的经济、政治和军事优势，通过制度化手段使美元成为国际货币体系的本位货币。最终，美国成功地将自身的金融霸权扩展到全球范围，成为现今的世界金融强国。

第三节　世界金融强国发展的启示

荷兰、英国和美国的金融发展历程虽有差异，但也存在共通的特征，它们成为金融强国过程中的经验教训，能够为我国金融强国建设有所参考和借鉴。

一、金融强国的立足之本在于本国经济增长和发展

金融强国建设必须与经济强国建设良性互动、相辅相成。17世纪的

荷兰和 18 世纪的英国奉行"贸易立国"方针，金融发展被认为有利于对外贸易扩张，故而得到有力支持。其中，荷兰的金融强国建立在贸易强国的基础上，通过大力发展商业贸易积累财富，金融业以服务国际贸易为主并向海外拓展。英国的金融强国基于工业革命以及由此所形成的"世界工厂"地位。通过第一次工业革命成为世界主要的制造业和工业中心，并凭借其"日不落"的殖民主身份，从世界各处殖民地攫取了大量财富，为建设金融强国奠定坚实经济基础。19 世纪最后几十年中，美国加快工业化步伐，社会经济发展要求推进产业整合，投资银行的崛起客观上适应了新形势和新需求。事实上，只要坚持高度重视经济发展的政策方针，鼓励包括金融在内的服务业面向生产者和消费者以及国内外市场，金融业就能得到相应发展和增长的机会与条件。因此，金融强国的立足之本是服务实体经济，支持国民经济的平衡发展和高质量发展。

值得注意的是，在 17 世纪，荷兰金融发展先于英国，但单凭其金融优势荷兰未能维持其国际经济地位。究其根本，症结在于荷兰的贸易政策是排他性和垄断性的，不适应国际贸易发展大势，而英国之所以能在 18 世纪后来居上赶超荷兰，很大程度上归功于英国的海外贸易相比荷兰更具非排他性和包容性，同时也发挥了其国内市场规模相对大以及积极吸引海外人才的优势。

二、创新是金融强国建设的催化剂

金融体系的灵活性和创新性是成为全球金融强国的催化剂。金融机构和金融市场要积极应对新经济形势和新经济环境，善于捕捉时代新机遇，努力创新，充分运用所掌握的金融资源推动经济基础的结构调整和质量升级。只有通过持续不断的创新，金融强国建设方可稳立于其根基之上。从国际经验来看，创新有多个层次，首先是制度和政策层面的创新。政府和立法机构制定新法规，为金融发展提供制度空间，并为各类金融机构和金融交易行为确立必要的制度约束。其次是金融机构和金融市场的主动创新。各类金融机构都需要持续不断地进行组织管理和经营策略上的创新。前述美国投资银行 19 世纪末以来大量涉足企业并购重组就是金融机构主动创新的事例。此外，金融机构和金融市场还需要持续不断地进行应用新技术的创新，以最快速度采纳新技术，利用前沿科技成果开发新金融工具和产品。19 世纪美国证券市场向农产品经营者提供套期保值期货交易服务便属此范畴，20 世纪 70 年代布雷顿森林体系瓦解后美国金融市场率先推出期权交易产品亦为此例。只有充分及时利用最新的技术手段，包括信息技术和人工智能等，金融强国建设方才可能持续推进并对实体经济发挥积极服务作用。

三、保持开放是建设金融强国之道

开放的金融市场促进了金融创新、吸引了外资、加强了国际合作，并提高了金融市场的竞争力，使得金融体系能够更好融入全球经济，利用国际资源，提升国家的金融实力和国际影响力，并能提升本国货币在国际货币体系中的地位。荷兰阿姆斯特丹、英国伦敦金融城和美国华尔街分别成为当时全球重要的金融中心，得益于其开放的金融市场和国际化的视野，他们不仅面向某个区域，而是面向世界，尽量把"触角"伸向世界的各个角落，不断扩大金融交易的业务地域或市场范围，持续开拓新的市场。这种开放的态度使得他们能够吸收世界各地的资源，推动自身金融体系的发展，其货币也成为当时最重要的世界货币。因此，我们在建设金融强国的过程中也要坚定不移地坚持金融开放战略，积极参与全球金融合作与竞争；鼓励金融市场向多元化和国际化发展，吸引更多优质境外金融机构和投资者，促进国内金融机构提升服务质量和创新能力；积极对接国际金融市场，把握全球金融发展趋势，利用好全球资本，助力金融市场的快速发展。

四、建设金融强国必须加强风险管理和防范

金融是货币资源的市场化流动，天然是高风险领域，荷兰、英国和美国成为金融强国的过程中，都曾遭遇过不同程度的金融危机和经济波动。例如，17世纪荷兰的"郁金香泡沫"，对荷兰经济造成了冲击，揭示了过度投机和金融泡沫可能带来的灾难性后果；18世纪初英国的"南海泡沫"不仅令无数投资者破产，还对英国金融市场造成了极大破坏，促使英国政府对金融市场监管进行改革；美国历史上也经历过多次金融危机，包括1929年的股市大崩盘导致的大萧条，以及2008年源于次贷危机的全球金融危机，给全世界经济造成了巨大破坏，迫使美国和全球范围内加强金融监管，改善风险评估机制，强化金融机构的风险抵御能力。这些历史经验说明金融市场的健康发展离不开健全的风险预警和有效监管，加强风险管理和防范对于建设金融强国意义重大。因此，建设金融强国过程中，我们要善于控制风险和化解风险，通过建立健全金融法规体系、完善风险评估和预警机制、强化金融监管力度等措施手段来突破层层风险屏障，确保金融市场平稳有序运行。

第二章

金融强国的基本特征

2024 年 1 月 16 日，在省部级主要领导干部推动金融高质量发展专题研讨班开班式上，习近平总书记深刻阐释金融强国的内涵与路径，指出，金融强国应当基于强大的经济基础，具有领先世界的经济实力、科技实力和综合国力，同时具备一系列关键核心金融要素，即：拥有强大的货币、强大的中央银行、强大的金融机构、强大的国际金融中心、强大的金融监管、强大的金融人才队伍。由此为我国如何建设成为金融强国指明了方向。通过深入研究金融强国的关键核心要素和其他典型特征，能够让我们明确金融强国的建设目标、发现与其他金融强国的差距与不足，进而为早日建成金融强国提供奋斗目标。

第一节　强大的经济基础

金融强国建设是一个系统工程，需要坚实的基础和全方位的支持。其中，强大的经济基础至关重要，不仅决定了金融体系的发展，也影响着金融强国的目标和实现路径。回顾世界金融强国的发展历程，无一不是以强大的经济基础为根基。例如，英国通过工业革命带来了经济腾飞，跃升为当时的全球制造中心和世界贸易大国，从而奠定了坚实的实体经济基础。为了适应和推动经济发展，英国金融体系相应地进行了深刻变革，最终成为一个与实体经济高度互动的金融强国。在第二次世界大战之后，美国同样依靠其工业大国和贸易大国的地位，以及军事强国和科技强国的支撑，成为延续至今的全球金融强国。

一、强大的经济规模和经济深度是金融强国的基础

金融体系的核心功能在于调配资源、管理风险和促进经济发展。经济规模大意味着更多的资本积累、更高的国民收入水平和更广阔的市场，对金融资源的配置需求也更为强烈。例如，企业需要资金进行生产、投资和扩张，居民需要金融服务进行储蓄和消费。可以说没有强大的经济基础，金融活动就没有源头活水，也就无法获得稳定且可持续的增长。经济深度则体现在产业结构的多元化和经济活动的复杂性，这将有助于推动金融机构不断研发新产品和新服务，用以满足不同层次多样化的经济需求，由此促进了金融创新和金融服务质量的提升。

二、强大的经济基础有助于金融市场稳定

经济实力强大意味着更稳定的宏观经济环境、更大的经济韧性和更强的风险承受能力，而金融体系中的信用创造、风险转移等功能得以顺利执行，离不开经济发展所提供的现金流和利润保障。例如，经济的持续增长和较低的失业率能够提升企业和居民的财富水平，由此便可以减少信贷活动中的违约风险，确保金融体系的安全性。相反，如果经济发展疲软，则会导致银行不良贷款增加、金融市场出现动荡，进而威胁整个金融体系的稳定。

三、强大的经济基础能够推动金融技术创新

经济实力强的国家往往在科技创新方面投入更多，这不仅推动了经

济的持续增长和产业升级，也为金融业提供了新的服务手段和工具。例如，金融科技（FinTech）的快速发展正在改变金融业的传统业务模式和服务方式，其中所采用的信息技术和数字技术则需要投入大量的研发资金、更优秀的人才和更先进的技术设备，如果没有一个强大的经济基础做支撑，则很难统筹这些资源，金融科技的创新和发展也就无从谈起。

四、强大的经济基础能够有效利用外部资源并抵御外部风险

经济基础强大的国家通常拥有较高的国际信用评级，这使得其能够以更低的成本筹集资金，并在国际金融市场上获得更有利的融资条件，这对于维护国家金融稳定、促进经济增长至关重要。同时，强大的经济基础使得国家能够更好地应对外部经济冲击和风险，在面对全球金融市场波动时，经济实力强大的国家有更多的资源和手段来稳定国内金融市场，保障经济安全。

当然，一个国家的经济实力虽然为金融体系的发展提供了条件，但金融体系的成熟度、效率和稳定性还受到金融政策、监管框架、市场结构和金融创新能力等多种因素的影响，否则即便一个国家经济规模庞大，但如果其金融体系在上述方面存在不足，仍难以被认定为金融强国。例如，德国是欧洲最大的经济体之一，拥有众多世界级企业，是世界上重要的制造业强国和出口大国，经济实力在全球范围内都非常强劲，对全球经济增长和贸易有重要贡献。然而，在金融服务领域，尤其是国际金融市场上，德国则难以被称为金融强国，即便德国有一些重要的金融机构和银行（德意志银行等），法兰克福也是欧洲重要的金融中心之一，但

其金融业并未像美国和英国那样在全球范围内具有广泛的影响力。究其原因在于德国的金融体系结构较为独特，以合作金融和储蓄银行为主导，资本市场发展相对较慢，金融业对 GDP 贡献率不及其他金融强国^①，因此德国并非典型的金融强国。

总之，经济强大只是金融强国的一个必要而非充分条件，金融强国必然是经济强国，但经济强国未必是金融强国。金融强国的建设还需要在金融制度、市场发育、监管效能、创新能力、国际化水平等诸多方面取得突破和发展。

第二节　强大的主权货币和中央银行

主权货币是一个国家金融体系和国际地位的重要基石。通常情况下，金融强国的主权货币具有稳定的币值和高度的国际化程度，能够在国际经济交易中被广泛接受和使用，成为全球储备货币和计价货币。从历史上看，金融强国的主权货币都是国际货币，例如，17 世纪的荷兰盾、19 世纪的英镑和 20 世纪以来的美元，都显示出这些国家是当时的金融强国。同时，中央银行作为国家金融体系的核心，是一国最高的货币金融管理机构，通过制定和执行国家货币政策，来负责调控货币总闸门，维护金融市场的稳定。因此，强大的货币和强大的中央银行之间是相辅相成的关系。

---

①　2021 年，德国金融服务业对 GDP 的贡献率约为 **3.42%**，相比之下，美国金融服务业对 GDP 的贡献率约为 6.2%，英国为 8.2%。

一、强大的货币是本国中央银行具有全球重要影响力的基础和前提

货币的强大体现在其能够在国际交易中被广泛接受和使用，也就是说当一国货币若能成为国际交易中的主要货币，往往意味着该国的金融市场和经济体系更加开放和稳定，能够吸引全球的资金和投资，进而将提升该国中央银行在国际金融事务中的话语权。同时，强大的货币反映了发行国经济的健康程度和市场对该国经济和贸易的信心。当全球投资者和市场对该国经济和货币持有乐观预期时，中央银行在制定货币政策和执行金融稳定职能时将拥有更大的灵活性和影响力，且拥有强大货币的国家，其中央银行在应对国际金融危机、提供流动性支持以及维护全球金融稳定方面发挥着更重要的作用。例如，在危机时期，强大的货币可以成为国际市场上的避险资产，中央银行的政策举措将受到更多关注和追随。此外，强大的货币还有助于提升中央银行在国际金融合作和规则制定中的地位，例如，当今的美国依靠其美元霸权地位，在 IMF 和世界银行等国际金融组织中拥有较大的影响力和话语权。

二、本国中央银行的强大信用和有效管理成为强大货币的支撑和保证

中央银行的信用是货币信誉的基础，中央银行通过货币政策和市场操作来维护货币的购买力，确保通货膨胀率保持在较低水平，从而保护货币持有者的利益。当市场参与者对中央银行的信用和政策措施有信心时，他们会更加信任该国的货币，这有助于维持货币价值的稳定和国际

地位。同时，中央银行负责制定和执行货币政策，监督和管理金融机构，以及维护支付和清算系统的平稳运行，这些职能的有效执行能够确保金融体系的稳定，避免系统性风险的发生，金融体系的健康稳定又是货币价值稳定的重要基础，减少了投资者对货币贬值的担忧，从而增强了货币的吸引力和可靠性。此外，中央银行还承担着最后贷款人的角色，为金融机构提供必要的流动性支持。在金融危机时期，中央银行的这一职能能够稳定市场情绪，防止恐慌性抛售和银行挤兑等现象的发生，有利于维护货币的稳定和信用，因此中央银行的有效管理对于保护货币的价值和流通性至关重要。总之，一个国家的中央银行如果具有良好的国际信誉和广泛的影响力，国际市场对该国中央银行和其发行的货币将持有高度信任，该国货币在国际货币体系中的地位也会相应提高，更可能被用作国际贸易结算、储备货币等用途，进一步巩固货币的强大国际地位。

综上所述，强大的货币和强大的中央银行之间存在着密切的联系和相互依赖的关系。中央银行的政策和行动对于维护货币的稳定和价值至关重要，而一个稳定且具有国际影响力的货币又能够增强中央银行的信用和权威，使其在全球金融体系中发挥更大的作用。因此，强大的货币和强大的中央银行是成为金融强国的必备特征，也是金融强国六大核心要素的前两位，足见其重要性。

第三节　完善的法律框架和监管体系

金融强国建设必然是统筹安全与发展的建设，完善的法律框架和金融监管体系是维护金融市场稳定、防范金融风险、促进金融业健康发展的必要条件和重要保障。因此，金融强国通常拥有一套相对完善的法律框架以及透明、公正且高效的监管体系。

一、完善的法律框架和监管体系能够有效防范和化解金融风险

金融风险是影响国家经济安全和社会稳定的重要因素，完善的法律框架和监管体系能够覆盖各类金融市场、金融机构和金融产品，确保所有金融活动都在监管视线之内，防止监管真空和灰色地带的出现。同时，能够实现对金融体系运行状况的全面监测，可以实时监控金融市场的动态，及时发现和解决潜在的风险点，通过对金融机构信息和数据的采集、分析和评估，提前预警并采取针对性措施。这种前瞻性的监管方式有效地避免了金融风险的累积和扩散，能够预防发生金融危机，保护金融市场的参与者，维护金融系统的完整性。

二、完善的法律框架和监管体系能够维护金融市场的公平秩序

完善和透明的法律框架能够明确金融机构的准入条件、经营范围、行为规范和责任义务，不仅可以增强外资及本国金融业的信心，还可以为金融市场提供清晰的规则和指导，这使得金融机构在开展业务时能够有法可依，减少了违规操作和不当行为的可能性，从源头上降低金融风险。同时，通过完善的金融监管体系，可以规范金融市场的参与者行为，确保金融市场的公平竞争，防止出现市场垄断和不正当竞争行为，这有助于保护投资者利益，打击金融欺诈、操纵市场等不法行为，为各类金

融机构创造一个公平、透明和有序的市场竞争环境，由此增强公众对金融市场的信心，促进金融市场的健康发展。

三、完善的法律框架和监管体系能够推动金融创新和高质量发展

金融监管不仅要防范风险，还要鼓励和引导金融创新，以便适应经济发展的新需求。通过制定合理的监管政策和激励机制，可以促进金融机构开发新的金融产品和服务，提高金融资源的配置效率，推动经济高质量发展。同时，金融监管部门通过合理引导金融资源流向实体经济部门，尤其是关键领域和薄弱环节，能够有效提升金融服务实体经济的能力，保障经济结构转型升级和高质量发展，避免出现资金空转和过度投机等情形。此外，在鼓励金融产品和服务创新的同时，完善的金融监管能够确保创新活动在风险可控的前提下进行，防止新的金融业态和产品引发不可预见的风险累积，从而平衡好金融创新与风险防控之间的关系。

四、完善的法律框架和监管体系能够切实维护国家金融安全

金融安全是国家安全的重要组成部分，随着当今世界百年未有之大变局加速演进，全球经济的不稳定性和不确定性加剧，地缘政治冲突不断，各种"黑天鹅""灰犀牛"事件时有发生，金融系统面临着越来越多的外部不确定性和风险。在这种情况下，完善的法律框架和监管体系重要性更加凸显，不仅能够支持国际间的监管合作与协调，通过彼此间的

信息共享、联合监管等方式降低全球金融系统的脆弱性，共同应对跨国界、跨市场的系统性风险，而且与国际接轨的金融法律和监管体系还是扩大金融对外开放的基础条件，有利于提升本国金融机构在全球金融市场中的竞争力，并为吸引国际金融机构入驻本国提供强有力的法制环境。

第四节　健全的金融市场体系

健全的金融市场体系是国家竞争力的重要体现，不仅能够高效、安全地实现资本的积累、融通和配置，还能为各类经济主体提供多样化的金融产品和服务。一个国家若要成为金融强国，就必须构建并持续优化一个既能服务于国内实体经济，又能应对全球竞争的金融市场体系。通常情况下，健全的金融市场体系需具备高度发达的金融市场、竞争力强的多样化金融机构和高素质的金融人才等条件。

一、金融强国通常拥有高度发达和开放的强大金融市场

金融市场在金融强国建设中占据着至关重要的地位，它是资金流动和资源配置的关键平台，能够为实体经济提供充足的资金支持，提高金融资源的配置效率。金融强国通常都拥有一个规模庞大、结构完善、交易活跃且高度开放的金融市场。一方面，金融强国的金融市场通常具备多元化和多层次的市场体系，包括货币市场、资本市场（如股票市场、债券市场、衍生品市场等）、外汇市场、保险市场等，这些市场相互补充，构成了一个完整的金融市场体系。这样的市场体系不仅对于全球资本有足够的吸引力和容纳能力，而且涵盖了银行、证券、保险、基金、信托

等多种金融业态，能够吸引类型多样的投资者，通过为不同投资者和资金需求方提供多样化的金融服务和产品，将进一步提升市场的活跃度和流动性。另一方面，金融市场的开放性是吸引国际资本和投资者的关键因素，开放的金融市场允许资本自由进出，提供平等的交易机会和条件，由此降低了投资门槛和交易成本，使得国际资本可以无障碍地进出目标市场寻求投资机会，这种灵活性为国际投资者提供了良好的投资环境和权益保障，对国际投资者极具吸引力，可以增强他们对投资环境的信心，便于吸引更多国际资本和优秀外资机构入驻。

二、金融强国通常有一批具备国际竞争力的强大金融机构

金融机构作为现代金融市场体系的重要组成部分，是金融市场赖以正常运行的组织条件，更是金融强国建设的重要微观基础。金融机构对货币的需求和供给、货币的流通和运作产生了深远的影响，也为现代经济发展提供了不可或缺的资金支持和保障。一方面，强大的金融机构拥有庞大的资金实力和广泛的市场网络，能够有效地集聚社会闲散资金，并按照市场规律和国家政策导向，通过贷款、投资等方式将资金投到最需要和最有发展潜力的实体经济领域，支持实体经济发展，这种资本的集聚与分配是金融机构的核心功能，对于实现资源的有效配置以及推动产业升级至关重要。另一方面，强大的金融机构通常具备较高的国际竞争力，能够在全球范围内开展业务，通过跨国经营和国际合作，实现资本、技术和信息的全球流动，并为企业出海提供金融支持，助力高水平对外开放。此外，金融机构还是货币政策和其他金融支持政策的重要执行者，能够将中央银行的政策变化传递给最终借款人和投资者，从而助

推政府更有效地实施宏观经济调控，促进经济的稳定增长。

三、金融强国通常拥有强大的高素质金融人才队伍

金融是经营货币的行业，具有高杠杆、高风险的特征，成为兼具专业性、复杂性的人才密集型行业。金融业务和金融服务的竞争本质上是金融人才的竞争，金融系统所有的制度、规范、标准和规则等都是金融人才发挥专业性的结果，可见金融强国建设离不开金融人才队伍的强有力支撑。一方面，强大的金融人才队伍能够提供先进的金融理论、实践经验和技术方法，推动金融产品、金融技术和金融规则的创新，以适应不断变化的市场需求和技术进步，支撑金融体系的持续创新和发展；另一方面，强大的金融人才队伍能够紧跟国际金融发展趋势，并凭借专业水平和国际视野为国家金融政策的制定和执行提供智力支持，直接影响国家的金融服务质量和国际竞争力。此外，金融人才不仅是技术和业务的执行者，也是金融文化的传播者和塑造者，他们的行为和价值观对于整个金融行业的文化有着深远的影响，金融人才队伍的正直、透明和负责任行为能够树立金融行业的正面形象，增强公众和投资者的信任。因此，金融人才的行为和价值观不仅关乎个人职业发展，更是整个金融行业文化、信誉乃至经济和社会稳定性的基石。

第五节　高效的服务实体经济能力

实体经济是国民经济的基础和核心，金融作为实体经济的血脉，服务实体经济是金融活动的根本出发点和落脚点。只有金融与实体经济紧

密相连，为其提供必要的资金支持和服务，才能有效推动产业升级、技术创新和企业发展，进而促进国家经济的整体增长和竞争力提升。可见，金融强国的"强"，不仅表现在金融本身的规模和效率上，更要体现在金融与实体经济的深度融合与良性互动上。能否高效服务好实体经济反映了金融行业的资源配置效率，以及对社会经济发展的支持能力，是一个国家金融实力和国际竞争力的重要体现。

一、高效服务实体经济是金融行业的基本职责

金融行业作为资金流动的媒介和资源配置的平台，助力发展实体经济是其根本宗旨。金融行业的存在和发展，核心是为了促进资本的有效配置和流动，即通过金融市场和金融机构，将社会上的闲散资金汇聚起来，然后根据实体经济的需求和预期回报，高效、精准地配置给具有发展潜力的企业和个人，推动技术创新、产业升级和经济增长。同时，金融行业还可以通过提供多样化的金融产品和服务，如保险、期货、信贷等，帮助实体经济企业有效管理风险，降低不确定性对企业经营的影响，确保实体经济在稳健的基础上持续发展。此外，金融市场通过交易活动形成各种金融产品的价格，这些价格反映了市场供求关系和未来预期，实体企业可以根据这些价格信号做出生产、投资决策，将有限的资源引向能产生最大经济价值的地方，实现资源的优化配置和结构升级。

二、高效服务实体经济是金融行业发展的基础

金融行业的发展，归根结底是要提升服务实体经济的能力和水平，

如果金融行业脱离了实体经济的需求，那么它就失去了存在的基础和发展的方向，只有实体经济持续繁荣，金融行业才会获得更多的业务机会和发展空间。同时，如果金融行业过度追求自身利益，脱离实体经济进行盲目扩张或过度膨胀，就极易出现资金空转、金融泡沫等一系列问题，最终积累形成系统性风险，危及整个金融体系乃至国家经济的安全。金融行业必须紧密围绕实体经济的需要，与之同步发展，当金融行业能够高效、精准地服务于实体经济时，才能有助于增强经济体系的韧性，并维护金融体系的稳定。

三、高效服务实体经济是提升金融国际竞争力的重要途径

在全球经济竞争中，当金融机构能够持续、稳定地为实体经济提供优质服务时，其在国际金融市场上的信誉和影响力也会相应提升。这有助于增强国际投资者的信心，吸引更多的国际资本流入，扩大金融机构的业务规模和市场份额。随着全球化的深入推进，国际金融市场之间的联系日益紧密，通过更好地服务实体经济，金融机构可以更好地了解国际市场需求，不断创新服务模式和拓展跨境金融业务，这无疑会提升自身的国际竞争力。在服务实体经济的过程中，金融机构需要不断引进和培养具备国际视野和专业技能的人才，这些人才将成为推动金融行业国际化发展的重要力量，为提升国际金融竞争力提供有力支持。

第六节　稳定的金融发展环境

稳定的金融环境是金融体系健康发展的前提，能够有效降低系统性

风险，确保金融市场的正常运行，为投资者提供了一个可信任的投资环境，有助于吸引国内外长期、耐心资本的投资。相反，缺乏稳定性的金融环境会导致市场恐慌、资本外逃、金融机构功能失灵、资产价格剧烈波动等问题，不仅会阻碍实体经济的发展，还会威胁到整个金融体系的安全，制约金融强国地位的确立与巩固。因此，维持稳定的金融发展环境是金融强国建设过程中的必然要求和核心任务。

一、稳定的金融发展环境能够促进经济稳定增长

稳定的金融发展环境直接关系到国家经济的健康运行，在稳定的金融环境下，金融市场能够更加准确和高效地反映经济基本面和企业业绩，方便资金供求双方通过金融市场达成匹配，引导资本流向更具生产效率和盈利能力的领域。同时，稳定的金融发展环境能够畅通货币政策和财政政策的传导路径，政策制定者可以在稳定的金融环境中更好地利用政策工具调节经济运行，确保经济增长、控制通胀和促进就业等宏观经济目标的顺利实现。此外，稳定的金融环境还有利于投资活动的增加。在金融稳定的情况下，投资者对市场的预期更加明确和乐观，这将鼓励他们增加对实体经济的投资，如建设新工厂、购买新设备等，这些投资活动不仅能够直接推动经济增长，还会创造出更多的就业机会和收入来源，以此来提高社会整体的财富水平。

二、稳定的金融环境有利于吸引国际资本

稳定的金融环境减少了经济发展中的不确定性因素，可以提高经济

活动预测的准确性，使得投资者能够更准确地评估投资风险和收益，从而增加投资意愿。同时，稳定的金融环境通常伴随着健全的法律法规和透明的市场操作，这为投资者提供了法律保障和操作便利，降低了因制度不清晰或市场不透明而带来的潜在风险。此外，稳定的金融环境还有助于建立国家的信誉和品牌形象，当一个国家在金融市场上展现出稳定性和可靠性时，它就会在国际资本市场上获得更高的声誉，从而向国际投资者传递出积极的信号，表明该国的金融市场是可靠和值得投资的，这将增强国际投资者和贸易伙伴的信心，吸引更多的国际资本流入，并形成良性循环。

三、稳定的金融环境有助于降低金融风险

金融市场的剧烈波动和不确定性是金融风险的主要来源，稳定的金融环境意味着资产价格的波动相对较小，投资者和金融机构更愿意进行长期投资，而不是频繁地进行短期交易以规避风险，由此减少了因恐慌性抛售或过度投机引发的金融风险。在稳定的金融环境下，异常交易和违规行为也更容易被发现和纠正，这为监管部门提供了更好的条件来监测和预防金融风险，确保监管机构可以根据市场变化灵活调整监管政策，避免盲目的"一刀切"规定，实现更有效的精准监管。企业和个人的信用状况也会更加可靠，金融机构在提供贷款时，能够更准确地评估借款人的偿债能力，而且金融机构也能够优化自身的资本结构，保持良好的资产负债匹配，减少因信用风险或流动性风险所引发的问题。

四、稳定的金融环境还能促进金融创新和改革

稳定的金融环境不仅有利于降低金融风险，也是金融创新和改革得

以顺利推进的基础和保障。稳定的市场环境为金融机构和市场参与者提供了可预测的运营环境，使得他们在理解并适应政策的基础上，更有信心和动力投入研发新的金融产品和服务，改进现有的业务模式。在稳定的金融环境中，由于市场波动较小且预期明朗，投资者更愿意支持那些需要长期投入才能见成效的金融创新项目，如金融科技的研发、新型金融工具的推出等，这种长期的投资视野有助于推动实质性的金融创新和技术进步。政府和监管层也能更从容地推进利率市场化、资本市场改革、金融服务普惠化等一系列深层次金融改革措施，减少因为改革可能引发的市场动荡，而这些改革举措反过来又将进一步激活金融创新活力。

第七节　自主的金融掌控能力

金融强国通常具备独立自主的金融掌控能力，以确保国家金融安全、稳定和发展。这种能力使得国家能够有效地制定和执行适合自身经济条件的货币政策和金融监管政策，应对全球金融市场的波动和国际金融危机的冲击，保障国内金融市场的稳定运行。同时，金融强国对于支付和结算系统、信息技术基础设施和金融服务网络等金融基础设施也要有独立的自主掌控权，以便支撑金融交易的顺畅和安全，免受外部不稳定因素的干扰。

一、自主的金融掌控能力能够维护经济主权和安全

当今，金融市场日益开放，资本流动更加自由，也相应带来了更多的外部金融风险。金融强国依靠其自主的金融掌控能力可以根据自身的经济周期、通货膨胀水平和就业目标等内部经济状况，自主制定和执行符合国情的金融政策，不受他国政策或国际金融势力的过度影响。同时，

自主的金融掌控能力允许国家可以根据本国实际情况设计有效的监管框架和政策工具、制定和执行严格的金融监管政策，以此来识别、预防和应对金融风险，维护金融市场的公平、透明和有效运行，防止金融风险转化为系统性危机，危害国家经济安全。此外，拥有自主金融掌控能力的国家在国际金融交往中，无论是在国际合作还是在解决争端方面，往往可以更好地维护本国利益，避免受到不公平的待遇或损失，以此捍卫国家的经济主权。

二、自主的金融掌控能力能够促进经济稳定发展

金融自主掌控能力强的国家能够确保货币政策与财政政策、产业政策等宏观经济政策之间紧密配合，共同服务于国家的整体战略目标，促进实体经济的健康发展，而不是单纯服务或裹挟于国际资本的利益，从而确保国家经济安全。金融自主掌控能力强的国家还能够自主通过市场机制有效配置资源，促进资本的合理流动，支持国家经济结构优化和产业升级，以及国家战略性新兴产业发展，保障经济长期稳定和高质量发展。此外，拥有金融自主掌控能力的国家，在遵守国际规则的同时，可以根据自身国情和市场需求，积极探索和推进金融创新，如数字货币、金融科技等，提升金融体系的效率和竞争力，为经济的持续发展注入新的动力。

三、自主的金融掌控能力能够保护国家金融信息安全

在数字化和信息化快速发展的今天，金融业对技术的依赖越来越高，

自主的金融掌控能力也体现在能够独立研发和维护金融基础设施，保护国家金融交易数据的安全，防范金融信息泄露带来的风险。一方面，金融自主掌控能力强的国家能够自主制定金融信息安全管理政策，确立严格的数据保密、存储、使用和跨境传输规定，防止敏感信息被非法获取或泄露，保护国家和公民的金融信息安全；另一方面，金融自主掌控能力强的国家能够建立自主可控的金融基础设施，实现数据中心、支付结算系统及各类软硬件设施的国产替代，减少对国外技术的依赖，降低技术漏洞被利用的风险，确保这些设施在遭受网络攻击时仍能保持稳定运行。此外，金融自主掌控能力强的国家能够开发和维护自己的跨境支付系统，控制支付流程中的各个环节，避免过度依赖外部支付系统而带来的潜在风险，确保跨境资金流动的安全与透明。

第八节　较高的国际金融地位

金融强国通常在国际金融舞台上拥有较高的地位，其在全球经济金融治理中发挥着重要作用，能够参与制定国际经济金融规则和标准。金融强国利用自身在国际金融市场上的影响力，能够促进国际贸易和投资合作，推动实体经济融入全球经济体系，实现互利共赢。此外，金融强国通常拥有一个或多个国际金融中心，这些城市集聚了大量的金融机构和专业人才，是全球金融活动的重要枢纽。

一、金融强国在国际金融治理体系中拥有较高的话语权

得益于强大的经济实力、完善的金融体系和丰富的金融资源，使得

金融强国能够在国际金融舞台上发挥重要的引领和决策作用。一方面，金融强国通常在国际金融组织中担任要职，如在国际货币 IMF、世界银行等国际金融组织中，金融强国的代表经常担任机构内的高级职位，对机构的决策方向和政策实施拥有较大的投票权和发言权，并通过向这些机构提供资金和技术支持，进一步增强其在国际金融治理体系中的地位；另一方面，金融强国往往能够参与甚至主导国际金融规则的制定，如在国际标准化组织（ISO）、巴塞尔委员会等国际金融组织中，金融强国通常拥有关键席位，能够直接影响全球金融标准的设定，它们提出的规则和建议，往往成为国际金融行业的标准和惯例，从而塑造全球金融市场的运作方式。金融强国通常还是全球金融创新的引领者，其创新成果和成功案例不仅提升了自身竞争力，也为全球金融行业的发展方向提供了参考，间接影响了国际金融治理体系的演进。

二、金融强国能够促进国际金融交流与合作

金融强国基于其经济规模、金融市场深度与广度，以及全球金融体系中的核心地位，能够在多个层面显著促进国际金融交流与合作。一方面，金融强国凭借其强大的金融市场和金融机构，能够整合和调动大量金融资源，通过国际投资、贷款、援助等方式，促进全球资本的有效流动和优化配置，为全球经济发展提供资金支持。同时，金融强国还通过推动金融市场开放和金融产品创新，吸引全球投资者，实现金融资源的共享。另一方面，金融强国通常发起或积极参与构建全球性、区域性的金融合作平台，例如，二十国集团（G20）、亚洲基础设施投资银行（AIIB）、金砖国家新开发银行（NDB）等，通过这些平台推动各国在金融政策协调、金融基

础设施建设、金融技术合作等方面展开深入交流与合作。此外，金融强国往往倡导并推动金融市场开放和一体化，通过建立跨境金融交易平台、签署双边或多边金融合作协议、参与建立区域金融合作框架等方式，促进全球金融市场互联互通，提高全球金融资源分配效率。

三、金融强国要建有强大的国际金融中心

国际金融中心是国际金融市场的核心枢纽，是跨境资本流动与全球金融资源汇聚的桥梁纽带，是国际金融规则制定乃至国际金融竞争的制高点，更是金融强国得以在全球掌握资源配置权和重要国际金融产品定价权的工具和抓手，建立强大的国际金融中心历来就是大国博弈的焦点。一方面，国际金融中心是国际资金融通的重要窗口，有益于吸引全球优质资本涌入，推动金融行业高水平对外开放，为金融市场发展与产业结构调整"引入活水"；另一方面，国际金融中心是国际贸易的重要支撑，通过在跨境支付、融资和结算等方面提供金融服务便利，促进国际贸易融通，强化与他国间跨境贸易关联度，进而提高本国在国际大循环中的话语权。国际金融中心还是人才中心与创新高地，而锚定人才和创新，就是抓住了发展的"第一资源"与"第一动力"，就能把握好强国之基、活力之源及转型之要。纵观世界金融发展史，金融强国兴衰也都以国际金融中心的变迁作为重要标志，例如，17世纪的荷兰成为"海上马车夫"，有阿姆斯特丹这个国际金融中心为其提供资源；19世纪的英国成为"日不落帝国"，有伦敦这个国际金融中心为其助力；第二次世界大战后，美国拥有纽约作为国际金融中心，影响和左右着全球金融资源的配置，助推美国成为金融强国。

第三章

现代金融体系的建设与发展

　　我国金融体系已经初步完成了"由小到大"的量变，但客观上也存在市场机制不够成熟、行业结构不够均衡、基础设施有待完善等问题，仍处于"大而不强"的状态。我国"十四五"规划正式提出，要健全具有高度适应性、竞争力、普惠性的现代金融体系。这一论述明确了未来一段时期我国深化金融供给侧结构性改革、健全现代金融体系的重要目标方向，具有长远的指导意义。

　　一般而言，现代金融体系主要包括中央银行及其货币政策、金融市场、金融机构、金融工具、金融监管以及金融人才等①。同时，新的金融要素（如科技、绿色、普惠、养老、数字等）的融入又进一步扩展了金融体系的外延。本章着重从金融市场、金融机构和金融监管三个方面，归纳分析我国现阶段金融体系与世界主要经济体之间的差距。

第一节　金融市场体系的建设与发展

一、金融市场健康发展是金融强国建设的基本要求

　　金融市场是资金供求双方通过金融工具进行交易的场所，是金融体系的重要组成部分。金融市场体系由货币市场、资本市场、外汇市场、

---

　　① 王国刚，赵伟霖.中国式现代化建设中的现代金融体系构建［J］.社会科学文摘，2023（09）：81-83.

保险市场、衍生品金融市场等构成；金融工具发行和交易场所也属于金融市场体系的基础设施；其他（如利率、汇率、指数等）则是价格信号要素。现代金融学根据金融市场上交易工具的期限，通常将金融市场划分为货币市场和资本市场，前者是融通短期资金的市场，包括同业拆借、回购协议、商业票据、银行承兑汇票、短期政府债券、大面额可转让存单等市场；后者是融通长期资金的市场，包括金融机构与工商企业之间的中长期银行信贷市场，以及通过证券发行与交易债券、股票、保险、租赁等进行融资的证券市场。[①]

改革开放40多年来，我国金融市场规模迅速扩张，层次结构日益完善，金融市场功能不断深化，金融市场参与主体日趋多元化，且参与程度不断提高，金融产品和工具逐渐丰富。货币市场、资本市场、保险市场、期货市场、外汇市场和黄金市场等均已具有相当规模，逐步形成了多功能、全方位的金融市场体系。以银行间市场为主体的场外市场和以交易所为主体的场内市场相互补充、共同发展。资本市场体系建设稳步推进，上市公司股权分置改革顺利完成，资本市场融资功能得到恢复和加强，多层次交易市场建设工作稳步推进，公司债券市场进一步发展完善；保险市场秩序更加规范，保险资金运用渠道逐步拓宽；期货市场发展迅速，市场发现价格、套期保值功能开始发挥。

吴晓求（2013）认为[②]，我国金融体系虽然在资源配置和防范风险等方面有了显著提升，但仍然存在以下三个方面的问题：第一个缺陷是存在比较明显的垄断性，市场化程度不高，金融的效率也相对低下；第二个缺

① 黄达.金融学［M］.北京：中国人民大学出版社，2012.
② 吴晓求.中国金融体系存在三大缺陷［OL］.和讯网，2013-11-18.

陷是金融结构的弹性很低，吸收平滑风险的能力很弱；第三个缺陷是开放度不够，国际化程度低。

通过提供稳定的宏观经济环境，全面有效的监管框架，不断创新和适应新情况的能力，透明的市场信息，有效的风险管理，广泛的市场参与和应对危机能力，金融市场可以为金融强国建设提供坚实的基础，促进经济稳定增长和国家整体繁荣。因此，金融市场的健康发展构成了金融强国建设的基础。

二、主要经济体金融结构比较

我国金融市场规模发展迅速，但与美国、英国、德国和日本等主要发达经济体的金融市场在资产结构上仍存在较大差异。这些差异既是国内经济和金融发展的结果，体现一国经济发展方式，也是研究金融体系发展的基础，将对走向金融强国产生重要影响。当前，编制金融资产负债表的国际一般准则为联合国等机构出版的《国民账户体系2008》（SNA2008）和IMF2016年出版的《货币与金融统计手册和编制指南》。我们利用国家资产负债表数据，将中国金融市场的资产结构与上述四国等主要发达经济体进行比较研究。

2022年末，除中国外，美国、英国、德国和日本等国的国内金融资产规模与国内生产总值（GDP）现价之比大都处在8~18倍。[①] 见表3-1。

---

① 刘磊，邵兴宇，王宇.金融结构特征与金融体系发展：大国的比较［J］.国际经济评论，2022（06）：71-101，6.

表 3-1　2020—2022 年五国国内金融资产规模占 GDP 的比重

年份	中国	美国	英国	德国	日本
2022 年	348.3%	1242.1%	1538.3%	897.1%	1620.9%
2021 年	332.4%	1464.3%	1659.1%	867.9%	1632.0%
2020 年	348.5%	1450.4%	1795.9%	835.0%	1590.5%

数据来源：国家金融与发展实验室。

根据2021年全球统计数据显示[①]，将金融总资产规模换算成人民币计量，分别为中国 381.95 万亿、美国约 834.5 万亿、英国约 139.9 万亿、德国约 148.1 万亿、日本约 106.4 万亿。美国金融资产规模最大，中国次之，体量为美国 45% 左右，英国和德国金融资产规模体量相近，日本规模最小，英国、德国和日本三者相加与中国金融资产规模大致相等。在各金融机构的资产规模数据中，中国银行业机构的资产规模高居榜首，英国、德国、日本银行业机构资产规模分别约为 67.7 万亿、68.7 万亿、72.5 万亿，中国银行业机构的资产规模与这三个国家分别相比，大概是这三个国家的 5 倍，而美国银行业机构的资产规模与这三个国家分别相比，仅有这三个国家的 2.8 倍左右；中国保险业机构资产规模约 12.3 万亿，与其他四国相比规模最小，与美国的 59.7 万亿和英国的 40.6 万亿的保险机构资产规模相比，仍然差距较大；中国证券业机构资产规模为 24.89 万亿元，排名世界第三，略低于英国 31.6 万亿的证券业机构资产规模，美国证券业机构的资产规模最大，折合人民币近 380 万亿，见表 3-2。

---

① 马广奇，陈雪蒙．由金融大国迈向金融强国：国际比较与中国进路［J/OL］．西安财经大学学报 2024（02）：46-59.

表 3-2　2021 年五国国内金融资产规模对比（单位：万亿人民币）

国家	金融总资产	银行业	保险业	证券业
中国	381.95	344.76	12.3	24.89
美国	约 834.5	约 196	约 59.7	约 373.6
英国	约 139.9	约 67.7	约 40.6	约 31.6
德国	约 148.1	约 68.7	约 17.2	约 11.7
日本	约 106.4	约 72.5	约 19.3	约 14.5

注：表内数据为折合人民币数，汇率参考 2023 年 11 月 30 日中国人民银行授权中国外汇交易中心公布人民币汇率中间价公告（1 美元对人民币 7.1018 元，1 欧元对人民币 7.8045 元，100 日元对人民币 4.8362 元，1 英镑对人民币 9.0290 元）。

数据来源：国际统计年鉴、中国人民银行调查统计司、世界银行 WDI 数据库等。

横向对比五国的金融结构可以发现，美国证券业最发达，约占国内金融资产规模的一半，其次是银行业，约占四分之一；中国、英国、德国和日本四国的金融结构都是以银行业所占比重最大，英国和德国银行业体量比重相当，基本占据金融总资产一半规模，保险业略高于证券业资产规模，金融结构较为平均；中国和日本银行业在金融总资产中的占比都超过 50%。值得注意的是，中国金融结构存在一定程度的失衡，银行业资产占比超 90%，与同期美国的数据对比，美国银行业资产仅占 23%，虽然中国目前已经建立了种类比较齐全的金融机构体系，但银行在金融机构中占绝对的主导地位，是典型的间接融资主导型金融体系，见图 3-1。

资本市场是金融市场的重要组成部分，在金融运行中具有牵一发而动全身的作用。目前，美国拥有全球最大的资本市场，包括纽约股票交易所和纳斯达克交易所等在内的股票市场，以及债券市场和衍生品市场都在全球范围内具有很大的影响力并居主导地位。欧洲的资本市场以英国和德国为代表，包括伦敦证券交易所和法兰克福交易所等在内的股票市场具有较高的规模和地位。日本资本市场以东京证券交易所为代表，金融市场发展规模较小但成熟稳定。我国资本市场以上海证券交易所和深圳证券交易所为代表，是成立时间最短的大国资本市场，近年来国际吸引力和影响力大幅增强，市场规模不断扩大。

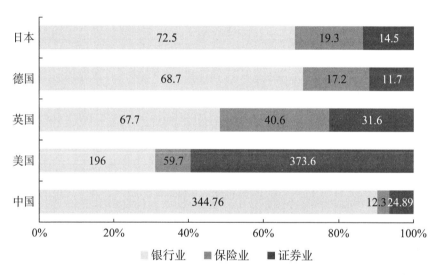

图 3-1　2021 年五国国内金融资产结构对比（单位：万亿人民币）
数据来源：根据世界银行数据计算。

　　2023 年，我国 A 股总市值超过 10.8 万亿美元，仅次于美国和欧盟，已经成为全球资产配置中不可忽视的部分。从 2023 年末全球各大证券交易所的市值（见图 3-2）来看，纽约证券交易所（NYSE）和纳斯达克（Nasdaq-US）稳居第一和第二位，全球前十大证券交易所中，中国有上海、深圳、香港三家证券交易所入榜，市值分别为 6.5 万亿美元、4.3 万亿美元、4.0 万亿美元。除中美两国外，其余的前十大证交所还包括欧洲 1 家（泛欧洲证券交易所 [①],Euronext）、日本 1 家（日本交易所集团 [②]，JPX）、印度 1 家（印度国家证券交易所 [③]，NSE）、英国 1 家（伦敦证券交易所，LSE）以及加拿大 1 家（多伦多证券交易所，TMX），从市值规模看中国股票市场已经成为全球市值第二大市场。

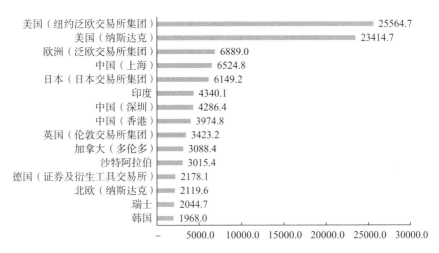

图 3-2　2023 年全球主要证券交易所市值（单位：十亿美元）
数据来源：全球证券交易所联合会（WFE）及 Bloomberg。

三、构建开放和市场化导向的金融市场体系

健全金融市场体系，提高金融市场配置资源的水平和效率，是金融

---

① Euronext 是欧洲最大的证券交易所集团之一，总部位于阿姆斯特丹，覆盖多个欧洲国家的主要证券交易所，包括阿姆斯特丹证券交易所、布鲁塞尔证券交易所、巴黎证券交易所、里斯本证券交易所、都柏林证券交易所、奥斯陆证券交易所。
② JPX 是日本最大的证券交易所集团，成立于 2013 年 1 月 1 日，由东京证券交易所（Tokyo Stock Exchange，TSE）和大阪证券交易所（Osaka Securities Exchange，OSE）合并而成，原大阪证券交易所并入 JPX 后成为其衍生品交易部门。
③ NSE 成立于 1992 年，总部位于印度孟买。

改革的核心。我国经济的结构性变化也要求金融体系必须加快改革，向更加开放的市场导向体系发展。在这一体系中，需要在充分吸收国际领先金融市场体系优点的基础上，避免市场导向容易产生的收入分配差距扩大等社会问题。建设这一体系要从政府主导的经济发展模式转向市场发挥决定性作用，大力发展资本市场以及机构投资者，发挥市场在金融资源配置中的决定性作用。

（一）建立市场化金融资源配置机制

为了确立市场在金融资源配置中的主导地位，首先必须坚持市场化方向，确保金融服务的需求者能够获得公正对待，以及金融服务供给者受到正确的激励和约束。当前，国有企业享有政府信用的隐性担保，而民营企业在金融市场难以享受平等的金融市场资源。要纠正这一现象，需要加速国企改革，推动混合所有制经济的发展，将"两个毫不动摇"[①] 真正落到实处。其次，金融机构特别是银行业，虽已初步建立了现代企业制度，但仍需减少政府干预，并建立有效的退出机制，以促进市场的健康发展。同时，要不断改进和完善现有的金融监管体系，转向市场导向和法治化的管理模式，摒弃"运动式"监管模式，建立一个更加稳定和可预测的监管环境。此外，要使市场在金融资源配置中起决定性作用，价格信号至关重要。利率作为金融业最为基础的价格指标，汇率作为人民币的对外价格，二者的市场化程度直接影响全社会的资源配置效率，必须不断深化利率市场化改革，完善汇率市场化形成机制。现代经济条件下，政府的调控能力同样对

---

① "两个毫不动摇"是指毫不动摇地巩固和发展公有制经济，毫不动摇地鼓励、支持和引导非公有制经济发展。这一方针体现了中国共产党在新时代坚持和完善社会主义基本经济制度的决心和信心。

资源配置效率有着重大影响，需不断加强财政政策与货币政策的有效配合，确保金融服务实体经济的能力得到充分发挥。

（二）健全多层次资本市场

资本市场主体需求的多样化、差异化是多层次资本市场体系形成的主要原因。资本市场需要从过去为国企解忧脱困的角色转变为以市场为主导的体系，建立发行、退出和交易由市场发挥决定作用的机制，实现统一和多层次的市场结构。同时，着力构建以信息披露为核心的制度规则体系，推动服务于科技创新和产业升级的股权融资市场不断完善，真正为投资者创造价值。此外，机构投资者的发展对于资本市场的成熟至关重要，但目前我国机构投资者的成熟度还有较大的提升空间。例如，我国的养老保障体系存在较大缺陷，导致作为机构投资者的养老金发展不足。未来需要改革养老金体系，在不加重企业和家庭负担的前提下，大力发展第二支柱企业年金和职业年金、第三支柱补充个人养老金，以及改造住房公积金和商业银行理财业务。这些措施将有助于发展机构投资者，为资本市场提供稳定的长期资金来源，减少市场波动。

（三）有序实现人民币资本项目可兑换

金融强国的货币必须是可自由交易的国际性货币，货币自由兑换是金融强国的重要标志之一。在人民币国际化进程不断深化、人民币在SDR货币篮子中的比重提升背景下[①]，非居民对人民币资产的需求上涨，

---

① 人民币于2016年10月正式加入SDR货币篮子，2022年5月，IMF对SDR定值篮子进行例行审查，决定将人民币权重由10.92%上调至12.28%，这是人民币在SDR货币篮子中的首次上调。

境内企业与个人跨境投资规模也持续攀升，客观上需要统筹推进在岸金融市场和离岸金融市场建设，提高资本项目可兑换程度。基于金融强国的目标，我们必须着力推动人民币可自由交易和国际化，在"一带一路"倡议下，积极推进以人民币作为计价结算和储备货币，加强与沿线国家的贸易投资关系，推动人民币跨境使用，促进贸易和投资便利化。

第二节　金融机构体系的建设与发展

一、强大的金融机构是金融强国的必要条件

现代金融理论把金融机构划分为两类：一是银行类金融机构，二是非银行类金融机构。不论是银行还是非银行机构，只要是经营货币或货币资本的企业，又或充当信用中介、从事各类金融服务的组织，都应定性为金融机构。

改革开放以后，我国金融机构向多元化发展，目前已形成由银行、证券、保险、信托、期货、金融租赁等机构构成的功能齐全、形式多样、分工协作、互为补充的多层次金融机构体系。截至 2023 年末，我国银行、证券、保险的机构数量为 4875 家，其中银行业金融机构有 4490 家，证券公司有 147 家，保险公司有 238 家；截至 2023 年末；以人民币作为计价单位，我国金融机构总资产为 461.09 万亿，同比增长 9.9%；其中，银行业机构总资产为 417.29 万亿，同比增长 10%；证券业机构总资产为 13.84 万亿，同比增长 5.6%；保险业机构总资产为 29.96 万亿，同比增长 10.4%。金融业机构总负债为 420.78 万亿，同比增长 10.1%；其中，银行业机构总负债为 383.12 万亿，同比增长 10%；证券业机构总负债为

10.43 万亿，同比增长 5.5%；保险业机构总负债为 27.22 万亿，同比增长
11.4%。具体见表 3-3。

表 3-3　2023 年我国金融机构资产和负责情况（单位：万亿人民币）

	数量（家）	资产金额	资产同比增速	负债总额	负债同比增速
金融机构	4449	461.09	9.9%	420.78	10.1%
其中：银行	4071	417.29	10%	383.12	10.1%
证券	237	13.84	5.6%	10.43	5.5%
保险	141	29.96	10.4%	27.22	11.4%

注：因无对应年底数，证券金融机构数量为截止到 2024 年 5 月的数据。
资料来源：中国人民银行、国家金融监督管理总局及证监会网站。

　　强大的金融机构应当是具有国际竞争力的金融机构。金融强国通常
拥有规模和质量处于全球前列的商业银行、投资银行、保险公司和信托
公司等金融机构体系。例如，美国的商业银行和投资银行的实力和影响
力长期处在全球前列。与美国等金融强国相比，我国的金融机构目前存
在"大而不强"、间接融资体系为主等问题，仅有 5 家银行进入全球系统
重要性银行名单（G-SIBs）[①]，一流证券投行与投资机构的培育更是任重道
远，我国金融机构在国际上的竞争力和影响力总体仍有待提升。

　　金融机构体系改革的首要目标是有效化解现有金融风险并充分防范
潜在金融风险，牢牢守住不发生系统性风险的底线。通过提供多元化的

----

　　① G-SIBs 名单根据银行在全球金融体系中的重要性和稳健性，将入选银行分为五个组
别，组别数字越高，需要满足的资本要求也越高。金融稳定委员会（FSB）于 2023 年 11 月
27 日公布了 2023 年全球系统重要性银行名单（G-SIBs），全球共 29 家银行入选。本次名单
中，中国有 5 家银行上榜，分别为中国工商银行、中国农业银行、中国银行、中国建设银行
和交通银行。其中，交通银行是首次入选 G-SIBs 名单，位于第一组，工农中建位于第二组，
且中国农业银行和中国建设银行均是从第一组升至第二组。

金融产品和服务，降低企业融资成本，增强金融服务实体经济的能力。同时，注重提高金融机构管理水平和服务质量，增强金融机构发展的可持续性，并推动一批具有国际竞争力和跨境金融资源配置权的金融机构快速稳健成长。[①]

强大的金融机构是金融强国的必要条件，未来我们要注重提高金融机构管理水平和服务质量，增强金融机构发展的可持续性，在银行、保险等领域培育系统重要性金融机构，并打造一流投行与投资机构。国内金融机构也要加快与国际标准接轨，以便有效应对来自国际金融机构日益激烈的市场竞争。

二、主要经济体金融机构比较

（一）银行业机构

银行业作为我国金融体系的主体，在经济发展方式转变中发挥着重要的作用，也是实施金融强国战略的核心力量。改革开放以来，我国银行业先后经历了专业化、商业化和股份制改造三次大的制度变革，综合实力显著增强。多项指标表明，我国银行业运行稳健、发展状况良好，但与其他国际先进银行相比，我国银行业机构经营能力和盈利能力有待进一步加强。总体来看，我国银行业虽大，但在全球的影响力相对有限，且业务国际化程度偏低，国际竞争力仍然较弱。

根据英国《银行家》杂志发布的 2023 年度全球银行 1000 强排名榜单，中国有 141 家银行上榜，美国、英国、德国和日本的上榜银行数量

---

① 周小川.深化金融体制改革［J］.金融博览，2016（04）：40.

分别为 196 家、26 家、23 家和 82 家，我国银行整体数量虽然少于美国，但有 103 家银行进入榜单前 500，且在榜单前 100 和榜单前 20 中表现出色，数量均居第一位。从排名看，我国银行在排名前十的银行中占了一半席位，前二十强有 10 家中资银行入围，资本充足率、拨备覆盖率均处于全球较好水平，可见我国银行业发展势头稳健，与其余四国已拉开明显差距。此外，四大国有银行近三年的总收入复合增长率均在 4.4% 至 5.5%，ROE 稳定在 10% 左右，ROA 保持在 0.8% 至 1.0%，在全球大型银行中也位居前列。见表 3-4。

表 3-4　2023 年中美英德日五国全球银行 1000 强数据对比（单位：百万美元）

国家	综合排名				细分排名（各国排名前十银行）					
	榜单前20	榜单前100	榜单前500	进榜单总数	一级资本加总	总资产加总	税前利润加总	资本资产比率均值（%）	资本收益率均值（%）	资产回报率均值（%）
中国	10	21	103	141	2318356	28722524	284103	7.950	10.548	0.845
美国	5	12	63	196	1151120	15879283	169978	7.722	12.458	0.968
英国	1	5	14	26	363408	8080404	48776	5.011	11.379	0.572
德国		3	14	23	1756000	3831564	15659	5.767	6.102	0.338
日本	1	6	33	82	4108110	9627497	32559	4.683	5.023	0.220

资料来源：英国《银行家》杂志 2023 年全球银行 1000 强排行榜。

针对各国排名前十的银行，对细分指标进行横向对比后发现：一级资本总和，中国前十强银行排名第一，是排名第二美国的 2 倍多，更是英国的 6.4 倍、德国的 13.2 倍、日本的 5.6 倍，可见我国银行实力雄厚，

含金量十足；从资本资产比率来看，中美两国均值最高，分别为 7.95%
和 7.72%，日本前十强银行稳健性相对较差，仅有 4.68%；资产收益率和
资产回报率两项指标数据美国前十强银行的均值绩效最佳，我国其次。
英国前十强银行平均资本收益率表现良好，但资产回报率过低，日本前
十强银行绩效指标均落后于其他四国。我国前十大银行的一级资本是美
国前十大银行的 2.01 倍，税前利润加总 0.28 万亿美元仅为美国银行前十
强加总的 1.7 倍。跻身全球前十强的我国银行有工、建、农、中、交五行，
一级资本占比加总共达 65.9%，税前利润占比加总 62.5%；反观美国银行
业，其加总一级资本和税前利润占比分别为 28.9% 和 32.4%，说明我国
银行机构单位资本的获利能力仍然相对弱于美国银行机构。

（二）证券业机构

国内证券业机构虽然近几年得到较快发展，但从资产规模和盈利水
平上看，与国际领先投行仍有差距，主要表现为资产负债规模小、财务
杠杆低、资本回报不足等。

2022 年数据显示，美国高盛集团总资产是 1.64 万亿美元，营业收
入 462.54 亿美元，净利润 85.16 亿美元；摩根士丹利总资产 1.19 万亿美
元，营业收入 541.43 亿美元，净利润 92.30 亿美元。同期，国内券商龙
头中信证券的总资产约是人民币 1.31 万亿元，营业收入人民币 651.09 亿
元，净利润人民币 221.69 亿元。Choice 终端数据显示，截至 2022 年底，
A 股 43 家上市券商的总资产规模仅相当于一个高盛的总资产规模。从财
务杠杆率来看，国内头部券商的杠杆率普遍在 5 倍左右，国际顶级投行
的杠杆率则普遍在 10 倍以上。见表 3–5。

表 3-5　2022 年中国证券公司与国际投行比较（单位：亿人民币，亿美元）

国内券商	营业收入	净利润	总资产	杠杆率
中信证券	651.09	221.69	13082.89	5.06
国泰君安	354.71	116.21	8606.89	5.25
中国银河	336.42	77.61	6252.16	6.09
华泰证券	320.32	113.65	8465.67	5.04
中信建投	275.65	75.17	5099.55	5.47
中金公司	260.87	75.95	6487.64	6.52
海通证券	259.48	51.96	7536.08	4.24
广发证券	251.32	88.98	6172.56	4.95
申万宏源	206.10	31.40	6131.17	5.25
招商证券	192.19	80.79	6116.62	5.31
国际投行	营业收入	净利润	总资产	杠杆率
JPMorgan	1581.04	495.52	38753.93	11.82
Goldman Sachs	462.54	85.16	16415.94	14.04
BofA Securities	985.81	265.15	31801.51	10.90
Morgan Stanley	541.43	92.30	11936.93	11.94
Citi	784.62	92.29	24118.34	11.69
Barclays	253.78	65.57	14774.87	20.56
Deutsche Bank	311.55	64.52	13172.66	17.26
Wells Fargo Securities	825.97	190.29	19324.68	10.31

数据来源：Choice 金融终端。

国内券商与国外一流投行相比，差距主要表现在四方面：一是规模体量仍然有较大差距；二是国际业务收入占比普遍较低，国际化竞争力依然不足，在全球范围内开展业务、配置资源的能力相对较弱；三是资产负债经营能力受限，杠杆撬动能力不够强；四是人才队伍结构性问题突出，信息技术水平与发展相对落后。面对这些差距，国内券商亟须进一步加强相关领域的业务能力。例如，国内券商的财务顾问、做市交易、产品创设、证券服务、资产管理等业务与美国的投行相比差距很大，这也是未来我国证券行业应当重点发展的业务领域。

三、构建具备国际竞争力的金融机构体系

金融机构体系培育是一项长期系统性工程，不仅关乎金融稳定，更对我国实体经济的可持续发展具有重要意义。一方面，我国金融机构存在的风险情况较为复杂、牵涉面大、涵盖内容广，既包括化解风险，增强机构健康度，又包括完善现代企业制度、实现创新发展等内容，不可能一蹴而就；另一方面，随着我国金融机构改革逐步推进，同样需要实体经济和企业市场化改革的不断深入，为金融企业实现自主经营、建立现代企业制度、形成规范的公司治理创造必要的外部环境。此外，建设金融强国也需要推动重要金融机构从资产规模增长转向服务效能提升。

（一）完善现代金融企业制度

我国金融机构存在的许多问题，都与公司法人治理结构不完善、不适应市场化发展要求有关，如党组织功能发挥不够，董事会、监事会履职效能不足，存在内部人控制，行政色彩浓厚，约束机制不严，风险内控能力弱等。对有效的公司法人治理而言，要优化国有金融机构股权结构，改善和优化金融机构公司治理机制，建立现代金融企业制度，形成有效的决策、执行和制衡机制，并积极探索控股公司模式完善信息披露以及强化金融监管的引导作用。

对于国有大型金融机构，要探索通过建立"国有资本管理部门—控股公司（国有资本投资运营公司）—国有企业"三层架构，取代"国有资本管理部门—国有企业"两层管理结构，当好服务实体经济的主力军和维护金融稳定的压舱石。

对于中小金融机构，要加强事前风险监测和事中风险管控，对公司治理有明显缺陷的金融机构可能出现的风险，要"看得见、管得住"，守住不发生系统性风险的底线。按照现代企业制度建立公司法人治理结构，提升透明度，金融机构要受到来自广大投资者特别是股票市场投资者和战略投资者的压力和监督约束，从而有足够的动力加强风险管理。

（二）加强技术创新与数字化转型

数字经济时代，金融业对于技术的依赖度空前提高。如何统筹由技术创新驱动的产业与金融业数字化转型所带来的金融安全与发展问题，防范金融科技创新风险，推动金融与产业数字化有机融合，已是金融业不可忽视的课题。近年来，我国金融市场交易方式、资源配置、风险治理、内外链接、支付方式、结算方式等呈现网络化、数字化和智能化趋势，促进了银行、保险、证券、基金、信托、租赁等金融业态数字化转型，丰富了金融产品和服务手段，扩大了服务范围，提升了金融效率和服务质量，普惠金融服务得到了极大满足。

若要实现金融机构与供应链、产业链的数据及场景链接，实现网络化和智能化，需要加大科技赋能的力度。一方面，中小微企业从自身生产经营考虑，数据开放和共享较少，供应链、产业链相关上下游企业信用资产流转不畅通，有相当多的中小企业与信用相关的数据并未纳入中国人民银行征信系统；另一方面，金融机构虽然具有较好的数据优势、科技资金投入有保障，但是由于存在接口协议标准不一致，导致金融业与各行业间存在"数据鸿沟"。此外，由于全社会的数字化基础设施尚不健全，中小微企业缺少资金支持，数字化进程明显滞后。这些问题为金融科技创新发展指明了方向，金融机构数字化转型目标更加明确，供需匹配更加精准，使得金融科技创新推动金融与产业数字化融合发展成为可能。

（三）积极走出去拓展国际市场

能够有效参与国际市场竞争、实现资源全球化配置，是强大金融机构的必备条件，也是金融强国的重要标志。在国内外金融市场竞争激烈的背景下，中国金融机构正面临着"走出去"的新一轮机遇。例如，随着国内金融市场的不断开放，外资金融机构的参与度将逐步提高，迫使国内金融机构亟须加速国际化步伐，以此来扩大服务范围、保持竞争力并巩固市场地位。为了抓住全球化带来的战略机遇，国内金融机构需要主动适应经济金融全球化的趋势，推动金融业务创新，在确保金融稳定和安全的前提下，积极走出去开拓国际市场，为国内企业出海提供金融支持，不断提升在国际金融市场中的影响力和竞争力。

第三节　金融监管体系的建设与发展

一、完善的监管体系是金融强国的安全保障

有效的金融监管体系是防范化解金融风险、维护金融市场稳定和保护消费者权益的基石。随着金融市场的快速发展和金融创新的不断涌现，非监管类金融机构参与金融活动程度不断加深，单纯以机构监管为主的

监管模式已不适应防范风险的需要。2008 年美国次贷危机以来，世界各国普遍认识到金融监管不力所带来的严重后果，纷纷推进金融监管体系改革以强化金融监管。例如，采取构建超级金融监管机构、防范系统性风险、加强宏观审慎监管、强调宏观审慎与微观审慎相结合的全面监管和协调监管、加强央行在金融监管中的地位与作用、重视对金融消费者和投资者的保护等措施。从国际经验来看，全球主流的金融监管模式大致可分为机构监管、功能监管、综合监管和双峰监管等。其中，机构监管根据金融机构的牌照类型和法律属性来划分监管机构，对应监管机构将同时进行审慎监管和行为监管；功能监管根据金融业务的类型来划分监管机构，每一种金融业务对应一类监管者，意味着开展综合金融服务的公司同时面对多家金融监管机构；综合监管是由一家综合性监管机构对整个金融体系进行统一监管，此类监管涵盖防范系统性风险的审慎监管和维护金融消费者权益的行为监管；双峰监管根据监管目标设立两类金融监督机构：一类负责对所有金融机构进行审慎监管，关注金融体系的安全与稳健，另一类负责对不同金融业务的经营行为进行监管，关注金融消费者权益。

在中国特色金融发展过程中，要适应和保障经济高质量发展，金融监管体系必须持续完善和深化改革。2018 年以来，我国金融监管部门监管重心逐步转向功能监管和行为监管。这一转变有利于监管部门更加全面地开展金融监管活动，实现对金融活动的全覆盖。2023 年 3 月，中共中央、国务院印发《党和国家机构改革方案》，组建中央金融委员会及中央金融工作委员会，撤销银保监会，组建国家金融监督管理总局，并调整证监会职责、央行分支机构及各省市的区域金融监管机构。"二委"（中央金融委员会和中央金融工作委员会）负责金融业的顶层设计，"一行一总局一会"（中国人民银行、国家金融监督管理总局、中国证券监督管理委员会）的金融监管架构，标志着中国特色准"双峰"监管模式逐步形成，中央与地方金融监管职责分工和协调机制探索建立。其中，中国人民银行主要负责货币政策执行和宏观审慎监管，国家金融监督管理总局主要负责微观审慎监管和消费者权益保护，中国证监会主要负责资本市场监管，国家外汇管理局则是对外汇收支、买卖、借贷、转移以及国际间的结算、外汇汇率和外汇市场等实行的管制措施。中央金融监管部门着力于对全国性金融活动和涉及系统性金融风险的监管，将金融监管重心由原先的机构监管为主转向行为监管（或功能监管）为主。地方金融工作办公室（或金融工作局）主要负责地方性中小金融机构和金融行为的监管，着力防范和化解地方性金融风险。

只有管得住才能放得开，加快建设金融强国的重中之重是全面加强金融监管。有效的金融监管体系可以帮助识别和控制金融系统风险，包括信用风险、市场风险、流动性风险和操作风险等，从而避免金融危机的发生。良好的监管可以增强市场参与者的信心，减少市场波动，促进金融市场的稳定和持续发展，监控和预防可能对整个金融系统构成威胁的系统性风险，确保金融体系的整体健康和稳定。监管机构通过制定和执行规则来保护金融消费者利益，确保其不会受到不公平或欺诈性金融行为的损害。确保所有金融机构在公平和透明的环境中运营，避免不正当竞争，促进整个行业的健康发展。有效的监管体系需要与其他国家的监管机构合作，共同应对跨境金融问题。此外，金融科技的快速发展带来了新的金融产品和服务，监管体系需要持续更新，以适应这些变化，同时确保新技术的安全和可靠。综上所述，完善的金融监管体系是防范系统性金融风险的屏障，对于确保国家金融安全至关重要。监管机构需要与金融市场发展保持同步，不断改进和加强监管措施，以应对不断变化的金融环境。

二、主要经济体监管体系比较

分业监管模式迄今仍是全球最常见的金融监管制度[1]。美英等主要经济体金融监管改革的探索，以及改革背后逻辑和规律的总结，对于我国确定金融监管的核心目标及其达成路径，进而形成金融监管模式和监管架构，实现在创新中寻求效率与风险的平衡，具有较强的借鉴意义。和主要经济体相比，目前我国金融监管在协同性配合、主体责任强化、防范道德风险、跨境金融监管以及参与国际金融监管改革与规则制定等方面仍有许多工作待完成。

（一）美国：从多头监管向综合型监管靠拢

美国的金融监管体系自 1864 年《国民银行法》实施以来，经历了从机构监管到功能监管，再回到更为复杂的机构监管的演变过程。在 2007 年美国次贷危机之前，美国实行的是联邦和州政府共同监管的"双重多头"分业监管模式。具体来说，"双重多头"的形式中的"双重"指"联邦级＋州级"双层监管范围，"多头"指多个监管机构共同监管证券业、银行业和保险业。联邦层面的监管机构包括联邦储备系统（FRS）、货币监理署（OCC）和联邦存款保险公司（FDIC）、美国证券交易委员会（SEC）、

---

[1]　国际清算银行 2018 年的一项研究显示，在研究涵盖的 79 个经济体中，仍有 38 个（占 48%）采用分业监管模式。2019 年时采用综合监管模式的有 23 个国家，占 29%。

商品与期货交易委员会（CFTC），而州级监管机构则包括各州的银行管理机构和保险监管机构等。美国金融监管体系的结构如图 3-3 所示。

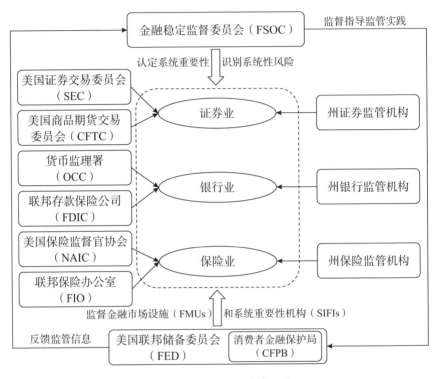

图 3-3　美国金融监管体系

次贷危机爆发后，美国进行了金融监管改革，通过《多德 – 弗兰克法案》成立了消费者金融保护局（CFPB）和金融稳定监管委员会（FSOC），并增强了美联储的监管职能。其中，消费者金融保护局作为美联储内部的独立部门，负责整合和执行消费者保护法规，监管大型金融机构和金融产品，确保消费者权益不受侵害；金融稳定监管委员会则负责宏观审慎监管，评估和防范系统性风险，并监管支付清算系统。此外，美联储的职能也得到加强，包括对大型银行、非银行金融机构和对冲基金的监管，以及设定资本充足率和杠杆化率要求。改革还强调了对美联储的约束和审计，确保其紧急贷款计划得到适当监管。

概括而言，美国金融监管改革的特点包括：加强消费者权益保护和行为监管，突出宏观审慎监管以防范系统性风险，增强中央银行的金融监管职能。这些改革标志着美国金融监管从分业监管转向综合型监管。

（二）英国：发展中的"双峰"监管模式

英国作为曾经的金融强国，其金融监管架构也一直被视为全球典范。从监管模式来看，英国先后采用过分业、综合和"双峰"监管模式。1997年前，英国实行的是分业监管体制，主要有9家监管机构，分别是英格兰银行的审慎监管司（SSBE）、证券与投资管理局（SIB）、私人投资监管局（PIA）、投资监管局（IMRO）、证券与期货管理局（SFA）、房屋协会委员会（BSC）、财政部保险业董事会（ID）、互助会委员会（FSC）和友好协会注册局（RFS）。这些金融监管机构分别行使对银行业、保险业、证券投资业、房屋协会等机构的监管职能。1997年英国实行金融改革，合并成立金融监管局（FSA）作为专门的金融监管机构。FSA拥有制定金融监管法规、颁布与实施金融行业准则、给予被监管者以指引和建议等重要监管职能。2001年12月，英国《金融服务及市场法案》生效，FSA成为所有金融机构和金融服务公司的统一监管机构，英国由此进入统一监管时代。

受2007年美国次贷危机的影响，英国北岩银行、苏格兰哈里法克斯银行等大型银行遭遇较大冲击，英国金融监管体制在宏观审慎管理、微观审慎监管，以及消费者保护和现场监管等方面缺乏协调配合的弊病逐渐凸显①。FSA被认为监管协调不及时，错过及时做出政策反应的最佳时机。2013年英国对金融监管体系再次改革，取消了FSA，赋予英格兰银行全面金融监管职责，同时拆分成立审慎监管局（PRA）和金融行为监管局（FCA），形成"双峰"监管模式。其中，PRA是英格兰银行的附属机构，FCA作为独立的监管机构取代了FSA。英格兰银行内部下设金融政策委员会（FPC）负责实施宏观审慎监管，重点防范系统性金融风险，并且对PRA和FCA给予工作指导。PRA对金融机构和金融体系进行审慎监管，确保金融系统稳健发展，监管对象包括1500家大型金融机构（包括银行、保险公司和大型投资公司）和金融体系的审慎监管，以免再次发生"大而不能倒"的危机，确保金融系统稳健发展；FCA负责对金融业务实施现场监管和非现场监管，保护金融消费者权益，打造信息透明、公平竞争、公开公正的市场环境，监管对象为其余4.8万家（包括银行、保险公司、证券公司、基金管理公司等）被认为对整个金融体系稳定性影响较小的小型金融机构。

英国金融监管架构的设置全部为中央金融监管部门，对地方金融活动的监管覆盖主要通过机构自身层级的延伸，在人、财、物等方面对地方政府具有显著的独立性，可以归纳为"以垂直监管覆盖地方金融活动的监管模式"。在机构设置上，英国仅在12个地区设立了小型代表处，主要职能是收集信息、强化与当地金融机构的沟通，PRA和FCA均未设置地方分支机构。在监管协同上，英国央行及内设监管机构主要通过"正式的、具有法律约束力的监管备忘录"来保障各机构间的明确职能范围，

① 李木子.英国金融监管从分业到双峰：变迁与启示［J］.中国发展观察，2020（11）：59-60.

并成为日后职责划分的依据；同时，也基于协调机制实现金融监管信息双向共享和行动指导，使用一套金融监管信息系统满足不同监管机构的监管信息需求，弥补机构设置下沉不足的缺陷①。

（三）德国：兼顾稳定与创新的内外双重监管体系

德国金融监管是一个双层次体系，以综合监管、分工协作为特征，以行政监管为主、第三方审计为补充。双层次监管体系，是指德国金融监管由欧盟和欧元区层面监管机构和德国层面监管机构共同构成。前者包括"三局一会"，即欧洲银行业监管局（EBA）、欧洲保险和养老金监管局（EIOPA）、欧洲证券和市场监管局（ESMA）、欧洲系统性风险委员会（ESRB）和"一行"，即欧洲中央银行（ECB）。后者包括联邦金融监管局（BaFin）、德意志联邦银行（BBK）、州层面监管机构、金融稳定委员会，BaFin 主要负责和"三局一会"和"一行"对接。

1998 年欧洲央行成立后，德意志联邦银行成为欧洲中央银行的组成部分。2002 年 4 月，根据《金融监管一体化法案》，德国成立联邦金融监管局，取代原来的银行监管局、保险监管局以及证券监管局，负责对德国境内包括银行、证券以及保险等所有金融机构的统一监督。德意志联邦银行和联邦金融监管局根据分工合作的原则对德国金融体系和金融市场进行微观审慎监管。在德国 9 个州，德意志联邦银行都设有分支机构，利用自身网点优势负责每天向联邦金融监管局传送各银行集中的数据，为其更好行使监管职能提供依据。同时，联邦审计院联合独立第三方审计师事务所对德国金融机构的合法合规性进行审计。2008 年后，欧盟建

---

① 郑金宇.地方金融监管架构的国际比较与启示［J］.银行家，2022（09）：81-84，7.

立欧洲系统性风险委员会（ESRB）。德国在欧盟框架下，结合自身实际开展一系列的监管改革。2012 年，德国通过新银行监管改革法案，成立金融稳定委员会（FSC），负责统筹微观监管和宏观审慎管理。FSC 设在财政部内，由来自财政部、联邦金融监管局和德意志联邦银行的代表构成，财政部代表任委员会主席。

德国金融监管体系是综合监管体制，联邦金融监管局统一监管银行业、保险业和养老金、证券业，这与德国混业经营或综合经营的金融体制相匹配。同时，联邦金融监管局接受财政部监督，财政部对其有重大影响力。

（四）日本："一线多头"的金融监管体系

日本监管模式为"一线多头"监管，主要由金融厅（FSA）、日本银行（BOJ）和日本存款保险公司（DICJ）共同构成，其中 FSA 负责对银行业、证券业、保险业、信托业和整个金融市场进行监管，保证金融市场功能的运转；日本银行和 DICJ 实施监督检查并维护金融体系稳定。日本金融监管在 1998 年 FSA 组建之前主要由大藏省与日本银行共同对本国金融业实施监管，经过长期的改革发展，日本逐步形成了对金融机构及金融市场进行统一监管的模式。金融厅作为金融行政监管的最高权力机构，全面承担对日本金融机构的监管职能，负责对银行、证券、保险等各金融市场的统一监管。2000 年之后，日本收回地方政府对中小金融机构的监管权，也由金融厅统一负责监管，但由于金融厅没有设立分支机构，对地方中小金融企业的监管权委托给地方财务局，由地方财务局对地方金融实施监管。

2008 年后，日本并未采取激进的监管改革措施，而是继续推动金融创新。相较于英美国家，日本由于在危机前已经实施了全面的监管，如2006年《证券交易法》的修订，将更多金融产品纳入监管范围，因此受次贷危机冲击的影响较小。目前，FSA作为核心监管机构，负责维护金融稳定和保护消费者权益，整合了审慎监管、行为监管以及宏观与微观审慎监管职能。虽然日本银行主要负责货币政策的制定，不直接参与金融监管，但根据《日本银行法》第44条，它有权对有业务往来的金融机构进行合同基础上的检查。这要求金融厅与日本银行协调合作，共同安排对金融机构的现场检查。

三、金融监管目标的确立

鉴于金融创新与金融风险和金融效率之间的相互作用和相互影响，各国促进金融稳定和可持续发展的过程中，都在积极构建差异化资本监管体系，并在这一过程中扮演着重要角色，兼顾需求创新、效率和风险的平衡。

我国目前分业监管体制逐步形成于20世纪90年代，该种监管体制符合当时发展的要求，也能够提升管理能力，管理好专业的市场和机构。随着我国金融业的快速发展和变化，尤其是2008年以来，我国金融市场的广度与深度迅速扩大，无论是机构种类和数量、金融产品和服务、资金规模与流动速度，还是跨境交易规模及各类业务复杂度等日益增长，现有金融监管体系已很难完全适应金融发展的新变化，迫切要求对现有监管体系进一步改革。面对变化与挑战，我们必须重新审视和厘清金融监管核心目标，探索金融监管的准则，调整金融监管的架构，有效配置监管资源、加快推进金融监管改革以适应金融业的新形势。

通常认为，金融监管的目标至少应当包括维持金融市场稳定、金融机构安全与稳健、保护消费者权益等具体内容。我国金融监管体系改革面临独特的现实基础与约束条件，在持续博弈与优化的过程中寻求监管效率和安全的平衡，其基本逻辑要适应金融结构趋势性调整而引发的金融风险变化，同时必须适应于我国金融结构的变革、金融风险的变化和我国金融战略的目标定位。现实的金融监管的核心目标应当是在创新中寻求效率与风险的平衡，通过所形成的金融监管目标和准则对冲金融风险外溢。

四、构建包容审慎的监管体系

全球金融业快速发展，伴随着金融规模和复杂性的显著增大。大数据和人工智能等金融科技的进步，正在重塑现代金融体系，降低服务成本并提高金融普惠性的同时，也带来新的挑战。因此，有必要按照确立的金融监管目标，着重推进金融监管体系改革，以更有效配置监管资源。

（一）完善准入监管与强化行为监管

准入监管是落实金融监管有效性的"第一道防线"。金融行业是高杠杆、高风险的行业，准入门槛是必须的，如注册资本、申请人资质、高管人员要求、内部控制的各项规章等条件。此外，准入监管也要强调科学、合理设限，不能没有门槛，但门槛也不能过高，可以围绕降低保护主义倾向、鼓励竞争、避免出现垄断状况以及"寻租"等低效率行为、实现金融市场主体多元化等多个维度合理设置监管门槛。这样的准入监管方可促进我国金融行业的可持续发展，维持我国金融体系的良性运行，实现我国金融市场的开放和国际化。同时，构建动态的、有效的市场退出机制作为准入监管的配套机制，针对高风险等经营难以为继的机构及时予以市场退出，确保市场纪律的有效约束，提高金融准入监管的有效性。

行为监管在我国金融监管中的有效性还需进一步提高。其主要内容是根据既定的监管标准对金融机构的行为、金融市场的交易、金融产品本身进行相应的监管，其目的是保护金融市场中金融消费者的合法权益、维护良好的市场秩序和环境。随着金融创新进程的加速发展和不断深化，金融产品的复杂性和不透明性日益提高，微观审慎的监管理念和监管工具难以及时跟进和准确掌握金融市场、金融交易行为、金融产品的真实风险水平，更不足以对金融消费者提供有效保护。基于此，行为监管旨在对市场不当行为形成强大的威慑力，切实维护金融消费者权益。

（二）资本监管与透明度监管并重

传统微观审慎监管主要致力于金融机构个体或单体的风险管控方面，其监管重点在于金融机构的资本充足率、资产质量、流动性水平、盈利水平等相关指标。在我国银行业中，以资本充足率、拨备率、杠杆率、流动性为核心的监管工具，都体现出"资本监管"的思想理念。吴晓求（2017）认为，金融创新的基本趋势表现于绕开资本监管，目的是节约资本，风险外置，追求更高的资本效率。[①] 随着资本市场的迅速发展，证券化金融资产比重将不断上升，我国金融结构呈现出变革趋势，以融资为主的金融模式和金融体系正在逐渐向财富管理与融资并重的金融模式和金融体系过渡，我国微观审慎层面金融监管也需要从资本监管为主逐步

---

① 吴晓求 . 中国金融监管改革：逻辑与选择［J］. 财贸经济，2017（07）：33-48.

转向资本监管与透明度监管并重。

市场透明度是现代金融的基石。基于包括证券化金融资产在内的所有具有财富管理功能的金融产品,其基础风险均来自透明度。[①] 在信息不透明的情况下,欺诈就会泛滥,投资就会演变成恶性投机,整个金融体系的风险必然上升。此外,以第三方支付、网上融资、网上投资等形态或平台为代表的互联网金融新业态快速发展,其风险来源除了技术风险外,最重要的风险便来自透明度风险。相应地,对信息透明度的监管也就具有越来越重要的意义。

(三)功能监管提升监管有效性

我国未来金融监管的方向应该逐渐过渡到以功能监管为主,确保监管的全覆盖。针对不断创新出来的金融产品、金融业态、金融交易行为,进行跨部门的联动监管和监测,不再是简单地以行业或机构作为对象或标准进行划分,而是以业务属性、风险源、金融功能性的差异作为区分的标准,注重行为监管和微观审慎方面的监管,对金融消费者的合法权益提供有效的保护。基于上述逻辑,本轮金融监管体制改革后的"一行一总局一会"监管架构也需要在未来充分考虑国情特点、金融市场发展实际、国际最佳实践而不断优化,不断提升金融监管效率效能,最终实现基于风险分层和功能差异进行的监管职能的分离与整合。

(四)平衡监管引导金融创新发展

准确把握和引导金融创新发展方向,需要更新金融监管理念。监管

---

① 吴晓求.中国金融监管改革:逻辑与选择 [J].财贸经济,2017(07):33-48.

理念既要具有前瞻性，监管手段逐渐倾向于"前瞻式"干预手段，又要体现出平衡监管的思路，在风险管理与效率提升之间寻求平衡，为金融创新保留空间。近年来，随着人工智能、大数据和区块链等技术的发展，由技术驱动的金融创新层出不穷。前沿颠覆性科技与传统金融业务与场景的叠加融合，产生了种类繁多、场景多元的金融产品和金融服务。这些金融产品和金融服务在促进金融发展的同时，由于具有更新迭代快、跨界、混业等特点，可能出现监管套利、监管滞后等情况，增加了金融监管的难度。即便如此，金融监管也不应该站在金融创新的对立面，而是在尽可能防范相关风险的前提下，勇于金融创新，并借此完善金融监管手段，提升金融监管效能。

此外，监管方式应从传统监管走向数字化与智能化，积极利用大数据、人工智能和云计算等技术丰富金融监管手段，开发智能化风险分析工具，推进金融监管大数据平台建设，提升跨行业、跨市场、跨区域交叉性金融风险的甄别、防范和化解能力。例如，建设金融大数据信息化和云数据平台金融基础设施，夯实金融监管数据基础；建设智慧监管平台，建立覆盖金融体系全市场的云数据平台和科学、完整、结构化的风险指标体系。总之，建设智能化的大数据平台，打造有效预警、防范、衰减和干预风险的数字化监管核心技术载体，是中国金融监管模式改革和监管功能提升的关键。

（五）守住宏观金融稳定底线

监管并不是要确保零风险，健康的金融体系应该是一个金融机构有"生老病死"的有机体系，既能实现有效的市场退出，又能守住系统性金融风险的底线。在理论上，区分系统性风险和非系统性风险，并采取差异化的应对政策，是基于"安全与效率"界定的监管与市场的边界。一方面，如果风险属于非系统性金融风险，外溢性有限，对金融安全的威胁较小，宜以微观审慎的合规监管为主，更多地依靠市场自律，主要借助存款保险等市场化方式来处置风险。这样可以充分发挥市场机制优胜劣汰的作用，形成正确的市场纪律。另一方面，如果风险属于系统性或重大金融风险，那么风险防范必须守住底线。鉴于系统性风险巨大的外溢性和经济社会成本，危机救助和风险处置不仅需要存款保险，还必然涉及中央银行的最后贷款人职能甚至财政资金的参与。在实践中，对于微观局部、非系统性的金融风险，要敢于打破刚性兑付，打破隐性担保，充分发挥存款保险等市场化退出机制的作用，实现市场出清，维护市场纪律。对于系统性金融风险，早期预警机制显得尤为重要。在具体防范措施方面，除了实施微观审慎监管外，还必然要实施逆周期和跨周期的宏观审慎管理，降低风险传染，充分发挥中央金融委的领导及协调职能，强化中央银行在防范系统性金融风险中的牵头作用，做好监管沟通及信息共享，共同守住风险底线。

—— 第四章 ——

金融与实体经济融合发展

实体经济是一国经济的立身之本、财富之源，也是金融业赖以生存的基础。金融支持实体经济是指金融机构通过向实体经济主体提供资金、服务和风险管理工具，促进实体经济发展壮大的过程。在现代社会中，金融系统已成为推动整个经济运行的核心力量，对于实体经济的支持更是至关重要。

第一节　服务实体经济是做好金融工作的重要使命

实体经济是社会发展的基石，是国力之本，人民生活之基础，国家强盛之根基。其一，实体经济是物质财富的源泉。在马克思看来，社会生活在本质上是实践的，物质生活资料的生产是人类社会存在和发展的基础。实体经济直接创造物质财富，满足国民吃、穿、住、行等方面的基本需求。在市场经济条件下，商品是社会财富的物质形态，为人类的生存、发展和享受等消费需求提供了可靠的保障。其二，实体经济是国家强盛的根基。实体经济的发展程度标志着一个国家或地区经济的发展水平。发达稳健的实体经济是实现我国经济健康快速增长的基础，做大做强实体经济在转变经济发展方式，提升经济发展质量和效益中发挥着中坚作用。其三，实体经济是社会和谐的保障。实体经济是最大的就业"容纳器"和创新"驱动器"，在维护经济社会稳定中发挥着中坚作用。同时，大力发展实体经济，为人们追求高层次的物质生活和精神生活提供可靠保障，有利于国民综合素质的不断提升，营造鼓励脚踏实地、勤劳创业、实业致富的社会氛围。

金融是实体经济的血脉。2019 年 2 月 22 日，习近平总书记在中央政治局集体学习时指出，经济是肌体，金融是血脉，两者共生共荣。该论断深刻揭示了金融与经济之间的逻辑关系，即实体经济是金融发展的基础，没有健康的实体经济，金融发展就是无源之水、无本之木；金融是实体经济的血液，没有充足的血液，实体经济就失去活力和动能。一方面，经济决定金融，"经济兴，金融兴，经济强，金融强"，金融的利润归根结底来源于实体经济的增值。没有实体经济"肌体"的健康发展，作为"血脉"的金融将不复存在。另一方面，实体经济的发展也离不开金融的支持，"金融活，经济活，金融稳，经济稳"，金融在构建、完善和发展国家宏观调控体系中具有重要作用，金融的有序和规范运行，能够促进经济健康发展、社会安全稳定，进而实现社会公平和分配正义。

金融服务实体经济是促进经济与金融良性循环的内在要求。经济与金融共生共荣，金融服务实体经济能够有效促进经济与金融良性循环。马克思主义政治经济学认为，金融内生于以产业资本为核心的实体经济，两者密不可分，是辩证统一的整体。在社会生产中，服务于实体经济的金融体系能够撬动资本集中的杠杆，为实体经济发展提供有力支撑；而实体经济反过来又能够为金融发展提供更多可支配的资源和经济剩余，推动经济与金融实现良性循环。经济与金融良性循环是高质量发展的应有之义，促进经济与金融良性循环必须坚持把金融服务实体经济作为根本宗旨，这是遵循经济发展规律的必然选择。

第二节 金融对实体经济发展起重要的支撑作用

一、促进产业升级与创新发展

产业结构指的是国民经济中所有物质资料生产部门之间的构成情况，以及他们在社会生产总值中所占的比重，本质上在于生产资料和劳动力在各个产业部门之间按比例分配。产业结构的转型升级是我国经济实现高质量发展的重要途径，金融通过资源配置等核心功能成为现代经济的核心，在经济运行中发挥着重要作用。从转型升级的路径来看，产业结构的优化和调整离不开金融系统的支持。

（一）促进产业升级

产业结构转型升级主要包括两方面：产业结构的高级化以及产业结构的合理化。产业结构高级化指的是产业发展逐渐从低级向高级转变的过程，其表现为经济发展的重心由第一产业逐渐向第二和第三产业转移的过程；产业结构合理化是指各种生产资料在不同产业间的合理分配。

在不同的经济发展阶段，根据消费需求结构、人力资源禀赋、科技发展水平和资源条件等对不合理的产业结构进行优化升级，以至于达到生产资料和劳动力在不同产业之间的合理配置，最终达到各个产业协调发展。产业结构发展理论有很多，其中比较重要的理论有"配第—克拉克定理"①"产业扩散效应理论"②"钱纳里工业化理论"③ 等。经济金融化发展的重要特征是金融市场的发展，资金融通和资源配置是金融市场的最本质功能。

金融活动一般会通过影响储蓄和投资来作用于资金的配置，进而对其他生产资料的分配产生影响，即通过影响资金的流量来带动资金存量的变化。具体看，金融市场的发展影响产业结构调整的传递机制为"金融结构改变→影响储蓄和投资→影响资金流量结构→影响生产要素分配结构→影响资金存量结构→影响产业结构调整→促进产业发展"。反映到经济运行上，上述传递机制表现的顺序一般为商业化、货币化和信用化。

改革开放40年来，我国经济增长迅猛，已经成为全球第二大经济体。伴随着经济的快速发展，我国产业结构效率低，高耗能、高污染等问题也越发严峻，产业结构和经济发展不匹配的短板逐渐凸显。现阶段，我国经济发展进入"新常态"，经济增长模式由粗犷式发展转向可持续发展，对于产业结构转型升级的需求越发迫切。此外，我国金融发展水平

---

① 该定理描述了随着国家经济的发展和人均收入水平的提高，劳动力在三大产业（第一产业、第二产业、第三产业）之间转移的趋势。在经济发展的早期，大部分劳动力集中在第一产业，即农业，以满足基本的食物需求。此时，农业是经济的主要部门。随着技术进步和生产率的提高，农业部门生产出的剩余产品增多，一部分劳动力得以解放并转移到第二产业，即工业和制造业。这个阶段，工业化成为经济增长的主要动力，工业部门逐渐成为经济的核心。随着经济进一步发展，工业部门的生产率也得到大幅提升，导致对工业劳动力的需求相对减少，同时人们的生活水平提高，对服务的需求急剧增加。因此，更多的劳动力开始从第一产业和第二产业转向第三产业，最终，在发达国家中，服务业成为最大的就业部门。

② 该理论关注的是在经济发展过程中，某些特定的主导产业如何通过其快速增长对整个经济产生广泛的正面影响，进而推动经济结构的转型和升级。

③ 该理论根据人均GDP、产业结构以及经济结构的变化，将经济发展分为不同的阶段。分别是初级产品生产阶段、工业化初期阶段、工业化中期阶段、工业化后期阶段和后工业化阶段。强调了产业结构从农业向工业，再向服务业的转变过程中，不同产业间的关联效应和结构转换的重要性。

在不断提高的过程中也存在诸多问题，例如，地区之间金融化发展水平差异过大，东部地区金融化发展水平远高于中西部地区。因此，优化金融市场结构、发展多层次资本市场、加强金融基础建设、建立风险防范与补偿机制、构建自由开放的市场竞争环境、实施差异化的区域金融政策，对充分发挥产业政策有着积极的指导作用。

（二）服务新质生产力

培育新质生产力被写进了 2024 年的《政府工作报告》。从字面上看，新质生产力是以科技创新为主、不同于传统生产力的新型形态，旨在突破传统的增长模式，也就是以科技创新为抓手，用高端化、数智化、绿色化方式提高生产力，让生产方式在数字时代更具新的内涵，更加符合高质量发展的要求。

金融在促进科技和产业深度融合、加快科技成果转化等方面具有独特作用。因为金融加速服务新质生产力既是金融支持高质量发展的关键着力点，也是实现自身发展的需要。一方面，科技驱动的金融业务模式和服务手段创新，使得金融机构可以赋能产业链上代表新质生产力发展方向的企业，塑造产业链发展的新动能新优势，为现代化产业体系建设注入金融活水；另一方面，在全球数字化浪潮的推动下，作为与信息、数据深度融合的行业，以创新驱动的金融业数字化转型全面推进，为人工智能、区块链、云计算和大数据等数字技术为代表的新质生产力提供了广阔的发展空间和应用场景，从而进一步推动新质生产力的升级迭代。

截至 2024 年 3 月末，多家金融机构公布了服务新质生产力的阶段性成效。其中，中国工商银行聚焦于助力科技型企业关键核心技术攻关，在 2023 年 11 月末的战略性新兴产业贷款余额为 2.6 万亿元；中国建设银行为科技型企业提供多元化、接力式、全方位的综合金融服务，推动"科技—产业—金融"良性循环，已在 2023 年末完成科技贷款余额超 1.5 万亿元；中国人寿集团构建完善多样化专业性的科技金融服务体系，创新金融产品与融资服务，2023 年末已支持科技自立自强存量投资规模超 3300亿元；新华保险支持新一代信息技术、人工智能等战略性新兴产业融合集群、专精特新企业加快发展，在 2023 年底投资余额约 258 亿元，同比增长 43%。

二、优化资源配置与降低交易成本

金融市场是现代经济体系中不可或缺的一部分，其对资源配置的优化作用以及降低成本一直以来备受关注。

首先，金融市场提供了融资渠道，使得资源可以更加高效地流动。不同的企业和个人在开展经济活动时，常常需要进行资金的筹集。而金融市场通过证券交易、债券发行等渠道，为这些企业和个人提供了获取融资的途径。通过金融市场的融资活动，企业可以更加便捷地获得所需的资金，从而促进生产力的提升和经济的发展。此外，金融市场还可以帮助个人实现理财和投资增值，提高个人的财富水平和生活质量。

其次，金融市场充当了信息中介的角色，提高了资源配置的透明度和效率。在金融市场中，大量的信息可以被汇聚和交流。通过金融机构的调查研究、信息披露和交易数据的整理，投资者和市场参与者可以获取到有关企业、行业和市场的重要信息。这些信息对于投资决策具有指导和参考作用，使得资源能够更加精准地配置到更具潜力和价值的领域中。同时，金融市场中的交易价格也反映了市场对资产价值的认知，从而为资源配置提供了重要的参考依据。

再次，金融市场通过提供风险管理工具，降低了经济活动中的风险。经济活动中常常伴随着各种风险，如市场波动、汇率变动、信用违约等，金融市场中的金融衍生品、保险合约等工具则可以帮助企业和个人预防和管理这些风险。通过在金融市场上进行交易和购买相关的金融产品，企业和个人可以有效地分散和转移风险，确保其经济利益最大化。这一功能对于资源配置的优化非常重要，只有在风险可控的情况下，企业和个人才敢于开展更加积极的经济活动，从而提高生产力和经济效益。

最后，金融市场也为资源配置的公平和公正提供了保障。通过公开透明的市场规则，金融市场为各类投资者提供了平等的参与机会。无论是个人投资者还是机构投资者都可以通过金融市场进行自主的投资和交易活动，实现自身利益的最大化。这种公平性和公正性特点有助于防止资源配置过程中的利益冲突和市场失灵，从而保证资源的有效配置和社会公共利益的最大化。

综上所述，金融市场在资源配置中扮演着重要角色。通过提供融资渠道、提高信息透明度、降低风险以及保障公平公正，金融市场为资源的高效配置提供了支撑和保障。当然，金融市场并不完美，同样面临着一些挑战和问题，如金融风险、市场波动甚至违法违规等。因此，为了更好地发挥金融市场的优化作用，需要加强监管和制度建设，保持金融市场的健康稳定发展，更好地服务实体经济和社会的发展。

三、提升我国国际贸易竞争力

对国际贸易而言，金融行业发展除带来跨境支付结算的便利化之外，另一个显著的影响就是通过资金聚集以及将现存资源进行合理化分配，促进国际贸易的发展。从某种角度上来看，金融行业发展带来的资金聚集效应，对于我国国际贸易结构的优化有着显著的作用。例如，我国机电产品得益于金融业的大力支持，技术及生产质量不断提升，在我国全部出口商品中所占比例从改革开放初期的 7% 提高到目前的 58%。此外，贸易融资业务的广泛开展，也为我国外贸企业的发展提供了更为充足的资金。

从经济结构上来看，国际贸易的发展离不开金融的支持和服务，金融业对国际贸易的推动和促进作用同样也是金融强国的重要标志之一。从商品结构角度上分析，一个国家或者地区的金融行业发展水平越高，对于内部的技术密集型企业发展及技术密集型产品的出口便有着更强的推动作用，会进一步提升该地区国际贸易产品结构中的技术密集型产品占比，从而不断提升该地区国际贸易产品的技术含量。而对那些金融行业发展较为落后的国家或地区来说，在国际贸易的产品结构中，劳动密集型产品具备较强的竞争力，一旦企业获得充足的资金之后，在维持原有劳动密集型产品生产的同时，会将资金不断投向技术密集型产品，改善其国际贸易产品结构。我国自改革开放至今，金融业发展迅速，对制造业包括国际贸易商品在内的生产和交易起到了巨大的支撑作用，有力地提升了我国的国际贸易竞争力。

四、增强经济韧性和抗风险能力

金融服务实体经济是防范风险的根本举措，并有助于增强经济的韧性和抗风险能力。金融服务锚定实体经济、紧扣实体经济和服务实体经济，就能避免"脱实向虚"问题，而金融服务质效的不断提升，则会进一步增强经济的韧性和抗风险能力。违背服务实体经济的根本宗旨，金融容易出现虚拟化运行趋势，变成以自我为中心，异化为自弹自唱、空中楼阁，最终成为无源之水、无本之木，从而引发风险。所谓"百业兴，则金融兴；百业稳，则金融稳"，讲的就是这个道理。

在经济发展新常态下，创新是引领发展的第一动力。金融服务实体经济的关键在于发挥金融对实体经济创新的支持作用，培育新的经济增长点。对于创新性经济活动，金融体系的作用不仅仅在于提高其资金可得性，还包括创造一个有效率的"试验场"，在风险可控的条件下发挥金融筛选创新的功能，并为创新成果的转化和扩散提供支持。金融对实体经济的支持是多维度的，不应将眼光局限于融资服务。金融最基本的功能就是提供资金融通服务，但这并不是金融服务的全部内容。实体经济要有效运转，除了需要资金周转，还需要便利的交易方式、有效的风险管理手段、准确的资金成本信号以及健全的公司治理机制等。在这些方面，金融都可以提供有力支持。

总之，金融作为国民经济的血脉，与实体经济相辅相成、休戚与共，我们要始终坚持把金融服务实体经济作为根本宗旨，唯有持续提升金融服务实体经济的能力，才能形成金融和实体经济之间的正向循环，从而保证金融行业持久健康发展。

第三节　中国金融服务实体经济发展的战略布局

2023 年 10 月 31 日召开的中央金融工作会议是至今为止中国金融领域最高规格的一次会议。此次会议全面总结党的十八大以来我国金融理论创新和实践发展成果，首次系统阐述中国特色金融发展之路的本质特征和中国特色现代金融体系的主要内涵，是指引新时代新征程金融工作的纲领性文献，为做好金融工作提供了根本目标和行动指南。此次中央金融工作会议强调要做好科技金融、绿色金融、普惠金融、养老金融、数字金融"五篇大文章"，由此进一步明确了未来金融业在优化经济结构中的重要发力点。

一、发展科技金融，助力创新驱动发展战略深入实施

科技创新离不开金融支持。创新活动早期风险高、资金需求量大，来自资本市场的天使投资、风险投资等注重长期投资回报，在短期内允许试错容错，能够为创新活动提供资金支持。随着创新活动获得市场认可、创新成果进入产业化发展阶段，相关生产资本投入可以催生新的"技术—经济"范式，推动产业繁荣和财富创造。当前，新一轮科技革命和产业变革深入发展，全球科技创新的广度、深度和速度持续攀升，我国经济正从要素驱动、投资驱动转向创新驱动。我们要加强对新科技、新赛道、新市场的金融支持，加快培育新动能和新优势，引导金融机构根据不同发展阶段的科技型企业的不同需求，进一步优化产品、市场和服务体系，为科技型企业提供全生命周期的多元化接力式金融服务，加快形成以股权投资为主、"股贷债保"联动的金融服务支撑体系，助力创新驱动发展战略深入实施。

二、发展绿色金融，推动形成绿色低碳的生产生活方式

推动绿色低碳转型需要特色化的绿色金融产品供给。要牢固树立和

践行"绿水青山就是金山银山"的发展理念，站在人与自然和谐共生的高度谋划金融业改革发展，鼓励引导金融机构为支持环境改善、应对气候变化和资源节约高效利用的经济活动提供金融服务。围绕建设现代化经济的产业体系、市场体系、区域发展体系、绿色发展体系等提供精准金融服务，构建风险投资、银行信贷、债券市场、股票市场等全方位、多层次金融支持服务体系。完善支持绿色发展的财税、金融、投资、价格政策和标准体系，加快建设完善全国碳排放权交易市场，进一步健全排污权、用能权、用水权、碳排放权等交易机制，支持加快节能降碳先进技术研发和推广应用。

三、发展普惠金融，更好满足人民群众日益增长的金融需求

满足人民群众日益增长的金融需求，特别是让小微企业、农民、城镇低收入人群、贫困人群和残疾人等特殊群体及时获得价格合理、便捷安全的金融服务，需要大力发展普惠金融，创新金融服务手段，充分利用现代金融科学技术，降低服务成本，提高金融服务的覆盖率、可得性和满意度。要坚持以人民为中心的发展思想，优化普惠金融重点领域产品服务，支持小微经营主体可持续发展，加大对民营企业的金融支持力度，积极满足民营企业的合理金融需求，优化信贷结构。加大对乡村振兴重点帮扶县的信贷投放和保障力度，加强对乡村产业发展、文化繁荣、生态保护、城乡融合等领域的金融支持，加大对粮食生产各个环节、各类主体的金融保障力度，助力乡村振兴国家战略有效实施。健全多层次普惠金融机构组织体系，完善高质量普惠保险体系，提升资本市场服务

普惠金融效能。

四、发展养老金融，助力实施积极应对人口老龄化国家战略

积极应对人口老龄化，事关国家发展全局，事关亿万百姓福祉，对于全面建设社会主义现代化国家具有重要意义。金融帮助增加养老保障供给，有利于完善我国多层次养老保险体系，增强养老保障能力。要强化支持老龄事业发展和养老服务的资金保障，拓宽金融支持养老服务渠道，全方位促进养老产业发展。鼓励金融机构开发符合老年人特点的支付、储蓄、理财、信托、保险、公募基金等养老金融产品，促进和规范发展第三支柱养老保险，更好满足日益多元的养老金融需求。

五、发展数字金融，巩固和提升我国数字经济优势

以数字技术为支撑的数字金融是经济社会高度数字化后的必然发展趋势。发展数字金融，能够提高金融服务交付速度、透明度和安全性，降低交易成本，促进金融资源要素实现网络化共享、集约化整合、精准化匹配，推动数字经济与实体经济深度融合。在以移动支付和数字信贷为代表的数字金融应用领域，我国目前处于世界领先地位。巩固和提升我国数字经济优势，需要加快数字金融创新。要把握机遇、重视安全，推动金融机构加快数字化转型，提高金融服务实体经济、满足经济社会发展和人民群众需要的便利性。同时，针对数字金融发展中可能出现的风险与挑战，规范数字金融有序创新，严防衍生业务风险，提高数字金融治理体系和治理能力现代化水平。

第四节 数字金融成为服务实体经济的新模式与新业态

当前，社会和经济发展运行的方式正在发生深刻变革，数字经济成为继农业经济、工业经济后的新经济特征，已深刻融入国民经济各领域，成为把握新一轮科技革命和产业变革新机遇的战略选择。我国"十四五"数字经济发展规划明确提出要大力推进产业数字化和金融数字化。产业数字金融通过推动"两化"融合发展，为实体产业集群的转型升级注入资金血液和技术动力，是未来经济发展的主方向。

数据是数字化时代的关键生产要素，金融业是数据积累最为深厚的行业，数字金融作为金融与数字化技术交融的结晶，不仅延续了传统金融服务的核心功能，更在解决实体经济中的融资难题、服务覆盖不均和风险管理不足等方面展现出其独特优势。尤其是现阶段，新一轮科技革命以网络为载体，通过数据与传统产业的结合催生出经济新模式和新业态，拓展了经济发展空间。"十四五"时期，以消费互联网为主要增长点的数字经济上半场蓬勃发展，以产业互联网为主要增长点的下半场势头强劲，数字金融赋能数字经济大有可为。

一、数字经济上半场：移动支付等新兴业态应运而生，数字金融推动居民提高消费水平

伴随数字经济快速崛起，大数据、互联网等新型数字技术逐步渗透消费领域，极大增加消费新场景供给，促使绿色消费、健康消费、在线

消费等新型消费不断涌现，新型信息技术、智能化终端产品与消费市场深度融合，推动线上消费持续渗透，为培育和壮大新型消费市场带来良好契机。研究表明，消费互联网的蓬勃发展有助于促进实体经济的整体提升，以快捷支付和线上消费信贷为主的数字金融业务又进一步推动了消费市场的发展。当前的数字金融服务已经涵盖了支付、借贷、投资、保险、征信等多个领域，包括大数据在金融服务中的应用以及金融产品创新，且呈现出多样化和个性化的发展趋势。

首先，数字金融的便捷性为人们的金融活动带来了极大的方便。通过以银行 APP 为代表的数字金融平台，人们可以随时随地进行支付、转账、查询账户等操作，大大节省了时间和精力。其次，数字经济的平台效应使得金融服务更加平民化，让更多的人能够获得专业的金融服务。此外，数字金融还具有高效性，通过自动化和智能化技术，能够更快速地处理和分析大量的金融数据，提高效率。以下列举一些数字金融助推消费互联网发展的实际案例。

（一）移动支付破除消费者融资约束

流动性约束一直是经济学和金融学研究的热点话题。简单地说，当消费者因为短期内的收入不足或预期未来的收入可能降低而无法满足他们的消费需求时，他们就会面临流动性约束。这意味着他们可能选择推迟或放弃某些消费，直到他们的财务状况得到改善。随着移动支付的兴起，这种情况正在发生改变。尤其是在我国，移动支付不仅提供了方便、快捷的支付方式，更重要的是，它还与一系列的金融产品紧密结合，如支付宝的花呗、借呗等。这些金融产品为消费者提供了一个低门槛、灵活的融资渠道，让他们可以根据自己的需要进行贷款，而不必担心传统金融机构的严格审查。此外，在传统的金融体系中，消费者往往需要提供一系列的证明材料，如工资单、财产证明等，才能申请到贷款，但在移动支付平台上，消费者只需要通过一系列简单的操作，就可以获得一定额度的贷款。

（二）线上金融服务平台赋能人们美好生活

数字技术与各类智能化应用的创新发展，已经加速渗透经济、生活、社会服务等环节，人类生活方式正逐渐被数字化所潜移默化。线上服务平台作为金融机构连接用户、开展数字化经营的主阵地，成为触达用户的最佳入口，目前正处于"百家争鸣"的状态。在化繁为简、不断迭代的过程中，各家金融机构聚焦基础功能升级、服务生态完善以及智能服务创新等领域。一方面，在金融场景特别是财富管理上深入挖掘，关注客户的"出生、求学、工作、结婚、生子、养老"等人生重要阶段，打造覆盖全生命周期的线上金融专属服务；另一方面，与生活场景深度融合，拓展金融产品和非金融服务"朋友圈"。以银行业为例，截至2023年末，四大行手机银行 APP 用户已突破 5 亿人。其中，中国工商银行手机银行 APP 活跃人数已突破 1 亿人，位居四大行第一。

（三）数字人民币助力提振消费

数字人民币作为央行发行的数字形式的法定货币，具有重要的战略意义和现实价值。从其设计优势看，既有支付即结算、匿名性、可追溯等特点，又有电子支付工具成本低、便携性强、效率高、不易伪造、安全性高等特点。

相较于传统货币，数字人民币应用场景不断丰富，涉及财政资金的使用、金融贷款的发放、公积金的使用、跨境支付等；参与主体更加多元，试点工作不仅有各级政府的推动，有广大群众的参与，平台和龙头企业的实践也不断增多，这将加速数字人民币在日常生产和生活场景中的普及。从平台方来看，支付宝的支付平台已接入数字人民币，淘宝、饿了么、天猫超市、盒马等均可使用数字人民币付款。从智能手机方看，作为支付的硬件载体，华为、小米、vivo等手机厂商已将数字人民币无电支付功能落地。试点工作的扎实推进，不仅使数字人民币日益得到推广，社会认知度、接受度和美誉度也逐步提升，而且在保民生、稳增长和治理现代化等方面发挥了重要作用。

二、数字经济下半场：产业数字金融打造"金融＋产业＋生态"新型模式，赋能实体经济高质量发展

当人口红利结束之后，消费互联网将呈现饱和状态，各线上行业渗透率已经接近天花板。随着消费互联网的成熟，互联网逐渐由消费向产业发展。有别于消费互联网，产业互联网泛指以企业为服务对象，以生产活动为应用场景，体现在互联网对各产业的生产、交易、融资、流通等各个环节的改造。随着产业发展与数字技术、数字金融的融合更加紧密，对金融服务提出了更高要求，产业数字金融应运而生。

产业数字金融是指以产业互联网为依托，以数据为重要生产要素，在产业政策指导下，利用人工智能、物联网等数字技术，为特定产业提供数字化投融资、支付结算、租赁信托、保险等综合金融服务，促进产业转型升级的新金融业态。以商业银行为代表的金融机构从零售领域转向对公，本质是要实现金融对公业务数字化和智能化。同时，工业互联网发展带来了生产方式、商业模式、消费方式的重大变革，也呼唤对公

业务由单个法人的评估，转变为对产业集群的评估。

（一）服务实体产业、增强现代化产业发展韧性

金融是市场经济的核心，是推动产业结构调整的重要手段，金融资源的匮乏将严重制约所在地区的产业发展。从当前数字化和信息流传递的角度看，许多传统产业还未形成有效的产业生态圈，甚至是企业内部都充满数据孤岛。在实体经济的视角下，金融机构被作为一个支持性机构放入整个广义的产业生态圈中，处于生态圈宏观层面需要协同的要素。从实践层面看，产业数字金融打造了"产业互联网平台＋数字金融平台＋数字金融"新型金融服务模式，有助于促进产业金融与生态金融融合发展，构建链接产业端和金融端的桥梁。一方面，针对产业端，落实"产业数字化"，立足于为传统产业实施数字化转型赋能，通过数据采集、数据标准化、数仓建设等举措，助力产业侧实现数据资产的积累、管理与运行；另一方面，针对金融端，落实"数字产业化"，应用隐私计算、联合建模，协助各类机构针对不同产业提供定制化金融服务，深入贯彻"服务实体经济"的金融工作要求。此外，产业数字金融服务内容更为多元，将包含"金融＋非金融"服务。通过打造完整的生态圈，金融机构能帮助企业接触到产业投资基金等更多组织，为企业提供更为广阔的良性发展平台。

（二）助力科技创新水平提升

2023 年 12 月召开的中央经济工作会议提出，"要以科技创新推动产业创新，特别是以颠覆性技术和前沿技术催生新产业、新模式、新动能，发展新质生产力"。金融是国民经济的血脉，是国家核心竞争力的重要组成部分，促进科技创新离不开金融的有力支撑。从微观层面看，产业数

字金融可以利用数字科技手段破除"数据壁垒"和"信息烟囱",为企业科技创新活动提供相匹配的融资支持。从中观层面看,产业数字金融能整合产业链、供应链、价值链等上下游数据,打造资金和信息闭环,促进数字产业化和产业数字化。从宏观层面看,产业数字金融能够充分发挥价值发现功能,推动数字、科技、创新、资金等要素向生产效率高的科技产业聚集,促进经济创新驱动发展。此外,数字技术的应用让金融机构能够挖掘到原先很难获得的生产、交易等数据信息,数据信息的真实性、丰富性和时效性也让金融机构更全面地理解产业现状,数字信用、数字担保等新型风控手段得以实施,通过数据增信的模式,缓解企业融资难、融资贵的问题,还可以依托对产业数字资产的识别,发掘到"潜力股",更高效地进行股权融资。

(三)推动区域经济协调发展

长期以来,我国区域间、城乡间的金融资源配置存在异质性差异,金融资源的不平衡分布会加速经济发展的"马太效应"。产业数字金融具有包容性和普惠性,可以打破时空限制,为中小企业和居民尤其是被传统金融体系排斥在外的农村及欠发达地区的中小企业和居民提供优质、新型的金融供给。一方面,大数据、区块链、人工智能算法等数字科技会改革优化金融机构的信贷偏好,增强信息的溢出效应,降低金融机构的服务准入门槛,这有利于缓解小微企业、个体户、居民等面临的融资约束;另一方面,移动支付、开放银行等数字金融能够基于真实有效信息进行跨主体、跨区域、跨时期的资金配置,引导金融机构将东部地区富裕的金融资源配置到中西部地区急需资金支持的项目中去,减少区域间金融服务的不平衡,从而有助于构建全国统一的金融大市场和促进区域协调发展。

专栏：开放银行助推普惠金融高质量发展

根据高德纳（Gartner）咨询公司给出的定义，开放银行是一种平台化的商业模式，通过与商业生态系统共享数据、算法、交易、流程和其他业务功能，为商业生态系统的客户、员工、第三方开发者、金融科技公司、供应商和其他合作伙伴提供服务，使银行创造出新的价值，构建新的核心能力。目前，开放银行助推普惠金融发展主要有三种模式。

1. 平台模式——实现从拥抱母体到拥抱生态

从本质上讲，开放银行实现了从拥抱母体到拥抱生态，通过与更多外部场景连接，共享客户基本信息、交易信息等多维度资源，能有效弥补商业银行对普惠金融客户信息搜集、识别及运用的"短板"。换言之，开放银行构建了金融、科技与实体的共建生态圈，不论企业规模大小、是否与核心企业建立供应关系，均可以通过彼此互补实现价值共赢，平等获得优质金融服务。随着开放银行合作渠道不断延伸，通过开放 API 等形式，接入政务平台、产业互联网、供应链金融、平台经济等各类场景生态，逐步搭建开放的智能金融生态圈，金融服务嵌入场景不断拓展，助力金融服务供给更加结构化、多元化和普惠化，实现金融产品服务精准触达更多普惠客群。

2. 数据开放——促进金融与实体经济融合发展

开放银行结合数字金融发展趋势，充分运用 API 和 SDK 技术，以科技能力连接产业平台、企业业务系统与银行系统，实现银行与第三方数据的共享，形成多方数据集成平台。通过数据的开放和共享，有效地将服务触角延伸到中小微企业的上下游，确保其稳健经营；同时将各种不同的商业生态嫁接至平台，间接为中小微企业提供各类金融服务。此外，开放银行通过全程数字化管理的方式，不仅可以提高中小微企业数字化程度，有效降低中小微企业成本，提高资金使用效率，以科技手段为小微客户开辟业务新渠道，构建经营新场景，开拓商业新空间，还可以不断推动合作向全链条、全场景、多层次深化，更高质量地服务中小微企业，助力实体经济发展。

3. 业务开放——有效降低银行产品开发成本

在开放银行模式下，银行通过 API 技术将自己的产品业务"解耦"为功能模块，客户在各种服务场景中，根据自己的需求通过 API 自主调用银行功能模块，满足其个性化、场景化的金融需求，掌握金融服务的主动权，也提高了金融服务的自助性。此外，由于开放银行以平台模式批量拓展和服务客户为主，提供集约化服务，促使单一普惠金融客户的服务成本大为下降，规模效益尽显，保持普惠金融事业的可持续发展。通过产品业务模块化处理，开放银行能深度渗透应用场景和贴近用户需求，不断拓展服务范围，将金融化于无形。对客户而言，银行将不再是一个场所，而是一种无所不在、触手可及的服务。

第五节　金融服务实体经济成效显著

党的十八大以来，在以习近平同志为核心的党中央坚强领导下，我国金融业发展取得历史性成就，信贷总量稳健增长，融资结构持续优化，金融服务实体经济质效不断提升，牢牢守住了不发生系统性金融风险的底线，有力支持了国民经济稳健发展。

一、信贷投放总量稳健增长

近年来，我国实施稳健的货币政策，促进货币信贷总量适度、节奏平稳。过去 10 年，我国人民币贷款余额和社会融资规模增速始终保持在 10% 以上。中国人民银行公布数据显示，2023 年我国新增贷款超 22 万亿，对实体经济发放的人民币贷款余额从 2014 年末的 81.43 万亿攀升至 2023 年末的 235.48 万亿，年均增速保持在 10% 以上，与名义经济增速基本匹配。

尽管我国信贷总量从过去两位数以上的较高增速放缓至个位数，但这不意味着金融支持实体经济力度减弱。中国人民银行发布的《2024 年一季度货币政策报告》强调，"疫情三年，为着力稳住经济大盘，金融又加大了逆周期调节力度，存量货币信贷已经不低，并将持续发挥作用"。随着疫情影响逐步消退，货币信贷增速向常态水平回归是合理的。与此同时，金融支持实体经济的质效更加重要。我国经济结构正在经历转型升级，信贷需求较前些年会出现"换挡"，信贷结构也在优化升级，即使信贷增长比过去低一些，也足够支持经济平稳增长。在经济高质量转型过程中观察金融指标，不仅要看量，更要看质。

二、融资结构持续优化

随着市场化利率形成和传导机制日益完善，实体企业融资成本不断下降。2023 年企业贷款加权平均率为 3.89%，保持在有统计以来的历史低位。从贷款结构看，2023 年信贷结构持续优化，金融不断强化对重点领域和薄弱环节的支持力度。制造业中长期贷款、普惠小微贷款、绿色贷款同比增速大体保持在 30%~40%，均快于全部贷款增速；2023 年，科技创新再贷款 4000 亿元额度全部使用完毕，碳减排支持工具、支持煤炭清洁高效利用专项再贷款合计增加 4251 亿元。同时，随着房地产市场供求关系发生重大转变，地方债务风险防控加强，加之一些与传统发展模式关联度较高的低效企业市场竞争力下降，这些领域的贷款增速有所放缓。总的来看，金融对实体经济的支持体现了有增有减，盘活出来的资源更多地投入了新兴领域，有利于加快经济转型升级和高质量发展。

（一）金融支持科技创新强度持续提升

作为发展新质生产力的核心要素，科技创新需要金融"活水"的精准滴灌。金融机构深刻把握科技型企业特点，优化顶层设计，逐步通过内部机制、企业文化、科金业务、能力提升等一系列举措，打造覆盖科创企业全生命周期的综合金融服务体系。截至 2023 年末，全国高新技术企业贷款余额同比增长 20.2%；其中，中国工商银行、中国农业银行的战略性新兴产业贷款余额均超两万亿元。此外，经过 30 多年的发展，我国资本市场已基本形成体系完整、层次清晰、功能互补的多层次市场架构，尽管各个市场板块设立时间不长，但其服务科创企业的作用已经展现。

自 2019 年 7 月科创板开市以来，我国股票市场已接纳 1300 余家科创企业上市，首次公开募股（IPO）融资总额达 1.6 万亿元，占同期股市新股发行融资的 76%。这些科创企业集中分布在集成电路、生物医药和新能源等高新技术产业，上市融资客观上缓解了高新技术产业股权资本缺乏的局面，有助于加速国家创新战略实施。

（二）金融服务绿色低碳转型取得实效

近年来，在新发展理念的引领下，我国金融机构在促进全社会绿色低碳转型方面展现出巨大潜力和价值。具体表现为：一是绿色信贷规模快速增长。中国人民银行公布数据显示，截至 2023 年末，本外币绿色贷款余额 30.08 万亿元，同比增长 36.5%，高于各项贷款增速 26.4 个百分点，比年初增加 8.48 万亿元；其中，投向具有直接和间接碳减排效益项目的贷款分别为 10.43 万亿元和 9.81 万亿元，合计占绿色贷款的 67.3%。二是绿色债券市场迅速发展。根据联合资信发布的《2023 年度绿色债券运行报告》，截至 2023 年末，绿色债券累计发行超过 3.4 万亿元，存量约 2 万亿元，居全球第二位。三是绿色保险创新步伐不断加快。近年来，我国绿色保险行业推陈出新，新能源汽车保险、环境污染责任保险、绿色制造体系保险等功能各异的绿色保险越来越多地走进生产生活，在加强环境风险管理和生态保护、推动绿色产业发展和绿色技术新成果应用等方面发挥积极作用。根据中国保险业协会数据，2023 年，绿色保险业务赔款支出 1215 亿元。四是绿色信托成为行业布局趋势与重要业务方向。根据中国信托业协会发布的《中国信托业发展报告（2023 年）》，截至 2022 年末，存续绿色信托数量为 597 个，存续规模为 2456.54 亿元。值得一提的是，作为信托公司专属业务，公益慈善绿色信托为 6.57 亿元，涉及乡村振兴、生物多样性、三江源保护等方面。

（三）普惠金融发展取得了长足进步

自党的十八届三中全会正式提出"发展普惠金融"以来，政策持续发力，行业笃行不怠，我国普惠金融发展取得了长足进步，在服务国家战略、地方发展和人民群众生产生活等方面发挥了重要作用，主要体现在：一是普惠金融领域贷款持续增长。国家金融监管总局发布的数据显示，截至2023年末，全国普惠型小微企业贷款余额较年初增长超过23%，是2018年以来连续第六年保持20%以上的增幅。二是普惠金融服务体系更加健全，覆盖面逐步扩大。商业性金融机构和政策性金融机构等发挥各自优势，分工合理、相互补充的多层次、广覆盖、差异化普惠金融服务体系不断完善。截至2023年10月底，全国银行机构网点覆盖97.9%的乡镇，互联网、云计算、大数据等现代信息技术手段提高了普惠金融服务的渗透率，基本实现了乡乡有机构、村村有服务、家家有账户。三是金融产品和服务手段更加多样化。金融业针对小微企业和农户贷款需求"短、小、频、急"的特点，在授信、贷款环节不断推陈出新。

（四）金融助力脱贫攻坚、乡村振兴战略顺利实施

农村金融服务是我国金融服务中的短板和弱项。近年来，金融管理部门多次印发关于做好金融支持全面脱贫攻坚、推进乡村振兴重点工作的政策文件，要求金融系统优化资源配置，切实加大对"三农"领域的金融支持力度。2024年中央一号文件公布，提出有力有效全面推进乡村振兴"路线图"。文件明确提出信贷担保业务向农业农村领域倾斜。同时，

银行业金融机构探索形成了不少金融助力乡村振兴的有益经验，持续推动农村金融产品和服务模式创新，以金融服务创新促进信贷资金等金融要素和资源流向农村，进入乡村产业。以中国农业银行为例，在传统资产数据基础上，多维度拓展农户行为数据和生产交易数据，将数据资产作为服务乡村振兴的重要基础。在"获数"的同时，更加注重"用数"，依靠"数据＋算法"挖掘数据潜能，促进数据应用，为农村客户提供更加精准化、个性化的金融服务。截至 2023 年末，我国普惠型涉农贷款余额 12.59 万亿元，同比增长 20.34%，较各项贷款增速高 10.2 个百分点。832 个脱贫县各项贷款余额 12.3 万亿元，同比增长 14.7%；160 个国家乡村振兴重点帮扶县各项贷款余额 1.9 万亿元，同比增长 15.85%。

三、防范化解金融风险取得积极进展

近年来，围绕防范化解重大金融风险的总体思路要求，国内从加强对实体经济的支持力度、做好宏观政策逆周期和跨周期调节、强化金融监管、完善制度建设等多方面开展工作，推动金融风险整体呈现有序释放并逐步收敛的态势，增强了金融体系的稳定性和健康程度。金融机构坚决贯彻落实党中央决策部署，坚决守住不发生系统性风险的底线。截至 2023 年末，国有商业银行平均资本充足率、不良贷款率和拨备覆盖率总体达到监管标准，优于行业平均水平；国有保险公司平均综合偿付能力充足率和国有证券公司平均风险覆盖率均高于行业监管标准。分机构类型看，大型银行评级结果较好，外资银行和民营银行的评级结果较好，而部分农村中小金融机构存在一定风险。不过，目前国内在金融稳定方面还面临一些挑战，例如，全球经济增速下降，部分国家面临经济衰退风险，发达国家央行快速收紧货币政策外溢风险；国内经济恢复基础不牢固，房地产领域、地方政府债务领域以及部分中小金融机构风险，这些都值得金融体系加以关注。

第五章

金融稳定与金融强国建设

中国人民银行 2005 年首次发布的《中国金融稳定报告》提出了金融稳定的定义，"金融稳定是指金融体系处于能够有效发挥其关键功能的状态。在这种状态下，宏观经济健康运行，货币和财政政策稳健有效，金融生态环境不断改善，金融机构、金融市场和金融基础设施能够发挥资源配置、风险管理、支付结算等关键功能，而且在受到内外部因素冲击时，金融体系整体上仍然能够平稳运行"。金融稳定的定义也暗含了维护金融稳定的目标。《中华人民共和国金融稳定法（草案）》提出"维护金融稳定的目标是保障金融机构、金融市场和金融基础设施基本功能和服务的连续性，不断提高金融体系抵御风险和服务实体经济的能力，遏制金融风险形成和扩大，防范系统性金融风险。"同时，维护金融稳定的目标还应包括维护国内通货膨胀水平稳定以及维护人民币汇率稳定等。

第一节　金融稳定与金融强国的关系

一、金融稳定是金融强国的基础

金融稳定是金融强国不可或缺的基础，它关系到金融体系的正常运作、国家金融实力的持续提升、内外部风险的抵御以及国家经济的持续发展。因此，维护金融稳定对于一个国家走好金融强国之路具有重要意义。

（一）金融稳定是金融功能有效发挥的重要条件

稳定的金融环境有助于银行、证券、保险等各行业机构更有效地发挥各自功能。银行机构的基本功能是提供信用贷款，这主要建立在社会信用体系稳定的基础之上。证券机构的基本功能包括促进资金供需双方直接匹配，这主要建立在资本市场稳定的基础之上。保险机构的基本功能包括分散整体风险，这主要建立在保险机构资产端金融资产等标的风险稳定可控和负债端生命财产等标的风险总体稳定的基础之上。总体来看，金融稳定是金融功能持续有效发挥的重要条件。

（二）金融稳定为金融可持续发展提供保障

金融稳定有利于增强消费者、投资者和金融机构的信心，市场参与者更加愿意参与借贷、投融资等金融活动，使得金融市场繁荣。在繁荣的金融市场环境下，金融机构的目标从"谋生存"向"谋发展"转变。强大的金融体系建立在金融机构长期不断的发展之上。金融稳定不仅会增强国内市场主体的信心，也会增加国际市场主体对国内的信心。随着国际资本的流入，金融体系国际化会进一步促进金融市场繁荣发展。

在稳定的金融环境下，市场确定性更大，这有助于降低风险管理的难度和降低风险定价。金融是经营管理风险的行业，较低的风险定价通常意味着较低的金融服务成本，这有利于提升金融服务的普及度，增加金融市场参与者的数量，使得金融发展具有充足的用户基础。

（三）金融发展的目标是实现金融强国

金融不仅是现代经济体系中的血液，也是国家竞争力的关键组成部分，金融发展的终极目标就定位在实现金融强国。一方面，金融强国应能够充分发挥资源配置功能。在稳定的金融环境下，随着金融市场的发展，信息对称水平往往会增加，市场有效程度也相应增加。市场有效程度越高，资产价格反映的信息则越全面，借助价格传导机制，金融体系的资源配置功能能够得到更有效的发挥。另一方面，金融强国应具有高质量的金融创新。随着金融市场的不断稳定发展，市场竞争也愈加激烈，市场经营主体为了提升自身竞争力会进行金融科技等创新活动，这有助于提升金融体系服务实体经济的质效。同时，金融市场也会随着经济社会的发展需要而转型升级。例如，在绿色经济发展的背景下，金融机构通过创新业务模式推动绿色金融的发展；在共同富裕的背景下通过技术创新推动普惠金融的发展。

二、金融强国会存在金融不稳定因素

金融系统是一个相对复杂的系统，里面充斥着各种因素的影响，这些因素可能引发金融市场的波动和不确定性，从而对金融稳定构成威胁。即使金融强国也不可避免地存在诸多金融不稳定因素。

（一）金融发展过程中金融不稳定因素会内生性增加

随着时间推移，金融风险会内生性增加。美国经济学家明斯基（Minsky）的"金融脆弱性理论"① 指出代际遗忘和同业竞争相互作用，使

---

① Minsky, H. P.（1982）. The financial-instability hypothesis: capitalist processes and the behavior of the economy.

得银行体系自身的脆弱性不断积累和叠加,金融长期繁荣的状态淡化了银行经理人的危机意识,同业竞争等压力的存在进一步促使他们关注短期利润从而增加对投机性贷款的投放量。只要经济出现下行,任何企业违约都会使银行遭受巨大亏损甚至破产,进而对实体经济造成更大威胁,即进入"明斯基时刻"。[1]

金融体系的发展往往适应于经济周期,经济周期性运行会影响金融稳定。经济繁荣时期,信贷业务规模也相应快速增长;经济衰退时期,借款人还款能力减弱,债务违约率上升,资产质量快速下降且贷款抵押品价值缩水,使得金融机构的流动性和资本充足性承压,不加干预则可能引发对金融体系整体的信心危机,金融信贷也会因此迅速全面收紧,使得经济进一步萎缩。[2]

(二)金融体系内部相互关联蕴含金融不稳定风险

随着金融业的发展,金融体系内部各主体之间通常会产生紧密的关联性,导致风险更易于传染并引发金融不稳定。有研究从金融风险溢出视角出发,认为特定金融机构的风险会通过市场的关联性传染至其他金融机构引发"多米诺骨牌效应"。[3]具体而言,当金融体系内部同业机构间资产负债关联较大时,一家重要金融机构风险指标的恶化可能带动引发其他关联金融机构风险指标的恶化。当一家重要金融机构资本不足以覆盖资产损失时,该机构的负债也就是关联金融机构的资产将面临减值,

---

[1] 明斯基时刻是指在信贷周期或者景气循环中,由繁荣走向衰退的转折点。

[2] 王兆星. 防范化解系统性金融风险的实践与反思[J]. 金融监管研究,2020(06):1–5.

[3] Battaglia, F., Gallo, A., & Mazzuca, M.(2014). Securitized banking and the Euro financial crisis: Evidence from the Italian banks risk-taking. Journal of Economics and Business, 76, 85–100.

而关联金融机构的资产损失又会以同样的逻辑进一步蔓延引发更多关联金融机构的资产损失，即一家重要金融机构发生的风险可能对整个金融体系产生深远影响。

三、金融强国应具有维护金融稳定的能力

金融是经营管理风险的行业，金融稳定并不意味着完全不发生金融风险。维护金融稳定不仅指事前防范金融风险过度积累，还指金融风险发生后快速应对处置使得金融体系恢复正常状态，防止金融风险持续恶化演变为系统性金融风险。为了夯实维护金融稳定的能力，需构建完善的金融稳定保障体系。除了审慎监管、存款保险基金、央行最后贷款人职能作为传统金融安全网的三大支柱，金融稳定保障体系具体还应包括稳健的宏观政策、有效的金融风险测度方式、健全的恢复与处置计划及风险应对体系、充足的金融稳定保障基金等处置资源、完备的金融法律法规、完善的金融机构公司治理体系和全面风险管理机制等。

（一）稳健的宏观政策

关于货币政策，可根据经济发展规律及逆周期和跨周期宏观调控的需要，将宏观利率保持在与实现潜在经济增长率相适配的水平上，使社会融资规模增速维持在合理水平。同时，通过合理调整存款准备金率等方式适度释放流动性，利用再贷款、再贴现等工具实现流动性的精准滴灌，使得银行业流动性维持在合理水平，充分发挥金融支持实体经济发展的功能。[①]

---

① 王俊岭. 金融支持实体经济稳定增长［N］. 人民日报海外版，2023–12–05.

关于财政政策，可根据经济周期的发展逆周期调整财政政策，减少内外部各类不确定性对市场信心和预期的负面影响，助力经济金融平稳发展。在管控好总体债务风险的前提下，使财政收支维持在合理水平。具体来看，包括适度实施减税降费、退税缓费等政策，避免市场主体承担过高税负压力；还包括将各类政府债券规模维持在适当水平，合理释放投资需求。①

从反面案例来看，宏观政策不当是 20 世纪 90 年代日本产生泡沫经济且未实现软着陆的重要原因之一，这对日本此后数十年的发展带来负面影响。受 1985 年《广场协议》的影响，日元大幅升值并影响日本的出口贸易。在此背景下，为了刺激经济，日本采取了过于宽松的货币政策。持续的低利率促使金融机构降低风控力度，以及产生过度的金融活动，这最终表现为股票市场和房地产市场等的资产膨胀。② 在应对泡沫经济初期，由于受到美国的约束，日本未能及时采取加息等应对政策，这导致后续的应对成本被放大以及使泡沫被刺破。③

（二）持续完善的金融监管体系

从国际经验来看，维护金融稳定需要不断完善的金融监管体系。以美国为例，2007 年美国次贷危机以前，在金融监管立法层面，美国的主要法案包括《联邦储备法》《银行控股公司法》《格拉斯－斯蒂格尔法》

---

① 曾金华.财政政策加力稳经济强信心［N］.经济日报，2024-01-02.

② 河合正弘，王京滨.八十年代后期日本的资产泡沫：原因、后果和经验教训［EB/OL］. https://www.aof.org.hk/uploads/conference_detail/776/con_paper_0_212_kawai-wang-paper.pdf.

③ 孙立坚.以史为鉴，日本"失去的三十年"的真相与启示（下）［EB/OL］. https://fddi.fudan.edu.cn/1d/95/c18965a662933/page.htm.

《1999 年金融服务法》等。银行业监管机构主要包括美国货币监理署、美国联邦储备体系、联邦存款保险公司、储蓄机构监管署和国家信用社管理局等。证券业监管机构主要包括财政部、市政债券决策委员会、证券交易委员会、全美证券交易商协会以及商品期货交易委员会等。保险业监管机构主要包括各州的保险监管局等。各监管机构根据相关法案并结合自身职责制定监管规章，助力维护金融稳定。①2007 年美国次贷金融危机暴露出美国金融监管体系存在的疏漏，2009 年美国公布了金融监管体系改革方案《金融监管改革：一个全新的基础》，围绕风险应对、全面监管、消费者保护等深入推进改革，扩大监管范围，加强监管力度，夯实国际监管合作，提高监管效力，进一步维护金融稳定。②2010 年美国出台了《多德－弗兰克法案》，促进降低金融业杠杆水平和金融产品复杂度，提升金融业务透明度等，从而提升金融体系的稳定性。③2023 年美国硅谷银行（SVB）等风险事件发生后的数月内，美国多家监管机构联合出台了金融监管改革计划，主要内容包括提升资本充足率的监管指标要求，优化该指标中风险加权资产的算法，完善紧急应对风险的方案等，从而进一步提升金融体系稳定性。④

从国内来看，为维护金融稳定和促进金融强国建设，需增强金融监管的震慑力，对重大金融风险制造者要从严、从重处罚，让金融监管真

---

① 中国人民银行国际司.美国的金融监管体系及监管标准［EB/OL］.http://www.pbc.gov.cn/goujisi/144449/144490/144525/144758/2844136/index.html.

② 饶波，郑联盛，何德旭.金融监管改革与金融稳定：美国金融危机的反思［J］.财贸经济，2009（12）：22-30，139-140.

③ 王欢星.美国金融监管改革对金融稳定有效性研究——以《多德－弗兰克法》为中心［J］.经济论坛，2018（09）：112-116.

④ 郑联盛，朱佳晨.美国金融监管强化的根源、重点及影响［J］.银行家，2023（09）：90-93，8.

正"长牙带刺"。要依法将所有的金融活动全部纳入监管，全面强化机构监管、行为监管、功能监管、穿透式监管和持续监管，消除监管的空白和盲区，严厉打击非法金融活动，切实提高金融监管的有效性，构建有针对性、差异化的金融监管体系。加强金融管理部门和宏观调控部门、行业主管部门、司法机关、纪检监察机关等部门间的协同监管，健全权责一致的风险处置责任机制，守住不发生系统性金融风险的底线。同时要积极参与国际金融监管合作，在应对全球性金融风险中发挥积极作用。

（三）有效的金融风险测度方式

当金融风险逐步演化升级并可能形成系统性金融风险时，测度并发现金融风险是应对金融风险维护金融稳定的重要前提。国内外现有的研究对系统性金融风险测度主要存在以下两类思路。第一类是综合指数法，即基于历史经济金融数据先构建单项指标体系，在此基础上再构建合成指标用以反映金融体系的整体风险情况，例如，金融状况指数（FCI）[1] 和金融压力指数（FSI）[2] 等。第二类是模型法，包括概率法 [3]、网络模型法 [4] 和相关违约法 [5] 等。在金融稳定和系统性金融风险研究中，量化模型起到

---

[1] Goodhart, C., & Hofmann, B. (2001, March). Asset prices, financial conditions, and the transmission of monetary policy. In conference on asset prices, exchange rates, and Monetary Policy, Stanford University (pp. 2–3).

[2] 徐国祥，郑雯. 中国金融状况指数的构建及预测能力研究 [J]. 统计研究,2013（08）：17–24.

[3] Baumol, W. J. (1963). An expected gain-confidence limit criterion for portfolio selection. Management science, 10（1）：174–182.

[4] Müller, J. (2006). Interbank credit lines as a channel of contagion. Journal of Financial Services Research, 29, 37–60.

[5] Gray, D. F., & Jobst, A. A. (2011). Modelling systemic financial sector and sovereign risk. Sveriges Riksbank Economic Review, 2（68）：106.

了重要的作用。有学者提出的"CoVaR"模型用于量化金融机构之间的风险传染。①

综合指数法和模型法各有优劣，在应用过程中需要结合实际情况做出选择。具体而言，模型法的优势在于可以大致刻画金融市场的结构，便于模拟不同场景下市场的运行状况；但模型法对参数拟合存在较大依赖，若不能很好地解决这一问题，便无法精确地度量系统性金融风险。②特别是对发展中国家来说，数据质量往往不够理想。例如，部分金融数据序列较短，数据稳定性、连续性差等，其中潜在的测度偏差会进一步影响模型反映现实世界的效果。综合指数法脱离了模型的限制，易于构建，同时可以基于一套标准化的范式覆盖多个市场状况，比较全面地展示一个经济体所面临的金融风险。上述优点使综合指数法日益受到关注，成为国内外测度系统性金融风险的常用方法。例如，IMF 曾推荐用其构建发展中国家金融状况指数。此外，综合指数法不强调一国是否曾发生过系统性金融风险及发生的原因，简明清晰、较为灵活，可以和其他建模方法结合使用。③

为确保风险测度方法的有效性，需对系统性金融风险指标进行评估。国际上，学术界和监管机构一直在寻找新的途径衡量系统性金融风险，以便增进金融稳定性。从现有文献来看，常用的评估系统性金融风险的策略有两种。第一种为事件回溯法，即分析特定测度与样本内实际金融

---

① Adrian, T., & Brunnermeier, M. K.（2016）. CoVaR. The American Economic Review, 106（7）: 1705.

② 吴光磊，吴小太，王斌. 新冠肺炎疫情对我国系统性金融风险的影响分析——基于金融压力指数与组合模型［J］. 管理现代化，2021（02）: 103–107.

③ 陶玲，朱迎. 系统性金融风险的监测和度量——基于中国金融体系的研究［J］. 金融研究，2016（06）: 18–36.

风险事件的耦合度，耦合度越高，表明该测度对系统性金融风险的刻画就越准确。第二种为定量法，主要通过回归检验特定测度与金融危机或者经济衰退风险之间的关系。当前较为流行的模型包括危机预警模型和在险增长模型（GaR）。危机预警模型通常使用是否发生金融危机作为系统性金融风险的代理变量，并借此评估特定测度的预警能力。[1]GaR 模型围绕当前金融状况对未来 GDP 增长的完整路径建模，特别关注未来经济增长的左尾分布，金融风险指标的适用性反映在其预测宏观经济下行风险的水平上。

（四）健全的金融风险应对体系

金融是经营管理风险的行业，金融风险无法彻底消除，金融强国应具备有效应对金融风险的能力。以美国金融风险应对为例，经历多次重大银行业危机后，美国形成了以财政部、美联储、联邦存款保险公司（FDIC）和金融稳定监督委员会（FSOC）为主的系统性风险应对体系。美国先后制定了系统性风险例外条款（SRE）和有序清算机制（OLA）。

SRE 出自 1991 年《联邦存款保险公司改进法》（后被写入《联邦存款保险法案》），以避免极端危机期间遵循"处置成本最小化"原则可能导致严重损害经济或金融稳定的后果，FDIC 可突破该原则使用存款保险基金进行风险处置。2008 年美国次贷危机中，FDIC 运用 SRE 对整个银行体系进行了救助。由 FDIC 实施临时流动性担保计划（TLGP），向整个银行信贷市场提供流动性。TLGP 的资金来源于参与机构缴纳的费用，

---

① 陈雨露，马勇，阮卓阳.金融周期和金融波动如何影响经济增长与金融稳定？［J］.金融研究，2016（02）：1-22.

如所收费用不足以覆盖存款保险基金损失，FDIC 将对受保存款机构进行紧急系统性金融风险评估并征收额外费用。

有序清算机制（OLA）和相应的有序清算基金（OLF）的主要功能是处理可能导致系统性金融风险的金融机构，专为 FDIC 应对系统重要性金融机构风险提供资金支持。2010 年 7 月奥巴马签署《多德－弗兰克法案》，提高了金融系统的稳定性和透明度。基于该法案成立了金融稳定监督委员会（FSOC），该委员会的职责是发现和评估金融市场中对系统具有重要影响的金融机构所面临的不稳定因素和风险，并针对这些机构实施增强的监管和协调。

从具体风险应对案例来看，2023 年 3 月美国硅谷银行（SVB）和签名银行（SB）快速倒闭，以财政部牵头、美联储为首的 11 个成员的 FSOC 认定 SVB 和 SB 银行风险事件可能触发美国乃至全球范围内的系统性金融风险蔓延，快速出手对两家银行存款提供全额保障。FDIC 迅速接管 SVB 和 SB。美联储随即决定向美国财政部长提议，并由总统与财政部长商议决定适用 SRE 条款，将 25 万美元存款保险限额临时免除并保障所有存款。美联储设立为期一年 250 亿美元的"银行定期融资计划"，中小银行可通过抵押美国国债、机构债、抵押贷款支持债券获得最长一年的贷款，暂时由财政部兜底，迅速确保"系统性金融风险"不再向中小银行和创投企业进一步传染。[①] 为保障未受保存款，FDIC 花费其存款保险基金约 158 亿美元。为填补该支出，FDIC 发布《关于根据系统性风险水平确定特殊评估规则的通知》，拟正式征收特别费用，收费标准着重

---

① 存款保险基金管理公司课题组 . 硅谷银行事件中美国的危机管理及启示［J］. 中国金融，2023（10）: 13.

参考了银行机构未受保存款规模，并且考虑到缴费银行机构的承受能力实施分期收费。①

2008年金融危机以来，金融稳定理事会等国际组织相继出台多项国际准则，强调除了要压实金融机构"自救"及自身吸损责任，还要建立有序的风险处置机制，避免过度依赖公共资金。从美国经验、相关国际准则和通行做法来看，主要经济体已普遍出台专门立法构建统一协调的金融稳定制度架构，并设立发挥金融稳定作用的有关外部纾困基金。我国的金融稳定保障基金需结合国际经验和我国国情发挥好维护金融稳定的功能。

（五）完备的金融法律法规

健全金融法制体系是维护金融稳定的重要保障。2023年10月，中央金融工作会议强调，要加强金融法治建设，及时推进金融重点领域和新兴领域立法，为金融业发展保驾护航。目前我国涉及金融行业的法律总共10部，分别是《中国人民银行法》《商业银行法》《银行业监督管理法》《票据法》《信托法》《证券法》《保险法》《证券投资基金法》《期货和衍生品法》《反洗钱法》，同时，我国正在加快推进《金融稳定法》的立法，以便加强金融风险防范、化解和处置，建立维护金融稳定的长效机制。此外，2024年7月份召开的党的二十届三中全会还首次提出"制定金融法"，强调依法将所有金融活动纳入监管。金融法的制定将有助于完善金融法治的顶层设计和制度安排，进一步提高我国金融法治水平，

---

① 王玉玲.从系统性风险视角看美国银行业危机应对［J］.中国金融，2023（16）：78-80.

并最终形成"1+N"的比较完备的金融法律体系。以下将以正在审议中的《金融稳定法（草案）》[①]为例，介绍几点观察。

1.**明确责任分工**。为了有效应对金融风险，建立明确的金融风险处置责任分工至关重要。多项已出台的监管政策文件均明确危机管理小组的风险化解主体责任，但《金融稳定法（草案）》只提及了处置潜在系统性金融风险的牵头机构是中国人民银行，未提及危机管理小组及小组成员的责任分工。进一步明确相关处置主体和组织，以及各自的职责分工，将有助于避免责任模糊不清，防止监管机构之间的重复监管，提高监管的针对性和有效性，有利于重大金融风险得到有序处置。同时，金融稳定保障基金与存款保险基金、保险保障基金等其他保障类基金的吸损边界需在法律规定层面得到进一步明确。

2.**明确各类纾困方式的介入方式**。《金融稳定法（草案征求意见稿）》提及处置资金来源的使用顺序，将金融稳定保障基金放在末尾，排在地方财政资金之后，这与通常的市场化处置原则存在一定程度差异。一方面，地方政府是部分区域性银行的股东，且具备协调各类市场资源应对风险的能力，这种安排可能被视为对地方政府在金融风险处置中作用的重视；另一方面，地方政府资金具有公共属性，可能使得其在使用上更加灵活，甚至可能在一定程度上替代市场化手段，削弱市场化处置原则的效力。随后的《金融稳定法（草案）》虽然删除了关于处置资金来源条款的具体表述，但仍未予以明确具体的市场化处置原则。因此，相关法律法规需结合中国国情和风险处置的市场化原则，对各类纾困资金的介入

---

① 2024 年 6 月 25 日，《金融稳定法（草案）》提请十四届全国人大常委会第十次会议进行二次审议。

方式进行更具体和明确的细化。

3. **协调各法律法规之间的关系**。《金融稳定法（草案）》要求"被处置金融机构的股东、实际控制人按照恢复和处置计划或者监管承诺补充资本，对金融风险负有责任的股东、实际控制人依法承担相应赔偿责任，归还违反规定占用或者转移的资金"。这可能需进一步厘清与《公司法》和《破产法》之间的关系，避免产生不同法律之间的冲突，防止出现可能形成对股东有限责任制度的法律突破，即问题银行的有责股东和实际控制人的风险敞口不仅包括已投入的资本，还包括为落实损失承担责任而追加投入的资本。[①]

（六）协调处理金融风险与道德风险

关于金融机构的道德风险。外部纾困方式过度介入金融风险和救助单体金融机构会导致金融机构倾向于不审慎经营从事高风险业务，即增加道德风险。道德风险持续累积又将增加金融体系的风险。由于金融风险与道德风险可以相互影响甚至相互放大，因此需要协调处理金融风险与道德风险。

总的来看，在防范道德风险与应对潜在系统性金融风险之间存在无法避免的冲突时，外部纾困方式应着重考量应对潜在系统性金融风险。从反面案例来看，20 世纪 90 年代日本当局低估了泡沫破裂对经济金融产生的负面影响，在这种背景下出于对道德风险的过分关注，日本并未及时采取足够强有力的应对政策和措施，最终导致当时的境况进一步恶

---

① 缪因知.《金融稳定法》拟议，谁应该加以注意［EB/OL］. https：//m.eeo.com. cn/2022/0422/531522.shtml.

化。^①不发生系统性金融风险是底线，防范道德风险的措施需要在此底线上进行。由于潜在系统性金融风险应对这一环节难以充分兼顾可能产生的道德风险，为打破金融风险与道德风险之间的恶性循环，需将防控道德风险的时点前置，例如，将防控道德风险作为恢复计划实施阶段的重点考量，及早遏制高风险的不审慎经营活动。对于恢复计划的监督实施需建立在充分把握相关数据信息的基础之上，要求金融机构提高数据报送、信息披露的标准。通过定期审查金融机构，及时发现其不当行为，通过早期纠正确保其符合监管要求和道德规范。审查过程中可运用人工智能、区块链、大数据等先进技术和数据分析工具，帮助监管机构及早、准确地发现不审慎冒险经营的迹象。恢复计划的触发条件应明显严于和早于外部纾困方式的触发条件，在银行经营指标恶化到一定程度时，应及时严格落实恢复计划，防范持续的不审慎经营，防止道德风险向重大金融风险甚至系统性金融风险演变发展。原中国银保监会制定的《银行保险机构恢复和处置计划实施暂行办法》规定恢复计划的启动实施需经董事会或董事会授权的有权人批准；需要注意的是，在国内外重大金融风险的案例中，部分银行的董事会本身就是不审慎经营的牵头者，因此启动实施恢复计划的决策权或可一定程度交至监管机构。如果恢复计划未能成功抑制金融机构风险，为减轻道德风险，随后实施的处置计划需充分压实风险机构内部承担损失的责任。在外部纾困方式介入进行救助和处置前，需严格执行已提前制定的处置规则和标准，确保单体重大风险机构和相关人员自身优先充分吸收损失承担责任后果。

---

　　① 孙立坚. 以史为鉴，日本"失去的三十年"的真相与启示（下）[EB/OL]. https://fddi.fudan.edu.cn/1d/95/c18965a662933/page.htm.

关于金融消费者的道德风险。除了上述金融机构相关的道德风险，道德风险也可指存款人因存款保险等外部纾困方式的存在而忽视对金融机构的监督，并倾向将存款储蓄于高利息高风险的金融机构。外部纾困方式总体上应遵循市场化等原则实施有限保障，以减轻道德风险，但在极端情况下，为了防止风险失控进而威胁金融稳定、经济稳定和社会稳定，外部纾困方式或可提供临时性全额资金保障。《金融稳定法（草案）》及其他相关文件均提到，中国人民银行发挥最后贷款人作用，必要时中国人民银行再贷款等资金可以提供流动性支持，这为实施临时性全额资金保障提供了政策空间。临时性全额资金保障有助于快速有效应对潜在系统性金融风险。在整个金融市场极端恐慌的特殊情况下，临时性全额资金保障有助于防止个别机构经营失败造成风险外溢，阻止由恐慌导致连续的银行挤兑，避免引发系统性金融风险，维护金融市场稳定和保障金融服务实体经济的连续性。当金融市场全面恐慌时，有限保障缓解挤兑的功能难以有效发挥，存款保险基金的作用可能受到质疑。为了增强市场信心，国际上部分国家也曾对全部存款乃至全部债权实施了临时性全额资金保障的超常规应对措施。①

（七）完善金融机构公司治理体系实现全面风险管理

国内外部分重大金融风险和事件的根本原因多与内部人控制相关，即公司治理问题。为缓解内部人控制问题，风险管理工作应渗透至金融机构内部各层级，需增强金融机构各级人员的风控能力和风控意愿，形成全员参与的风控文化，建立全面风险管理体系。

---

① 孙天琦，刘勤. 依赖批发性融资的商业银行：风险特质、监管改进及处置机制——基于2008年国际金融危机的有关案例［J］. 上海金融，2021（03）：2-15.

1. **加强员工的风险管理能力，赋予基层员工更多风险管理相关工作的权责义务。** 内部人控制通常是金融机构少数人为满足自身利益而牺牲多数利益相关方的利益，因此包括金融机构内部基层员工在内的多数利益相关方有动机强化落实风险管理。可对金融机构公司治理提出推进全员风险管理的要求，以便金融机构基层员工能更有效地参与到风险管理流程中，例如，增加风险管理相关信息在金融机构内部的透明度，促使各级人员能够知晓风险情况；建立金融机构各级人员向监管当局直接报告风险的有效机制，发挥金融机构各级人员对少数内部控制人的监督作用。

2. **加强金融机构内部各级人员的风险管理意识和意愿。** 例如，通过内外部培训加强金融机构全员的风险意识，并明确各自在风险管理流程中的角色和作为；保障风险上报的匿名性和给予相应激励机制，确保各级人员能够免受外部压力干扰并独立客观地评估和报告风险。一旦形成良好的风控意识、明晰的风控流程、畅通的上报机制，将促进金融机构内部各级人员主动采取措施防控风险。

第二节　金融不稳定产生的巨大破坏

一、金融体系运行受到影响

金融不稳定会对信贷市场、资本市场等整个金融体系的运行带来负面影响，并最终导致金融支持实体经济的功能难以得到有效发挥。

（一）银行信贷紧缩

信贷是银行体系的基本功能，金融不稳定会导致信贷紧缩。整体来看，金融不稳定状态下容易发生挤兑现象，为应对此问题监管当局趋于提高准备金率，根据货币乘数的机理，金融机构的货币供应量会随之严重减少，最终导致信贷规模的迅速下降。此外，金融不稳定会增加银行贷款投放的风险，为了更好地控制风险，银行机构会施行更加严格的贷款审批标准，这也会导致信贷规模下降。以1929年爆发的美国大萧条为例，在1929—1933年，美国银行业贷款萎缩了三分之一。[①]

具体来看，特定的金融风险也可能引发对金融不稳定的担忧，进而可能诱发银行信贷紧缩。例如，包商银行风险事件爆发后，商业银行同业存单发行成功率显著下降，而同业融资困难会严重影响银行信贷业务的开展。此外，如果特定类型的单一银行发生风险，可能引发市场对该类型所有银行的不信任，出现针对该类银行的系统性挤兑，进而导致该类银行无法根据自身定位发挥功能。例如，如果国内村镇银行"取现难"的风险事件在当时没有得到有效控制，必将带来舆情风险，严重影响市场对全国约1600家村镇银行的信心，进而导致全国村镇信贷业务难以正常开展。

（二）资本市场波动

金融不稳定会导致资本市场剧烈波动。金融不稳定时期，投资者对未来的预期和信心普遍较低，这会导致股票等资产价格下跌。以2007年美国次贷危机为例，美国标准普尔500指数在2008年跌幅约为38.5%，且在2009年年初继续下跌。最终，投资者财富面临巨大损失，资本市场直接融资活动严重受挫。

[①] Charles Collyns. 从历史角度看危机［EB/OL］. https：//www.imf.org/external/chinese/pubs/ft/fandd/2008/12/pdf/Collyns.pdf.

（三）金融机构减少

金融不稳定会造成金融机构负债端资金成本上升，以及资产端风险上升，经营压力过大甚至会导致金融机构倒闭。一方面，金融不稳定会降低储户和投资者的信心，引发存款净流出和增加金融机构的融资难度，金融机构可能面临流动性风险；另一方面，金融不稳定时期，往往企业或个人的财务状况欠佳，还款能力偏弱，金融机构资产端质量欠佳。资产和负债两端的压力导致金融机构经营愈加困难，当经营问题严重到一定程度时，最终会出现破产倒闭的结果。以 1929 年发生的美国大萧条为例，在 1930—1933 年期间，每年分别有 5.6%、10.5%、7.8% 和 12.9% 的银行机构倒闭，再叠加当时银行间的并购重组，美国在 1933 年的银行机构数量较 1929 年减少了近一半[1]；日本 20 世纪 90 年代的泡沫破裂也导致金融机构出现大规模不良债权，并引发大量金融机构破产。[2]

二、经济走向衰退

金融不稳定将会对经济形势产生广泛而深远的影响，例如，抑制投资和消费需求，引发企业破产潮等，严重影响实体经济的健康发展。

（一）投资需求和消费需求受挫

金融体系运行受到的影响最终会传导至经济体系。投资者财富缩水

---

① 本·伯南克，张苏，丁瑞峰.大萧条传播过程中金融危机的非货币效应 [J].国外理论动态，2022（06）：155–165.

② 姚一旻，杨洋.日本"泡沫经济"破裂后的跨境资本流动和日元汇率 [J].中国外汇，2022（07）：70–71.

和信贷紧缩会严重挫伤消费者的消费能力，信心不足会严重挫伤其消费意愿，这两点会共同导致消费需求不足；消费不足会传导至供给端，导致投资需求不足，信贷紧缩则会加剧这一问题。例如，20 世纪 90 年代日本经济泡沫破灭背景下，房地产市场和股票市场资产价格下跌为日本企业和家庭带来巨大财富损失。[①] 如果金融体系运行和市场信心无法得到恢复，那么企业的正常经营和盈利还款能力也很难恢复，经济衰退将会持续演进。从历史经验来看，日本经济泡沫破灭后，经济实际增速长期处于较低水平；2007 年美国次贷危机爆发后，美国在 2008 年的经济增速趋近于零，并于 2009 年转为负增长。[②]

（二）企业破产率上升

在金融不稳定的环境下，多方面因素可能诱发出现企业破产潮。一方面，金融不稳定时，消费者会提升预防性储蓄和减少消费，需求端疲软会严重影响企业的经营性现金流流入，企业经营压力上升可能诱发最终破产；另一方面，在银行市场和资本市场都缺少信心和流动性的情况下，资金的可得性严重下降，融资成本显著上升，企业无法获得融资或以过高成本融资，都会严重影响企业的融资性现金流，进而可能导致企业产生经营困难，并最终引发破产倒闭，这在融资约束本就较强的小型企业之中尤其明显。

美国大萧条期间，1931—1932 年的企业税前利润总额和税后留存收益为负，其中小型企业受到的影响尤其严重，大型企业总体收益相对乐

---

① 沈建光 . 日本"失落的三十年"，政策应对上做错了什么？［EB/OL］.https：// wallstreetcn.com/articles/3708158.

② 世界银行集团 . GDP 增长率年百分比 -United States［DB/OL］. https：//data.world bank.org.cn/indicator/NY.GDP.MKTP.KD.ZG?view=chart&locations=US

观。有研究定量地指出资产规模越小的企业，其损失程度显著越大，这导致该段时期内小型企业具有较高的破产率。[①]同时，这会衍生出另一个问题，即大型企业将占据更多市场份额，高集中度的市场结构不利于促进竞争和提升市场活力。

三、可能引发社会动荡

金融和经济问题持续演进则可能酿成以下几方面的社会问题。

（一）失业问题

随着企业的连续破产，大量职工面临失业，引发社会性矛盾。例如，美国大萧条的 1929—1933 年，美国失业率高于 25%。[②]失业率高企引发社会民众强烈的不满情绪，并发生了民众游行等事件。大萧条期间，部分工厂的游行工人在混乱之中受伤或失去了生命；建筑工人举行了饥饿大游行；退伍老兵举行奖金大游行，美国老兵和现役部队发生摩擦。[③]再如，2007 年美国次贷危机带来的失业等社会问题迟迟没有得到有效恢复，由此产生了大规模的"占领华尔街"运动。

（二）政府债务压力增大

政府社会治理职能的有效发挥离不开财政资金的保障。当金融风险

① 本·伯南克，张苏，丁瑞峰.大萧条传播过程中金融危机的非货币效应［J］.国外理论动态，2022（06）：155–165.

② Charles Collyns. 从历史角度看危机［EB/OL］.https：//www.imf.org/external/chinese/pubs/ft/fandd/2008/12/pdf/Collyns.pdf.

③ 辛乔利.大萧条始末［EB/OL］. http：//ccb.com/cn/ccbtoday/jhbkhb/20171030_1509350231.html.

引发金融不稳定时，为了缓解金融问题、经济问题，以及由此诱发的社会问题，政府可能增加公共支出用以处置和化解金融风险，这可能增加政府债务压力及财政赤字，并挤压政府在其他公共领域的支出。财政压力过大将导致社会公共服务难以持续提供，并影响社会稳定。例如，在大萧条期间，美国各州政府及地方政府采取措施为失业人群提供了救助支持，但自身出现了债务问题，如1934年一季度，美国3万人口以上的城市中，有超过10%的城市政府发生债务违约，少量州政府也发生了债务违约。①

四、对外经济贸易受挫

一国金融不稳定也会导致该国在对外经贸活动中的利益受损，这主要表现在以下几方面。

（一）资本外流

一国金融不稳定，意味着外国投资者在该国的投资面临更大的国别风险。外国投资者会趋于抽离已投入的资金，并减少未来在该国的投资。如果资本项目可以自由兑换，这一状况将会更加明显，从而引发本国货币汇率的动荡。

（二）汇率贬值影响进口

资本外流会给该国带来较大的货币贬值压力，该国从国际市场进口

---

① 本·伯南克，张苏，丁瑞峰. 大萧条传播过程中金融危机的非货币效应［J］. 国外理论动态，2022（06）：155-165.

商品和服务时将承担更高成本，居民购买力全面下降。尤其对于高度依赖进口外国能源和粮食等大宗商品的经济体来说，进口成本上升将对该国经济带来严重打击。

第三节　金融创新与金融稳定的平衡

金融创新是金融高质量发展的不竭动力。金融创新既可能促进金融稳定，也可能随之产生新型风险。总的来看，金融创新与金融稳定之间的关系需要得到有效平衡。

一、金融创新促进金融稳定

金融创新在某种程度上能够促进金融稳定。除了熟知的智能风控可以助力提升金融机构的风控水平，还包括监管科技的创新帮助金融监管机构提升监管效率和维护金融稳定。此外，面对当前复杂的国际形势，也需借助创新的跨境支付方法来维护国际支付体系安全稳定。

（一）监管科技助力维护金融稳定

西方发达经济体对监管科技定义的落脚点在金融机构，即金融机构应用技术手段更好地满足监管合规要求，语意上与合规科技较为接近；我国对监管科技定义的落脚点在监管部门，更多指监管部门运用技术手段赋能金融监管。国内外对监管科技的定义虽存在差异，但无论是金融机构更加合规，还是监管机构监管效率提高，都有助于维护金融稳定。[1]

---

[1]　黄震，张夏明.中国监管科技的实践探索及其完善路径［J］.陕西师范大学学报（哲学社会科学版），2023（04）：79-91.

从监管科技在国内语境下的定义看，监管机构可以运用各类技术手段提升监管效力进而助力维护金融稳定。其中，大数据涉及各监管机构之间以及与其他机构之间的数据共享整合，综合运用结构化数据和非结构化数据，为监管机构实时监控金融市场活动提供数据依据和决策支持；区块链技术的可追溯性便于监管机构对金融市场活动信息进行回溯审查，不可篡改的特征能够提高信息的真实性；云计算技术可以帮助监管机构更加灵活高效地运用计算资源并处理海量监管数据和信息；人工智能能够帮助监管机构对金融业各维度的海量数据进行挖掘和关联分析，实现金融活动穿透式监管，进而识别违规金融活动和预警金融风险。

为充分发挥监管科技助力维护金融稳定的功能，金融强国应具有完善的监管科技发展体系。一是在法律制度层面，可逐步明确代码在监管职能中的角色地位和技术在监管体系中的应用规范，在确保监管职能正常发挥的前提下明确监管科技具体实践的正当性。二是各级监管机构协同应用监管科技。高层级的监管机构通常具有更强的科技能力，低层级的监管机构通常更了解具体风险的细节数据信息，各级监管机构应发挥各自优势协同推进监管科技的应用。三是管控第三方科技外包风险，增加监管科技自研力度。短期来看，监管机构需要审慎利用市场主体获取科技服务，并加强对技术提供商的监督，确保第三方科技企业满足数据安全、技术安全等合规要求，并具有持续维护升级系统的能力。长期来看，为了进一步整合监管科技体系和保障数据安全，监管机构需加强科技自研能力，培养既懂金融监管又懂技术的复合人才，通过敏捷开发快速响应监管科技迭代的需求。① 四是正确认识监管科技的局限性和风险。

---

① 黄震，张夏明.中国监管科技的实践探索及其完善路径［J］.陕西师范大学学报（哲学社会科学版），2023（04）：79-91.

技术手段通常可以呈现出各类数据信息之间的关联性，但可能不会呈现出逻辑上的因果关系，这种情况仍需要监管人员根据经验进行实例分析。为了防控技术风险，需加强技术监管和代码审计，进而确保算法可信。①

（二）创新支付方式维护跨境支付体系安全

为维护国际金融贸易稳定，跨境支付领域需要创新发展。近年来，金融制裁使得跨境支付体系呈现不稳定态势，进而影响国际经贸合作。基于数字资产交易的跨境贸易支付方式有助于缓解这一问题并提升跨境支付体系的稳定性。有研究表明，制裁国会免于对被制裁国特定人群、特定商品的跨境贸易支付采取制裁措施。这其中的关键环节是对特定人群、特定商品的精准识别，从而实现对军事用品等敏感商品和居民生活用品等不敏感商品进行区别对待，而非"一刀切"式的全面制裁。如果技术层面能够充分支撑贸易信息的精准识别，不仅制裁方可以主动实现差异化制裁，而且被制裁方也可以在国际社会上向制裁方施加舆论压力，要求制裁方基于人道主义对民生相关商品免于制裁。基于数字资产交易的跨境贸易支付方式强调对数字技术的应用，比传统跨境支付方式更容易打通"信息流"和"资金流"，便于更全面、精准、高效地识别每笔贸易支付的商品类别、交易双方主体信息等。因此，这种创新的支付方式有助于缩窄跨境支付相关制裁的适用范围，进而一定程度提升跨境支付体系的稳定性。

我国跨境数字支付体系存在广阔发展空间。目前，数字人民币稳步

---

① 吴江羽．金融科技背景下金融数据监管法律框架构建［J］．西南金融，2020（11）：76—85.

推进使用，由中国人民银行与香港金管局、泰国及阿联酋央行联合发起的"多边央行数字货币桥"研究项目（mBridge）在跨境支付应用方面具有较大发展前景。同时，随着数字人民币的稳步发展，与数字资产相关的政策环境和技术水平都有望得到进一步改善。此外，民间市场化的数字资产不具有数字人民币的主权属性，如果把其应用于跨境支付领域，将有利于减轻其他国家的防范意识。

二、金融创新可能引发金融风险

金融创新既有可能促进金融稳定，也有可能随之产生新型风险。例如，衍生品这类早期的金融工具创新可能引发新的风险，近年来数字金融相关创新也可能带来模型风险和数据风险等。

（一）金融工具创新蕴含的风险

在传统金融中，衍生品是一项具有代表性的创新型金融工具，在肯定其积极意义的同时需要充分认识其风险。首先，衍生品通常通过风险转移能够降低微观主体的单体金融风险，但金融体系内的整体风险并未因此减少。[1] 其次，衍生品通常具有高杠杆的属性，如果市场参与者中存在大量投机者，杠杆带来的高波动性可能导致市场不稳定。[2] 再次，由于衍生工具可以帮助市场微观主体管理金融风险，金融机构可能由此产生

---

① 邓岩，丛继青.金融监管、金融创新、金融风险三者关系的辩证思考［J］.山东经济，2004（01）：30-32.

② 樊正棠，刘建利，余爽，等.金融创新与金融风险、金融监管：经济模型与实证分析［J］.西北大学学报（哲学社会科学版），1998（04）：12-16.

更高的风险承担倾向，这会放大金融体系的整体风险水平。最后，资产证券化可能导致对金融机构的资本要求被降低，进而降低金融体系的风险抵御能力。[①]

（二）金融模型趋同可能引发金融不稳定

近年来，数字金融是金融创新的重要发展方向。数字金融提升金融服务实体经济质效的同时，可能伴生新的金融风险，产生新的金融不稳定因素。

一方面，数字金融促进释放消费需求和投资需求。例如，替代数据可被用于分析信用情况，使得缺少传统信用信息的主体也能够便捷地获得金融服务，促进实现普惠金融。这有助于提升边际消费倾向较高的低收入群体的消费规模，以及缓解小微企业的融资约束。再如，智能投顾可推动投资规模增长。我国拥有全球规模最大、最具成长性的中等收入群体，但整体金融知识水平还有待提升，智能投顾模式能够提升该群体的投资能力和投资意愿，并最终推动投资规模增长。

另一方面，数字金融可能导致金融市场的行为更加趋同，增加系统性金融风险隐患。例如，如果信贷审批模型存在严重的同质化现象，银行体系的信贷资金将可能集中于特定领域，该领域一旦出现突发异常状况，银行体系的资产集中度风险将会爆发。再如，如果智能投顾模型存在严重的同质化现象，那么模型生成的交易策略将趋同，大量的同向买入或同向卖出会促使资本市场中资产价格单向波动过于剧烈，不利于资

---

① 杨星，钟玉琴.信用衍生品 CDO 对金融市场稳定性的影响研究［J］.商业经济与管理，2012（02）：67–75.

本市场的稳定。

（三）数据质量问题

数字金融的关键要素之一是数据，数据质量是影响数字金融服务质量的重要因素。如果输入的数据质量低，则会训练出低质量的模型，和输出不准确的结果，即"垃圾进，垃圾出"。将不准确的结果作为决策依据则可能导致决策失误，并成为金融风险和金融不稳定的诱因。对于监管机构，数据质量不高会严重影响监管科技的效力。我国监管机构给出的数据罚单中，通常大部分都涉及数据质量和数据真实性问题，加强数据监管并监督提升数据报送质量是监管机构运用监管科技的重要前提。对于金融机构，需建立完善的数据质量管理流程。为确保数据质量管理工作得到有效落实，应构建数据认责体系，设置数据质量相关的奖惩考核机制，明确相关各方的权责关系和各项数据的责任主体，避免同一项数据被多方维护或无任何一方维护的情形。在检测数据质量时，需通过各项报表和数据之间的勾稽关系进行交叉校验。对数据质量进行评价时需参考准确性、完整性、时效性、一致性和规范性等多个维度。

（四）数据安全问题

在数字金融蓬勃发展的背景下，维护金融数据安全对于金融业务的连续性至关重要。同时金融消费者的数据信息往往还具有敏感度高的特点，数据安全也是金融消费者权益保护的重要内容之一。对于大型金融机构或具有金融基础设施属性的平台机构，其客户数据规模通常比较庞大，数据泄露甚至可能对金融体系产生系统性影响。维护数据安全需要从多方面入手。

1.**防止数据丢失**。容灾备份是主要的预防手段，其通用措施是建立两地三中心进行数据系统备份，这是在不可抗力情况下保护数据系统并确保业务连续性的必要之举。为夯实容灾备份的保障力度，金融机构可将数据系统备份分散至更多区域。

2.**防止网络攻击**。在数字金融体系下，各类系统和机构通过应用程序编程接口（API）等数字技术相互连接，形成网络系统。网络规模越大、网络结构越复杂，整个网络则越可能出现安全漏洞，被网络攻击的风险和受到的影响也就越大。金融机构需健全网络安全体系，及时监测发现和有效应对网络攻击。同时，金融机构需结合自身数字化转型的实际阶段适度提升自研能力和减少自控程度相对更低的科技外包，提升网络系统的安全性。

3.**隐私保护**。隐私保护是金融消费者权益保护的重要内容之一，金融机构可通过数据分类分级、隐私计算等方式方法在数据共享和隐私保护之间取得平衡，并构建包含数据采集、传输、存储、使用、删除、销毁各环节的数据全生命周期保护框架。

（五）P2P伪创新诱发金融风险

P2P的本质是信息中介，通过撮合适配的投融资双方，让更多人群可以享受到更符合各自需求的金融服务。早期的国际P2P平台创始人认为，对于各类金融消费者银行机构都提供相对同质的金融服务，而P2P平台则力求改善这一情况，P2P平台可以提供一种相对自由的模式使金融消费者更便捷高效地获得融资服务。①这其中的关键技术点在于通过对

---

① 王朋月，李钧.美国P2P借贷平台发展：历史、现状与展望［J］.金融监管研究，2013（07）：26-39.

各类数据信息的分析，实现投融资双方的精准匹配并促成直接的资金融通关系。而伪创新的 P2P 平台并未运用该关键技术。历史上 P2P 爆雷事件的重要原因之一是 P2P 平台披着信息中介的创新外衣，实际开展信用中介业务，且没有适用银行体系的监管规则，P2P 平台脱离创新本质最终诱发金融风险。

三、依靠监管平衡金融创新与风险

尽管金融创新可能引发金融风险，但如果金融体系不创新并止步不前，这本身也是一个巨大的风险。金融强国应具有平衡金融创新发展和防范创新风险之间关系的能力，监管机构需加强对金融机构创新活动的监管。

（一）试点先行确保金融创新稳步发挥正面效应

金融创新常常会带来一系列未知问题，试点政策的实施有助于提前发现问题和解决问题，并促进金融创新显现更多正面效应。例如，针对衍生品业务的试点发展，2012 年 12 月中国期货业协会发布了《期货公司设立子公司开展以风险管理服务为主的业务试点工作指引》，期货公司风险管理子公司试点工作能够有序地促进场内外衍生品之间的连接，更高效地为经济主体提供风险管理服务，助力实体经济稳步发展。[①]

（二）监管沙盒促进金融创新有序发展

为了应对金融创新所伴生的金融风险，英国首先创建了监管沙盒机

---

① 徐金麟，叶燕武，王巍，等. 有序发展金融衍生品 助力实体经济风险管控［EB/OL］. https://www.financialnews.com.cn/ll/xs/202107/t20210719_223670.html.

制。监管沙盒是在真实的市场中设置局部的特殊空间，用以在一定程度监管豁免的情况下实际测试创新型金融服务，并在该特殊空间内设置专门的消费者保护和风险管理机制，进而确保创新发展和金融风险之间的平衡。如果测试成果令人满意，该金融创新的应用将从局部的特殊空间扩大至更广阔的市场。此外，在监管沙盒测试过程中，监管机构也能够加强对金融创新模式的认识，及时掌握金融创新发展的动态趋势，进而更具针对性地制定相关监管政策和执行监管措施。[①]针对测试项目的测试工具、保护措施等，以英国金融行为监管局为主的监管机构均有明确的规则，确保进入监管沙盒中的项目能够得到安全、有效的测试。

关于测试工具，英国监管沙盒主要涉及以下五类管理工具。

1. **限制性牌照**。这也是使用最广泛的工具。在监管沙盒的测试过程中，金融创新相关机构可以从英国金融行为监管局获得限制性牌照。限制性主要体现为牌照适用的业务范围、时间范围、消费者规模和交易规模等都会受到限制。在测试成功之后，这些限制将逐步免除，并向金融创新机构发放正式牌照。这使得金融创新机构能够低成本地实际初步开展其创新金融服务，避免消耗大量成本取得正式牌照后却又遭遇创新失败而产生沉没成本的损失。

2. **个别指导**。当金融创新相关机构未充分理解监管制度对自身金融创新的实际影响和意义时，可以向英国金融行为监管局进行咨询和寻求帮助，便于其根据自身综合情况更具针对性地进行项目测试。

3. **规定豁免与修改**。根据具体项目的测试需要，英国金融行为监管

---

① 廖理，戚航，闫竹，等.防范金融风险保护金融创新：英国监管沙盒调研与建议之二［J］.清华金融评论，2018（04）：87-93.

局可以在其自身的权限之内免除部分繁杂的要求，但其权限不包含免除英国基本法中的有关要求。

4. 无异议函。在无法使用个别指导和规定豁免与修改这两项工具时，如果测试项目企业保持与英国金融行为监管局的及时沟通，英国金融行为监管局可向测试项目企业提供关于豁免强制执行相关监管规定的无异议函，并容忍一些偶发情况，使得测试项目企业能够拥有更多灵活性和容错空间。

5. 非正式的引导。对于十分初期的创新金融服务，英国金融行为监管局（FCA）会从监管角度提供非正式的指引供测试项目企业参考。①

关于保护措施，英国监管沙盒机制拥有较为完善的消费者保护体系。在项目测试前，有关机构会向相关金融消费者充分披露测试项目可能发生的风险等具体信息；金融创新相关机构也需提前基于消费者损失最小原则，结合测试项目自身特点，明确项目测试发生风险后的应对措施，即设置专门适用于特定项目的"生前遗嘱"。在项目测试过程中，金融创新机构的运行情况将持续处于 FCA 的监测中。如果项目测试失败并发生损失，项目测试机构应承担相关金融消费者的所有损失。② 可见，完善的消费者保护体系使得金融消费者在享受创新金融服务的同时不会过于担心自身利益受损。

（三）针对金融数据的监管措施

数据是数字经济时代的关键要素，数据要素的高效流动既释放了数

---

① 廖理，戚航，闫竹，等.防范金融风险保护金融创新：英国监管沙盒调研与建议之二［J］.清华金融评论，2018（04）：87–93.

② 胡滨，杨涵.英国金融科技"监管沙盒"制度借鉴与我国现实选择［J］.经济纵横，2019（11）：103–114，2.

据价值，也带来了数据安全问题。从维护金融稳定的角度来看，保障数据安全是金融监管工作的重中之重。

金融业相对发达的经济体普遍强调关于数据安全的监管，其中部分经验可供参考。例如，美国消费者金融保护局（CFPB）发布的《消费者保护原则：消费者授权的金融数据共享和聚合》明确了金融数据共享时需遵循的消费者保护具体原则，确保金融数据在安全合规的环境下发挥价值；美国加州政府发布的《加州消费者隐私法案》（CCPA）以法律方式提升金融消费者对金融数据的话语权，促进维护金融数据安全；英国财政部发布的《开放银行标准》针对不同敏感程度的数据设置了差异化的使用模式，通过精细化数据管理的方式平衡数据开放和数据安全之间的关系；①欧盟议会和欧盟理事会共同发布的《通用数据保护条例》（GDPR）强调了数据使用相关主体的权利和义务，对违反规定的主体给予严厉处罚，同时通过专门设置的数据保护机构来监督落实数据保护政策。②

针对金融数据跨境流动的监管也同样重要。在全球金融网络中，各国金融数据可能产生一定程度的跨境流动，并以此提供更高效的金融服务，但无论是强调安全的发展中国家还是强调效率的发达国家，均会关注其中的数据安全问题。例如，美国的《澄清合法使用境外数据法案》和《2019 国家安全和个人数据保护法案》③都针对部分特定国家规定了相

---

① 陈天昊，徐玮.规范敏捷式监管：金融数据开放的监管挑战与完善路径［J］.治理研究，2023（06）：142-156，160.

② 吴江羽.金融科技背景下金融数据监管法律框架构建［J］.西南金融，2020（11）：76-85.

③ 《澄清合法使用境外数据法案》通常被称为《云法案》（CLOUD Act），于 2018 年 3 月 23 日由时任美国总统特朗普签署生效；《2019 国家安全和个人数据保护法案》由美国参议员 Josh Hawley 在 2019 年 11 月向美国参议院提交，但截至 2024 年 8 月，该法案尚未通过所有必要的立法程序，尚未签署成为法律。

关的数据流通壁垒，以确保数据安全；日本政府主张不敏感类数据自由跨境流动的同时，也强调要确保敏感类数据的安全；欧盟的《通用数据保护条例》也强调只对部分国家施行数据跨境自由流动政策，而对涉及其他国家的违规数据流动将给予严厉处罚，进而促进维护数据安全。①

---

① 钟红，杨欣雨.金融数据跨境流动安全与监管研究［J］.新金融，2022（09）：38–44.

第六章

金融自主掌控能力与金融强国

金融自主掌控能力关乎国家经济安全与稳定。在当今全球经济格局深刻调整和地缘政治风险愈演愈烈的背景下，提高国家金融自主掌控能力的重要性日益凸显，不仅能够增强国家在金融领域的独立性和抗风险能力，维护我国金融体系稳健运行，而且能够为国家带来更多的发展机遇和安全保障，是建设金融强国的重要基石。

第一节　金融自主掌控能力助力金融强国建设

一般而言，一国的金融自主掌控能力指的是该国在处理国内外金融事务时，会根据本国经济和金融需求的实际情况，进行自主决策、自主管理和自主调控，这种能力主要表现在维持本国货币主权的能力、自主制定执行货币政策的能力、构建完善且独立的金融监管体系的能力、自主掌握关键金融基础设施的能力、在数字金融领域实现技术自主掌控的能力等。

一、确保维持本国货币主权，自主制定并执行货币政策

货币主权意味着一个国家在确定本国的货币体制、货币发行量、利率水平、汇率机制、外汇管制等方面拥有独立且排他的权力。从世界经济发展的经验来看，确保本国货币主权的独立性日益成为处理国与国之间经济金融关系的必然需要。如今的世界大国，甚至是中等强国，一旦

有机会都会尝试建立以本国货币为主导的国际或区域货币体系，这既能彰显出一国的经济实力，提升本国在国际金融舞台中的话语权和影响力，也能确保其在面对全球经济波动和国内经济挑战时具有足够的灵活性和适应性，避免本国货币体系受到其他国家货币政策或有约束力的国际条约的干扰和影响，从而有助于稳定市场预期，减少市场波动对经济的冲击，保障国家金融体系的稳定和经济安全。

特别是，伴随着各国金融市场的日益全球化，国际间的资本流动和金融交易具有高度的互联性和传染性，外部金融风险和冲击可能迅速传导至国内金融市场，对一国应对外部风险的能力带来巨大考验。在此情形下，确保货币主权的独立成为国家在复杂多变的国际环境中保持经济稳定、促进经济增长的关键因素。拥有货币主权的国家会根据国内外宏观经济和金融市场形势来优化货币政策目标体系，把握好政策的节奏和力度，通过独立控制货币发行量、利率、汇率等一系列货币政策工具，自主调节社会资金的流动方向和流量大小，以便能够有效应对汇率波动、通货膨胀、经济衰退等问题。美国多年以来往往根据其自身的通胀水平和就业状况快速加息或减息，从而导致全球资本无序流动，引发多国金融动荡甚至金融风险，其根本原因就是美元强大的国际储备货币和贸易结算货币地位，使其可以在全球多个国家按照美联储的意愿自由流入或流出美国，对其他国家造成巨大的外部冲击。相应地，货币主权弱化或者丧失的国家较易出现被迫出让一部分货币发行、货币制度选择等权利的情形，这也成为近年来发展中国家爆发金融危机的核心原因。例如，在1997年的东南亚危机中，泰国、马来西亚等国家迫于国际资本恶意沽空本币而放弃固定汇率、过快地开放金融市场，货币主权进一步弱化，引起本国货币大幅贬值，货币体系和资本市场全面崩盘，给这些国家的经济发展造成了巨大破坏。

二、确保金融监管体系独立性，自主调控金融市场和金融机构

金融监管体系的自主掌控就是一国对其金融市场和金融机构进行监督和管理的过程中，在符合国际统一监管规则的同时，能够依据自身的经济、政策和法律环境，独立制定和实施最合适的监管政策和措施的能力。这种掌控不仅要求该国有一套完善的法律法规体系，还要求有高效的监管机构和机制，以确保金融市场的稳定、公正和透明，预防和管理金融风险。例如，中国的金融监管体系在 2007 年美国次贷危机所引发的全球金融危机中发挥了关键作用，通过有效的监管和合理的资本管制，防止了资本大规模流出和人民币汇率的大幅波动，并通过宏观政策的及时调整，避免了危机的波及影响，保护了国内金融市场的稳定。可以说，一国拥有强大且自主掌控的金融监管体系是一个国家金融安全和金融强国建设的重要基石，为金融市场的稳定和公平提供了制度保障。

同时，自主掌控的金融监管体系还提供了一个稳定且可预测的监管环境，通过及时适应市场变化和技术进步，监管部门能够灵活地调整监管政策，为金融创新提供更大的发展空间和机会，使金融机构能够在明确的规则框架内进行技术创新、业务模式创新和产品创新。例如，对人工智能、区块链、云计算、大数据等新兴技术在金融领域内的使用给予适当的监管指导，既能够促进这些技术助推金融业务的蓬勃发展，又能防止这些技术的误用、滥用所导致的潜在风险。此外，自主监管体系还能够根据国内外经验，制定出鼓励创新的友好政策，由此推动金融市场

的创新和升级,激发了金融机构的创新活力。例如,前章所提到的监管沙盒,为金融科技的创新应用提供了一个安全的测试环境,促进了金融科技的发展。

三、确保金融基础设施的自主掌控,减少对外部系统的依赖

金融基础设施是金融市场高效运转的基础,涵盖了金融运行所需的硬件设施和制度安排等多方面。本章所指金融基础设施主要以硬件设施为主,包括支付系统、清算和结算系统、交易系统、征信系统等,实现对这些金融基础设施的自主掌控,能够提高国家在金融领域的独立性和控制力,维护国家金融主权,保证金融交易的效率和安全。如果金融基础设施受到外部控制或者存在安全隐患,在国际冲突或地缘政治紧张的情况下,外部控制者可能利用金融基础设施对国家实施金融制裁或金融战,进而将对整个金融市场的稳定和安全构成威胁,破坏国家经济稳定。因此,加强金融基础设施的自主掌控能力是建设金融强国的重要一环。一方面,通过加强自主掌控性,国家能够确保金融基础设施的稳定运行,降低外部风险对金融市场的冲击,维护金融市场的平稳运行。另一方面,加强金融基础设施的自主掌控能力,意味着国家能够更好地掌握金融资源的配置权和管理权,确保关键领域和重要行业的金融支持,维护国家的经济安全。

以跨境支付网络系统为例,该系统以支付、清算、结算等服务为主,是金融市场的核心基础设施。在全球化的背景下,跨境支付网络系统的稳定运行至关重要,能够确保跨境资金的正常流通和支付交易的顺畅进行,

确保日常跨境贸易的顺利进行。然而，面对复杂多变的国际地缘政治形势，跨境支付系统却成为美西方实施金融制裁的工具。例如，2022 年 2 月 24 日，俄罗斯和乌克兰发生军事冲突，随后美国便与欧盟、英国、加拿大等发表制裁声明，先后将俄罗斯 10 家银行排除出环球银行间金融电信协会（SWIFT），切断了其与全球各国及地区银行通过报文进行各种货币转换交易的通道，被制裁银行所有资金及金融活动只能使用电传或电子邮件、易货交易或现金交易等其他方式，程序烦琐、交易效率低、成本高等。据界面新闻报道，自 1983 年进入中国至今，SWIFT 在华金融、企业用户已经超过 500 家，可见若存在中美贸易摩擦加剧等情形，美国也极有可能将 SWIFT 作为武器针对我国，从而大大增加了我国跨境支付交易的安全风险。为尽可能防止外部势力对金融基础设施的攻击和渗透，防范以美国为首的西方国家随意利用 SWIFT 等金融基础设施发起的金融制裁行为，世界上已经有 20 多个国家研究建设双边或多边的金融清算系统，并在筹划建设自己的贸易结算体系，以降低对美西方所操控的金融信息系统的依赖，例如，我国自主掌控的人民币跨境支付系统（CIPS），可以降低我国在国际金融制裁中的风险，确保在特殊情况下仍能保持人民币跨境支付的畅通和安全。

四、确保数字金融技术的自我掌控，实现技术的自主引领

随着人工智能、区块链、云计算、大数据、物联网等技术与传统金融业务模式的日益融合，重构了传统金融的服务方式，有效提升了金融行业的服务效率，并扩大了金融服务范围，促使传统金融机构纷纷向数字化方向转型，数字金融也顺理成章成为建设金融强国的"五篇大文章"之一。在数字金融领域，科技始终是推动金融业创新发展的重要力

量，但我国目前基础科技研究薄弱、原始创新能力不足、世界顶尖科技人才匮乏等矛盾仍然较为尖锐，严重制约了金融信创产业^①的进展。现实反复告诉我们，关键技术是要不来和买不来的，只有把关键核心技术掌握在自己手中，才能从根本上保障国家的金融安全和经济安全。在以往金融信息化和数字化建设过程中，我们严重依赖国外的 IT 底层架构、操作系统、数据库、安全技术、核心交易系统、ERP 应用系统等，金融信创产业的开放并没有换来科技进步，反而使国内信息产业市场规模下降，压缩了科技公司的发展空间。因此，为了确保金融数据和交易的安全性，推动金融行业的技术进步和产业升级，需要加强数字金融领域的安全技术研究，做好架构规划的顶层设计和技术体系的进化升级，提升金融信创产业国产化的替代水平和应用规模，努力实现数字金融技术的自主可控，把金融安全牢牢掌握在自己手中。

此外，2022 年 11 月由美国 OpenAI 公司推出的大语言模型 ChatGPT 为新一轮科技和产业变革拉开序幕。目前，多模态通用大模型的综合能力越来越强，但垂直行业大模型的专业能力方面还有所欠缺，特别是金融垂直大模型的应用目前还处于探索试点的初级阶段，主要是在一些独立的业务场景下进行中小范围的使用，仍面临来自数据隐私、模型定制、场景扩展、安全合规等多方面挑战。未来，随着技术的不断完善，大模型的应用将成为推动金融行业转型升级的重要力量。因此，为在金融应用场景中充分发挥大模型的优势，我们既要考虑国家安全方面的问题，

---

① 金融信创产业，即金融信息技术创新产业，是指在金融领域推动信息技术自主创新和应用的产业。其目的是通过自主研发和技术创新，提升金融业的信息化水平和自主可控能力，保障金融安全，促进金融科技的发展和应用。金融信创产业涉及的内容广泛，包括硬件设备、软件系统、网络安全、数据处理等方面。

实现金融大模型技术开发的自主掌控能力，构建安全稳健的数字金融架构，确保涉及客户隐私保护和客户安全的数据和信息不被外部势力获取或操控；又要在大模型应用过程中瞄准数字金融新场景，确保金融科技智能系统设计和开发者的道德因素，以便降低在设计中可能存在的算法歧视、产品诱导、隐私侵权等风险，避免大模型出现科技伦理方面的问题。

第二节　中国金融自主掌控能力现状

在全球经济一体化和金融自由化的趋势下，我国高度重视金融安全与金融风险防范，提升金融自主掌控能力是应对金融风险，尤其是跨境金融风险的重中之重。现阶段，我国已在相关领域取得了较为突出的成绩，以下将从人民币国际化、"以我为主"的货币政策、金融监管体系变革和金融基础设施建设四方面来分析当前我国金融自主掌控能力的现状。

一、人民币国际化成绩显著，为强大主权货币地位奠定基础

根据 IMF 公布的数据，截至 2022 年末，全球央行持有的人民币储备规模为 2984 亿美元，占比 2.69%，较 2016 年人民币刚加入 SDR 时提升 1.62 个百分点，在主要储备货币中排名第五位。据不完全统计，至少有 80 多个境外央行或货币当局将人民币纳入外汇储备。人民币之所以能够被越来越多的国家作为储备货币，与近几年来人民币国际化取得的成就息息相关。

（一）人民币在跨境收付中的占比进一步提高

近几年来，随着我国经济发展壮大和改革开放持续深化，境内外经

营主体在跨境支付结算和投融资中使用人民币的需求不断上升。中国人民银行高度重视、积极响应市场需求，以服务构建新发展格局、促进贸易和投资便利化为导向，会同商务部、国家外汇管理局等持续完善跨境贸易、投融资人民币结算等基础性制度，着力提升人民币在跨境贸易投资中的便利性，人民币跨境使用延续稳步增长态势，人民币在本外币跨境收付中的占比进一步提高。据 SWIFT 数据显示，2022 年 12 月，人民币在全球支付中占比为 2.15%，2023 年 2 月以来，人民币在全球支付中占比逐月上升，截至 2023 年 9 月升至 3.71%，排名保持第五位。图 6-1 展示了 2010—2022 年人民币跨境收付情况，可见经常项目和资本项目下的人民币跨境收付规模近些年来均大幅上升，且由于资本项目下的跨境收付通常涉及大额交易，如对"一带一路"共建国家大规模的基础设施建设和投资项目，交易金额远大于经常项目下的贸易结算，因此资本项目下的人民币跨境收付情况占比更高。

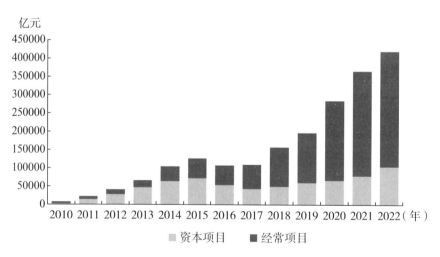

图 6-1　2010—2022 年人民币跨境收付情况

数据来源：中国人民银行。

2023 年 1—9 月，我国与"一带一路"共建国家人民币跨境收付金额为 6.5 万亿元，同比增长 19%，占同期人民币跨境收付总额的 16.7%。截至 2023 年 9 月末，我国已与 30 个"一带一路"共建国家签署了双边本币互换协议，在 17 个"一带一路"共建国家建立了人民币清算安排，这将进一步有助于提升人民币在跨境支付业务中的重要性和地位，为持续推进人民币国际化，提高人民币在世界货币体系中的地位奠定了坚实的基础。

（二）"熊猫债"① 稳步提升人民币作为融资货币功能

随着我国债券市场规模提升和开放水平提高，境外主体境内发债的便利性和规范性进一步优化。2022 年 12 月，中国人民银行、国家外汇管理局联合发布《关于境外机构境内发行债券资金管理有关事宜的通知》，统一了银行间债券市场和交易所债券市场"熊猫债"资金管理规则，推进本外币一体化管理，进一步提升境外主体在境内债券市场融资便利性。在主要发达经济体大幅加息环境下，人民币融资成本相对下降。截至 2023 年 8 月末，"熊猫债"发行主体已涵盖政府类机构、国际开发机构、金融机构和非金融企业等，境外主体在境内累计发行"熊猫债"434 只，累计发行规模为 7402.2 亿元。其中，2022 年境外主体在境内发行规模为 850.7 亿元，2023 年 1—8 月境外主体在境内发行规模为 1060 亿元，同比增长 58.2%。图 6-2 展示了银行间债券市场和交易所市场"熊猫债"

---

① "熊猫债"是指境外和多边金融机构在中国境内发行的以人民币计价的债券。自 2005 年开始，中国政府允许国际多边开发机构首先在中国境内发行人民币债券，之后逐步扩展到其他类型的境外机构。此举旨在推动中国债券市场的对外开放，吸引国际资本，同时提高人民币的国际化水平，为境外投资者提供更多元化的人民币资产配置选择，并为中国企业提供更多融资渠道。

的发行规模，由图可见，银行间市场是"熊猫债"的主要发行场所，且近几年"熊猫债"的发行规模也是大幅攀升，从而进一步地助推了人民币国际化的步伐。

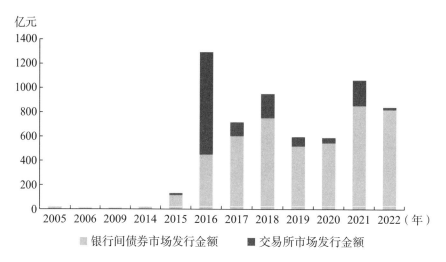

图 6-2　银行间债券市场和交易所市场"熊猫债"发行规模

数据来源：中国人民银行。

（三）离岸人民币市场交易更加活跃

近年来，离岸人民币市场内生动能进一步增强，市场流动性逐步提高，市场交易更加活跃。2022 年 7 月，中国人民银行与香港金管局将货币互换协议升级为常备互换安排 ①，为离岸人民币市场提供更加稳定、长期限的流动性支持。同时，支持香港金管局和新加坡金管局常态

---

① 常备互换安排，通常是指两个或多个中央银行之间达成的一种长期、框架性的货币互换协议。这种安排与临时或危机应对性质的货币互换不同，其特点是协议长期有效且无须定期续签，旨在为参与方提供一个稳定的流动性支持机制。在这样的安排下，参与的中央银行同意在对方需要时，按照事先约定的条件和程序，相互交换本币和外币，以补充对方的外汇储备，增强金融市场稳定性，或应对可能的国际收支压力。

化使用人民币互换资金，充实离岸人民币市场流动性。根据相关数据统计，截至 2022 年末，主要离岸市场人民币存款余额为 1.5 万亿元，处于历史高位；其中，中国香港人民币存款余额约为 8359 亿元，在离岸市场中排第一位，占中国香港全部存款余额的 5.4%，占其外币存款的 10.5%。中国台湾人民币存款余额 1952 亿元，在离岸市场中排第二位。具体见图 6-3。

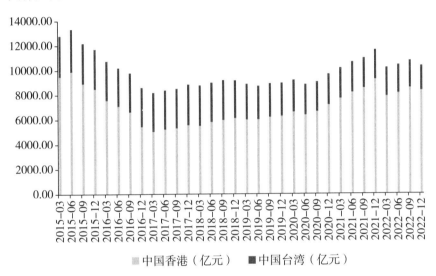

图 6-3　中国香港和中国台湾离岸人民币市场存款余额

数据来源：wind。

此外，离岸人民币市场参与主体也更加丰富，产品体系逐步完善。2022 年国际清算银行（BIS）调查显示，近三年来人民币外汇交易在全球市场的份额由 4.3% 增长至 7%，排名由第八位上升至第五位，成为市场份额上升速度最快的货币，而且已在 29 个国家和地区授权 31 家人民币清算行，覆盖了全球主要国际金融中心。2023 年 2 月，中国证监会发布规定支持境内企业境外发行股票上市使用人民币分红派息，香港交易所推出"港币－人民币双柜台模式",为发行人和投资者提供港币和人民币计价股票选择。内地与香港利率互换市场互联互通合作业务正式开通,全球投资者获准进入在岸衍生品市场对冲利率风险。此外,广东省政府、海南省政府、深圳市政府在中国香港和中国澳门发行离岸人民币地方政府债,丰富了离岸人民币市场信用级人民币金融产品;中银香港建立人民币央票回购做市机制,为境外投资者提供人民币流动性支持工具。上述种种举措将进一步推动离岸人民币市场的发展,扩大人民币的国际影响力。

二、强化"以我为主"的政策主基调,不盲目跟从外部政策

"以我为主"的宏观策略是指在面对复杂的国内外经济环境时,我国要根据自身的经济状况和实际情况,制定出一套有效的宏观政策,以实现经济的稳定健康高质量发展。"以我为主"的宏观策略是贯穿我国宏观调控的主基调,要求坚持以经济运行面临的短期和中长期问题为导向,保持定力,精准发力,不盲目跟从外部政策。

(一)保持政策定力和准力,避免大水漫灌

自新冠疫情暴发后,西方主要发达经济体的货币政策都有所调整,起因在于美联储在疫情期间为了应对经济衰退和市场信心不足,实行了一系列非常规的货币宽松政策,向市场投入了大量货币,导致物价大幅上涨,通货膨胀不断加剧。为了将通货膨胀率控制在合理的水平,美联储最近一两年来不断提高联邦基金利率。在2023年,美联储全年加息4

次累计 100 个基点，联邦基金利率目标区间由年初的 4.25%~4.5% 上调至 5.25%~5.5%，并间接让美元也进入升值周期，很多国家为了维持住本国货币对美元的汇率水平，也被迫纷纷加入加息行列，本国货币政策很大程度上受到了美国货币政策的牵制，缺乏了政策制定的自主性。反观我国的货币政策，始终坚持"以我为主"的策略，并没有盲目顺从外界货币政策环境的变化，而是把握好政策力度和节奏，既有力支持实体经济发展，又没有搞"大水漫灌"。疫情期间，我国货币政策逆周期调节，结构性政策工具突出精准特点，信贷资金直达中小微、科技型企业，定向支持制造业等重点领域。通过对制造业中小微企业实施阶段性税收缓缴措施，以及普惠小微企业贷款延期还本付息政策和信用贷款支持计划两项直达工具，大幅缓解企业经营压力，激活微观主体活力，提高政策实效，既稳定了产业链、供应链，也稳住了宏观经济。当面对全球加息的浪潮时，我国并没有盲目跟随，而是审时度势地根据自身宏观经济的实际情况，适度下调基准利率来刺激我国经济的增长，充分体现出了我国货币政策的独立自主性。

（二）面对新情况新问题，可及时地预调微调

我国政府一直强调宏观经济政策的前瞻性和灵活性，并且已经构建起一个相对完整的宏观审慎政策框架和金融市场监管体系，使得相关部门能够密切跟踪经济金融形势变化，在面对新的经济金融形势时，能够及时评估新情况、新问题对金融领域的影响，独立自主地适时进行逆周期调节，并通过调整存贷款基准利率、存款准备金率、公开市场等传统常规操作手段，以及创新性地开发结构性货币工具等形式，合理地释放或者回收流动性，引导市场预期，稳定金融市场。例如，为了落实国务

院常务会议关于推动新一轮大规模设备更新和消费品以旧换新的决策部署，2024 年 4 月 7 日，中国人民银行设立科技创新和技术改造再贷款，激励引导金融机构加大对科技型中小企业、重点领域技术改造和设备更新项目的金融支持力度；该项政策是对原有科技创新再贷款和设备更新改造再贷款的政策延续，是在总结两项工具经验的基础上进行改革完善，以便支持金融机构提升金融服务质效，更好地服务发展新质生产力。同时，在制定和实施金融政策时，我国也特别注重财政政策与货币政策的协调配合，以及其他宏观经济政策之间的相互补充，通过政策的叠加效应，更有效地应对复杂多变的经济金融环境。例如，在推动产业结构升级和区域协调发展方面，财政政策通过设立各类产业引导基金、提供财政补贴等形式，支持新兴产业和高科技产业发展，同时通过转移支付等方式支持欠发达地区的基础设施建设和公共服务提升。与此对应，货币政策通过定向降准、再贷款等工具，优先支持符合国家战略导向的信贷投放，这样财政政策与货币政策共同助力中国经济转型升级和区域均衡发展。

（三）立足长远，锚定高质量发展方向

随着我国经济发展进入新常态，高质量发展成为新时代经济社会发展的主线。我国的金融政策始终坚持追求经济高质量发展，着眼于优化金融资源配置，通过一系列政策工具和手段，瞄准构建新发展格局中的重点难点，引导资金流向实体经济中的薄弱环节和新兴产业，如中小微企业、科技创新企业以及乡村振兴、绿色发展等领域，着眼培育长期增长动力，提升信贷政策的结构引导效能，助推经济高质量发展。2023 年11 月，中国人民银行牵头印发《关于强化金融支持举措 助力民营经济发

展壮大的通知》，从持续加大信贷资源投入、深化债券市场体系建设、发挥多层次资本市场作用、加大外汇便利化政策和服务供给等方面，对金融支持民营经济发展提出具体要求。持续开展中小微企业金融服务能力提升工程，指导金融机构完善内部资金转移定价、绩效考核、尽职免责等政策安排，加快建立敢贷、愿贷、能贷、会贷长效机制。同时，持续加大对乡村振兴领域的金融支持，指导金融机构优化资源配置，持续加大对粮食和重要农产品稳产保供、农业科技装备和绿色发展、乡村产业高质量发展等重点领域金融资源投入。此外，还统筹抓好绿色发展和能源转型信贷支持，强化宏观信贷政策指导，发挥信贷资金对清洁能源、节能减排等绿色发展重点领域的精准支持作用；坚持"先立后破"，指导银行平稳保障好传统能源领域合理融资需求；按照"速度服从质量"的原则，推动绿色信贷规模高质量增长。

三、金融监管体系迎来重大变革，监管框架更加清晰

2023 年 3 月，国务院公布的《党和国家机构改革方案》对金融领域做出了重大变革，提出组建中央金融委员会及中央金融工作委员会，在中国银行保险监督管理委员会的基础上组建国家金融监督管理总局，形成更符合现代金融监管要求的"二委一行一总局一会"+"各地局"的中国版"三层＋双峰"监管框架。此次金融监管机构改革的主要目的在于理顺职能、统筹监管协调等，旨在构建一个现代化、法治化、国际化的金融监管框架，符合国际上加强宏观审慎管理和微观行为监管相结合的趋势。

（一）统筹协调实施"三层＋双峰"监管模式

"三层＋双峰"是未来中国金融监管体系框架的主要方向。"三层"是指顶层为中央金融委员会及中央金融工作委员会，中间层为具体的金融监管机构，底层为相应的地方监管部门；"双峰监管"模式起源于英国，是指按照监管职能设立两个监管机构，将审慎监管和行为监管分开。审慎监管负责维护金融体系和机构安全和稳健运行，行为监管负责公平交易，以保护金融消费者合法利益。本次改革后，各部门理清职能边界，各司其职，把原先金融监管工作中存在的多重监管、监管真空、监管套利等问题，进行系统性完善，逐步建立符合现代金融混业经营、创新发展特点的监管框架。其中，中央金融委员会负责顶层设计及业务管理，推动金融业更好发展；中央金融工作委员会负责党务，指导金融系统党的政治建设、思想建设、组织建设、作风建设、纪律建设等。中央金融工作委员会在中央金融委员会领导下开展工作。中国人民银行剥离了部分监管职能和消费者保护职责，专注于"货币政策和宏观审慎政策双支柱调控框架"，更多担负起宏观审慎管理、系统重要性机构、金融基础设施建设、基础法律法规体系及全口径统计分析等工作。国家金融监督管理总局作为国务院直属机构，统一负责除证券业之外的金融业监管，并将中国人民银行对金融控股公司等金融集团的日常监管职责、有关金融消费者保护职责，中国证监会的投资者保护职责划入国家金融监督管理总局。中国证监会调整为国务院直属机构，强化资本市场监管职责，并将由发改委统一负责的公司债券发行审核工作划入中国证监会，债券市场的三头监管机构（中国人民银行、发改委和中国证监会）调整为中国人民银行与中国证监会，进一步体现出功能监管理念。

（二）加大对金融消费者和投资者的保护

保护好金融消费者和投资者的合法权益，关系民众的切身利益，是资本市场改革发展的关键因素。随着金融业综合化、复杂化的趋势日益明显，跨市场、跨业态的金融产品和服务不断涌现，需要有一个强有力的机构来实现对各类金融活动的综合监管和对消费者的全方位保护。此次改革将中国人民银行的金融消费者保护职责和中国证监会的投资者保护职责均划入国家金融监督管理总局，将有助于整合金融消费者和投资者保护资源，形成统一的保护标准和监管体系，减少部门间职责交叉和监管缝隙，提高监管效能。同时，从事前防范、事中处置和事后保障三方面入手，通过更统一的顶层力量，进行全市场、跨区域、全覆盖的监管，提升监管穿透水平，不断完善金融消保体制，能够避免分业保护模式带来的责任不清及监管套利等问题。

（三）深化地方金融监管体制改革

通常情况下，非法金融活动在基层出现的情况较为普遍，但长期以来，我国地方金融监管部门受制于地方政府压力，监管和稳定时常让位于经济发展，缺乏公正性和执行力，导致基层的金融监管力量相对较为薄弱，区域性金融风险事件频出；同时还存在监管依据不充分、执法手段不足、与原中国银保监会的地方派出机构职责分工理解不一致等情况。此次机构改革方案构建了自上而下的垂直监管体系，明确了以中央金融管理部门地方派出机构为主的地方金融监管体制，统筹优化中央金融管理部门地方派出机构设置和力量配备，中国人民银行县级机构并入监管总局以增强基层监管力量，地方政府设立的金融监管机构专司监管职责，不再加挂金融工作局、金融办公室等牌子。这样一来，各机构上下规则统一、机构间统筹协调，中央和地方之间的金融监管沟通成本降低，有助于规范地方持牌金融机构管理，有序推进地方政府债务化解，在防控地方金融风险的同时，推动全国建设公平开放、竞争有序的统一大市场。

四、金融基础设施取得重大突破，部分系统处于世界领先地位

前纽约联邦储备银行总裁兼执行官威廉·杜德利（William C. Dudley）曾说过"金融市场基础设施是金融危机期间的力量之源，它的支付和清结算义务稳定了市场参与者继续参与交易的信心"。[1]在金融基础设施中，较为重要的系统包括支付清算系统、证券登记与结算系统、征信系统和账户系统等。其中，支付清算系统是金融活动的基础，征信系统是现代金融体系稳定运行的支撑，账户体系是资金活动的起点和终点，而开立账户体系所依赖的客户识别原则（KYC，即了解你的客户）和系统是金融机构履行反洗钱反恐怖融资义务的重要部分。这些基础设施通过彼此之间的协调适配，支撑了金融市场的健康稳定运行。现阶段，我国在这三个领域的基础设施系统，均取得了较大的突破。

（一）领先的大、小额支付清算体系[2]

根据国际支付结算体系委员会的定义，支付系统包括一系列能够保

---

① 微众银行、毕马威、金链盟 .《2020 全球金融市场基础设施发展报告》。
② 通常情况下，很多国家或地区会将支付清算体系分为大、小额支付清算体系。大额支付清算体系主要指在国家境内负责银行间（含银行和非银行金融机构）大额度资金清结算的相关系统和机制，由于金额较大，因此大额支付清算体系除了保障时效性外，会更注重减少机构流动性压力，控制流动性风险。而小额支付清算体系主要负责在国家内的小额支付交易处理，需要支持各种借记、贷记操作，包括转账、缴税、缴纳公共费用、代收代扣等。相比大额支付清算体系，小额支付清算体系会更加注重时效性和对各种支付场景、方式、功能的支持。

证资金回转的货币工具、银行流程和银行间资金转移系统，而清算系统则是为一系列使得金融机构能够提交和交换与资金或证券转移有关的数据和文件的程序安排。就我国支付系统而言，主要是中国现代化支付系统（CNAPS），该系统由中国人民银行清算总中心建设、运营和管理，为金融机构之间和金融机构与中国人民银行之间的支付业务提供最终资金清算的系统功能支持，主要包括大额实时支付系统（HVPS）、小额批量支付系统（BEPS）、全国支票影像交互系统（CIS）、境内外币支付系统（CFXPS）、网上支付跨行清算系统（IBPS）、人民币跨境支付系统（CIPS）等子系统。CNAPS 本身的功能定位包括支持跨行支付清算、支持央行货币政策实施、货币市场资金清算、适度集中管理清算账户、商业银行流动性管理、支付风险防范和控制等。在整个支付清算体系内，CNAPS 扮演着全国各支付活动参与者资金最终清算的核心底层系统。从 2000 年中国人民银行做出"加快中国现代化支付系统建设"的重要决定起，我国政府积极推动支付领域供给侧结构性改革，引导支付行业回归支付业务本源。目前，我国内地支付清算系统已经达到了世界先进水平，在大、小额支付清算上基本满足了实体经济、小微企业、民营企业和居民生活的支付清算需求。以 CIPS 为例，根据《2023 年人民币国际化报告》披露，2022 年，CIPS 全年共处理跨境人民币业务 440 万笔，金额 96.7 万亿元，同比分别增长 31.7% 和 21.5%；日均处理业务 17671 笔，金额 3883.5 亿元，且共有境内外 1360 家机构通过直接或间接方式接入 CIPS，其中直参 77 家，间参 1283 家，足见 CIPS 系统在跨境支付中的影响力正与日俱增。

　　总之，我国的支付清算体系在确保各类支付清算交易及时处理的前提下，综合利用各种流动性管理工具来降低机构流动性压力和流动性风险，并通过科学的系统设计和统筹建设的同城、异地备份系统保障了高负荷压力下的系统运行稳定性。除此之外，我国在保障对金融体系有效监管的前提下，积极推动无现金社会的发展，降低支付成本和风险，在更好满足用户小额支付需求的同时保障了资金安全，并前瞻性地为未来创新金融的各种发展形态奠定了坚实基础。目前，我国已成为全球各国在建设和升级支付清算体系时的重要参考和仿效目标之一。现阶段，我国支付系统体系中的部分重要系统如图6-4所示。

（二）"政府＋市场"双轮驱动构建全球规模最大的征信系统

完善的征信体系是金融体系的基石，是成熟市场经济的重要标志。近年来，我国征信行业发展开始提速，为规范征信活动，保护当事人合法权益，引导和促进征信业健康发展，推进社会信用体系建设，中国人民银行出台了《征信业管理条例》，并于2013年3月15日起正式施行。《征信业管理条例》明确了中国人民银行为征信业监督管理部门，征信业步入了有法可依的阶段。随后出台的《征信机构管理办法》作为《征信业管理条例》的配套制度，对征信机构的设立、变更和终止做出了具体规定，明确了征信机构在进行征信业务及相关活动时的风险防控和信息安全治理规范。2015年1月，中国人民银行印发《关于做好个人征信业务准备工作的通知》，公布了首批获得个人征信试点机构资格的8家机构名单①，包括互联网公司、金融机构及民营公司。因此，2015年又被称为"中国个人征信市场化元年"，标志着中国征信业正式进入市场化发展时

---

① 8家机构包括芝麻信用管理有限公司、腾讯征信有限公司、深圳前海征信中心股份有限公司、鹏元征信有限公司、中诚信征信有限公司、中智诚征信有限公司、拉卡拉信用管理有限公司和北京华道征信有限公司。

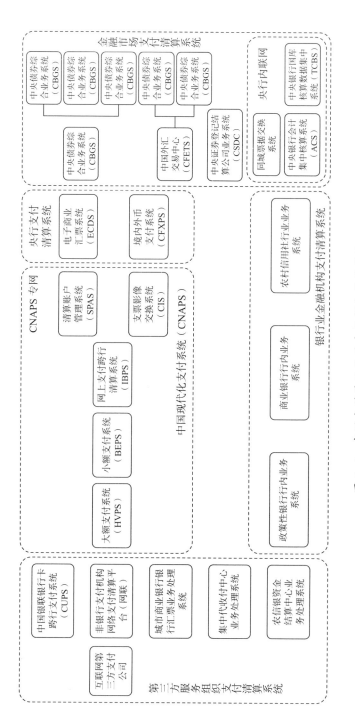

图 6-4　我国支付系统体系中的部分重要系统

资料来源：微众银行、毕马威、金链盟．《2020 全球金融市场基础设施发展报告》。

期。然而，8家获得试点资格的公司最后均未获得个人征信牌照。最后，在中国人民银行的指导下，这8家市场机构与中国互联网金融协会合作，根据"共商、共建、共享、共赢"原则，组建了百行征信有限公司，这是国内首家市场化个人征信机构。2020年12月28日，朴道征信有限公司又宣布成立，成为第二家获得国务院征信监管部门行政许可批准设立的全国性个人征信机构，同时完成了企业征信业务经营的备案工作，使其在个人征信和企业征信两个领域都具备合法合规的服务资格。随后，2024年1月24日，中国人民银行行长潘功胜在国务院新闻办发布会上表示，中国人民银行将进一步推进征信市场和支付市场发展，正会同浙江省政府指导钱塘征信申请办理个人征信牌照。若钱塘征信顺利获批，征信业务未来可能将进一步放开对于民营资本的限制，由此丰富我国个人征信市场的主体，促进市场的良性竞争和健康发展，最终实现"政府+市场"双轮驱动的生态。

2020年1月17日，中国人民银行征信系统正式切换成二代征信系统，与一代征信系统相比，二代的个人信息覆盖更全面、征信来源范围更广、征信报告更新时间更短、不良记录有效期从2年延长至5年，并展示"共同借款"信贷信息，在保护个人隐私、解决信用卡大额分期、个人担保等方面也有较大提升。目前，该系统已成为世界规模最大、收录人数最多、收集信贷信息最全、覆盖范围和使用最广的信用信息基础数据库。二代征信系统中企业和个人信用信息基础数据库的相关数据维度如图6-5所示。

随着数字经济的深入发展，征信系统已经建设成为我国重要的金融市场基础设施，并初步形成了国家金融信用信息基础数据库与市场化征信机构错位发展、功能互补的市场格局。同时，在金融业对外开放的浪潮中，包括美国的邓白氏（D&B）等国际征信巨头，美国标普、惠誉和穆迪三大评级机构已分别在华设立子公司或注册独资的法人评级机构，并向有关部门提交备案和业务申请，征信业对外开放已取得显著成效。

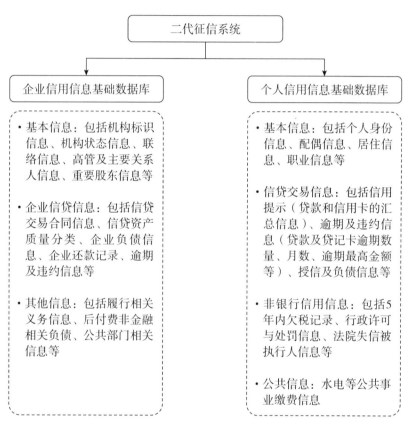

图 6-5　二代征信系统基础数据库

资料来源：微众银行、毕马威、金链盟.《2020 全球金融市场基础设施发展报告》。

（三）积极布局现代化的账户体系和客户身份识别系统

账户系统是资金活动的起点和终点，一切社会资金的运转都最终以银行账户为依托，因此很多金融犯罪行为会发生在账户开设和使用过程中。以较为常见的反洗钱为例，金融体系内的账户管理贯穿了反洗钱管理体系的始终，从客户准入、账户开立、风险等级评定、交易监测、可疑甄别上报到后续账户管控等各个环节，均围绕着账户展开，账户系统作为反洗钱管理体系的核心内容之一，其重要性不言而喻。

国内监管机构近年来已将反洗钱、反恐怖融资工作作为推进国家治理体系和治理能力现代化的重要组成部分。2007 年，我国正式成为反洗钱金融行动特别工作组（FATF）成员，并于 2012 年成为第 13 个全面达到 FATF 第三轮互评估标准的成员国。我国对反洗钱的政策包括"一法四令"，即《中华人民共和国反洗钱法》《金融机构反洗钱规定》《金融机构大额交易和可疑交易报告管理办法》《金融机构报告涉嫌恐怖融资的可疑交易管理办法》《金融机构客户身份识别和客户身份资料及交易记录保存管理办法》。在此基础上，中国人民银行于 2017 年 10 月 20 日发布了《中国人民银行关于加强反洗钱客户身份识别有关工作的通知》，对金融机构反洗钱客户身份识别 KYC 工作提出了更具体、更严格的要求。

为了更好地落实 KYC 原则，同时满足客户对便捷性的需求，国内银行业近年来全面推进个人银行账户和个人支付账户分类管理。按照鼓励创新与防范风险相协调的管理思路，国内银行业自 2016 年后将账户类型分为 I、II、III 三类，并根据实名程度和账户定位，赋予不同类别账户不同功能。具体见表 6-1。

表 6-1　三账户分类

	I 类账户"钱箱"	II 类账户"钱夹"	III 类账户"零钱包"
主要功能	存放个人工资等主要资金，现金存取，大额转账、消费，购买投资理财产品，公共事业缴费等	个人日常刷卡消费，网络购物，网络缴费，购买银行的投资理财产品等	用于金额较小，频次较高的交易，移动支付业务，包括免密交易业务等
特点	安全性高，资金量大	便捷性高，资金量小	便捷性高，资金量小
账户余额	无限制	无限制	小于 2000 元
使用限额	无限制	与绑定的 I 类账户不受限；非绑定账户转账、存取日累计限额合计 1 万元，年累计 20 万元	非绑定账户转账资金日累计限额 2000 元，年累计 5 万元
账户形式	借记卡及储蓄存折	电子账户，可发实体卡片	电子账户
账户要求	每家银行只能有一个 I 类账户	同一银行为同一人开立 II 类户不得超过 5 个	同一银行通过电子渠道非面对面方式为同一人只能开立一个允许非绑定账户入金的 III 类户；同一银行为同一人开立 III 类户不得超过 5 个
开户要求	临柜开立＋联网核查＋面核	临柜：联网核查＋面核后可不绑定 I 类户或信用卡；电子渠道：联网核查、绑定 I 类户或信用卡＋五要素验证	临柜：联网核查＋面核后可不绑定 I 类户或信用卡；电子渠道：联网核查、绑定 I 类户或信用卡＋四要素验证
账户升级	II 类户在银行进行身份核查后可以转为 I 类户，III 类户在银行进行身份核查后可以转为 I 类户或 II 类户；已开立 I 类户再申请在同一银行开立 III 类户的，银行可在 I 类户实体介质上加载 III 类账户功能		

资料来源：《关于落实个人银行账户分类管理制度的通知》（银发〔2016〕302号），《关于改进个人银行账户分类管理有关事项的通知》（银发〔2018〕16号）。

随着移动互联网和移动智能终端的快速发展，移动支付已日渐渗透到日常生活领域，中国人民银行对账户分类管理的进一步完善和细化，是为了推动Ⅱ、Ⅲ类户成为个人办理网上支付、移动支付等小额消费缴费业务的主要渠道。同时，允许银行向Ⅱ、Ⅲ类户发放本行小额消费贷款并通过Ⅱ、Ⅲ类户还款，发放贷款和贷款资金归还，不受转账限额规定。总之，新账户的分类不仅有效满足了远程开户的市场需求，还通过提升客户体验促进了金融创新。

第三节　中国金融自主掌控的发力方向

了解我国金融自主掌控能力的发展现状后，我们可以据此聚焦金融自主掌控能力的目标定位和发力方向，全方位、多层次地提升我国金融自主掌控能力，确保金融体系的安全稳健运行，更好地服务于实体经济和国家发展战略。

一、继续有序推进人民币国际化，维护货币主权独立

我国要继续稳慎推进人民币国际化进程，通过扩大人民币在跨境贸易和投资中的使用，积极推动人民币成为国际贸易结算和投资货币，提高人民币在国际货币体系中的地位，这样既可以增强我国对货币政策的掌控力，也有助于减少对美元的依赖。基于此，为了进一步扩大人民币的国际影响力，未来需要做好以下几方面工作。

（一）优化跨境人民币基础制度和政策安排

随着我国经济不断发展和全球贸易的深化，人民币在国际贸易和投

资中的使用逐渐增加。通过优化相关制度和政策，可以进一步推动人民币国际化进程，增强人民币在全球金融市场的影响力，从而提升我国对货币主权的掌控能力。未来要以服务贸易投资便利化为根本目标，进一步夯实跨境人民币业务制度基础，加强本外币协同，提高政策便利性和可操作性，更好满足经营主体在跨境贸易投资活动中的人民币使用需求。同时，继续优化国际投资者投资境内债券、股票涉及的跨境资金管理政策安排，支持更多国外央行和货币当局将人民币纳入储备货币，营造便利、友好的人民币资产投资生态，更好满足全球人民币资产投资者资产配置和风险管理需求。例如，持续优化粤港澳大湾区"跨境理财通"试点相关政策安排，2024 年 2 月 26 日起，新修订的《粤港澳大湾区"跨境理财通"业务试点实施细则》正式实施，进一步满足了大湾区居民优质金融服务需求。此外，还要积极研发和落实数字人民币在跨境金融支付中的相关制度，积极开展与各国央行、国际组织的对话与合作，探讨建立数字人民币跨境支付的合作机制，签订谅解备忘录或合作协议，为数字人民币在跨境支付中的使用铺平道路。

（二）不断完善人民币国际化的基础设施和配套体系建设

人民币国际化需要高效、安全、便捷的金融基础设施，以确保跨境支付、清算和结算的顺畅进行。未来需要继续完善 CIPS 规则设计和系统功能，发挥其在技术、安全、便捷等方面的后发优势，为参与者提供更好的动态管理、流动性支持和金融风险管理服务。同时，充分考虑海外需求，提高各类市场主体参与的便利化程度，适度匹配和延长交易结算时限，推动清算行转型为离岸做市行，丰富离岸人民币利率产品，探索离岸人民币流动性调节机制，完善人民币大宗商品、金融产品的衍生品市场，推出国际认同的人民币金融产品标准，提高人民币衍生品市场的国际性，为人民币资产提供完备的风险管理和对冲工具。此外，还要加快推动税收、会计、评级等制度国际接轨，为境内外投资者提供透明、可信的配套服务，积极推进境内评级体系发展和适度开放，加强行业监管，为境内外投资者提供充分可信的风险定价参考，并化解境内外法律及监管适用差异，以场景适用或立法条款等形式，在跨国主体认定、违约处理、争议解决等方面明确和协调处理方式，消除境外投资者的顾虑。

（三）营造多样化的人民币国际使用场景

多样化的人民币国际使用场景能够增加人民币的国际需求，人民币的国际地位和影响力将会显著提升，从而增强中国在全球金融体系中的发言权，更好地维护国家货币主权。因此，我们要加强与中国经贸往来密切国家和地区的货币合作，推广使用人民币进行国际贸易结算，鼓励中国企业与海外贸易伙伴签订以人民币计价的合同，尤其是对"一带一路"共建国家和其他重要贸易伙伴。同时，加强人民币金融产品创新，发展人民币计价的金融产品，例如，发行离岸人民币债券（点心债[①]、熊猫债），设立人民币计价的基金和 ETF，鼓励和支持金融机构开展人民币贷款、保险、租赁等跨境金融服务，提供更多元化的人民币金融产品和服务。此外，加大数字人民币的研发和推广，构建全新的跨境支付场景，推动数字人民币在跨境电商、旅游、留学等领域的应用。

---

① "点心债"是指在中国香港发行及交易、以人民币为计价单位的债券总和。

二、货币政策继续结合国情，实现灵活适度、精准有效

我国货币政策未来除了要继续保持稳健外，还要灵活适度、精准有效，并合理把握债券与信贷两个最大融资市场的关系，引导信贷合理增长、均衡投放，保持流动性合理充裕。同时，加强政策协调配合，持续深化利率市场化改革，发挥好货币政策工具总量和结构双重功能。此外，要做好科技金融、绿色金融、普惠金融、养老金融、数字金融"五篇大文章"，抓好金融支持民营经济 25 条举措落实，持续有效防范化解中小金融机构、地方债务、房地产等重点领域风险，坚决守住不发生系统性风险的底线。基于此，我国的货币政策需要在以下几个方向发力。

（一）保持融资和货币总量合理增长

保持融资和货币总量合理增长是货币政策自主掌控的重要基础，它不仅有助于维护经济的稳定增长、控制通货膨胀、防范金融风险，还能提升货币政策的公信力和有效性。我们要按照大力发展直接融资的要求，合理把握债券与信贷两个最大融资市场的关系，继续推动公司信用类债券和金融债券市场发展。同时，还要持续加强对银行体系流动性供求和金融市场变化的分析监测，密切关注主要央行货币政策变化，灵活有效开展公开市场操作，搭配运用多种货币政策工具，保障政府债券顺利发行，引导金融机构加强流动性风险管理，保持银行体系流动性合理充裕和货币市场利率平稳运行。此外，要支持金融机构积极挖掘信贷需求和项目储备，促进贷款合理增长，加强信贷均衡投放，增强贷款增长的稳定性和可持续性，保持社会融资规模、货币供应量同经济增长和价格水平预期目标相匹配，并且要着力提升贷款使用效率，通过部分贷款到期

回收后转投更高效率的经营主体、优化新增贷款投向、推动必要的市场化出清,为经济可持续发展提供更好支撑。

(二)充分发挥货币信贷政策导向作用

货币信贷政策通过调整货币供应量、利率水平和信贷投放结构,能够有效引导社会资金流向国家重点支持的行业和领域,助力实体经济转型升级,保障货币政策自主服务于国家发展战略。因此,货币政策要坚持"聚焦重点、合理适度、有进有退",保持再贷款、再贴现政策稳定性,用好普惠小微贷款支持工具,实施好存续的各类专项再贷款工具,整合支持科技创新和数字金融领域的工具方案,继续加大对普惠小微、制造业、绿色发展、科技创新等重点领域和薄弱环节的支持。推动《关于强化金融支持举措 助力民营经济发展壮大的通知》落实落细,继续开展中小微企业金融服务能力提升工程,提高民营和小微企业融资可得性和便利性,指导金融机构持续加大金融支持乡村振兴力度,更好满足涉农领域多样化融资需求。同时,因城施策精准实施差别化住房信贷政策,更好支持刚性和改善性住房需求,一视同仁满足不同所有制房地产企业合理融资需求,促进房地产市场平稳健康发展。此外,还要用好新增的抵押补充再贷款工具,加大对保障性住房建设、"平急两用"公共基础设施建设、城中村改造的金融支持力度,推动加快构建房地产发展新模式。

(三)把握好利率、汇率内外均衡

利率与汇率作为货币政策的主要工具,其内外均衡的实现有助于防止金融市场的剧烈波动,降低系统性风险,维护金融市场的稳定性,从而增强国家对货币政策的自主掌控力。未来需要继续深入推进利率市场化改革，畅通货币政策传导渠道，健全市场化利率形成和传导机制，完善央行政策利率体系，引导市场利率围绕政策利率波动。同时，落实存款利率市场化调整机制，着力稳定银行负债成本，发挥贷款市场报价利率（LPR）改革效能，加强行业自律协调和管理，督促金融机构坚持风险定价原则，理顺贷款利率与债券收益率等市场利率的关系，维护市场竞争秩序，推动社会综合融资成本稳中有降。此外，要稳步深化汇率市场化改革，完善以市场供求为基础、参考一篮子货币进行调节、有管理的浮动汇率制度，坚持市场在汇率形成中起决定性作用，发挥汇率调节宏观经济和国际收支自动稳定器功能。一方面，加强预期管理，做好跨境资金流动的监测分析，坚持底线思维，防范汇率超调风险，防止形成单边一致性预期并自我强化，保持人民币汇率在合理均衡水平上的基本稳定；另一方面，加强外汇市场管理，引导企业和金融机构树立"风险中性"理念，指导金融机构基于实需原则 ① 和风险中性原则 ② 积极为中小微企业提供汇率避险服务，维护外汇市场平稳健康发展。

三、确保金融监管稳健有效，构建中国特色金融监管体系

在经济全球化背景下，金融风险具有跨国性和联动性，金融监管是防范和应对系统性金融风险的第一道防线，能够确保金融市场的稳定运

---

① 　实需原则（Principle of Actual Demand）是指在外汇管理、跨境资金流动和金融交易中，要求交易方基于真实、合理和实际的需求进行操作，防止虚假交易和投机行为。这一原则旨在确保金融市场和外汇市场的稳定性，防范金融风险。

② 　风险中性原则是指在外汇交易和定价过程中，假设交易者对风险的态度是中性的，即他们在进行交易决策时只关心预期收益，而不考虑风险的大小。这一原则在外汇衍生品定价、套期保值策略和外汇市场模型中具有重要应用。

行，为国家金融自主掌控打下坚实的基础。基于此，我国的监管体系可以朝以下方向进行努力。

（一）金融监管体系要保持稳定性和有效性

稳健有效的金融监管体系是提升金融自主掌控能力的基础条件，它能够确保国家在应对国内外金融形势变化时，既能灵活运用金融政策工具，又能确保金融市场的稳健运行，为国家经济的长期繁荣和发展保驾护航。未来我们要制定全面且适时更新的金融法律法规，确保所有金融活动都在法律框架内进行，确保监管无死角、无盲区、无例外。同时，加强不同金融监管机构之间的协作配合，形成统一协调的监管合力，以便通过建立有效的沟通机制和信息共享平台，提高监管效率和响应速度。此外，要适应全球化趋势，积极参与国际监管标准制定，加强与国际监管机构的合作与信息共享，推动全球监管一致性，降低跨境监管冲突，共同应对跨境金融风险和挑战。

（二）金融监管体系要强化自我更新和改进能力

金融市场的动态性和创新性要求监管体系必须具备自我更新的能力，以跟上金融市场的发展步伐，特别是在经济全球化的背景下，加强金融监管体系的自主更新能力，有助于国家在遵守国际规则的同时，根据本国经济金融特点和发展需要，自主决定金融监管的方向和力度，有效维护国家金融主权和安全。我们要定期审视和修订现有金融法规，使之与国际最佳实践接轨，适应金融创新和市场发展变化，确保监管法律框架的前瞻性和实用性。还要鼓励适度监管创新，建立数字化监管平台，大力推进监管科技的发展和应用，提高监管效能。此外，要建立监管效果评价与反馈机制，通过定期评估和审计，查找监管漏洞和薄弱环节，及时调整和完善监管策略。

（三）需要构建中国特色金融监管体系

根据中国特有的经济金融环境和发展阶段，构建符合国情的监管体系，不仅可以及时适应和应对金融市场的新变化、新业态，还有助于树立制度自信，强化金融主权意识，使我国能够在遵守国际规则的同时，根据自身经济金融战略需求制定适合自己的监管规则，保持金融政策的独立性和有效性。我们要根据国家经济战略和金融发展规律制订科学合理的金融监管顶层设计方案，一方面，要强化宏观审慎管理，通过制定和实施宏观审慎政策，如逆周期资本缓冲、系统重要性金融机构监管等，来增强金融系统的抗冲击能力；另一方面，增强微观审慎监管，持续完善资本标准、政府监管、市场约束"三大支柱"监管体系，确保金融机构健康稳定运营。此外，要强化行为监管，确保金融市场的公平和透明，防止金融乱象和腐败问题，维护消费者和投资者的合法权益。

四、加强自主研发和创新，实现金融基础设施自主可控

自主可控安全高效的金融基础设施体系，是整个金融生态的基石，是支撑金融体系稳健高效运行的基础性保障。只有建立健全自主可控安全高效的金融基础设施，才能保障中国特色现代金融体系功能的正常运转。基于此，需要做好以下几方面工作。

（一）为金融基础设施建设提供必要的政策支持

国家政策的支持是金融基础设施建设得以顺利推进和金融自主掌控

能力不断提升的重要保障，不仅可以为金融基础设施的建设指明方向，而且能够优化配置资源，加大对金融基础设施建设的资源投入，这对于维护国家金融主权，推动金融业健康稳定发展具有深远的战略意义。未来需要制订国家金融基础设施建设的中长期发展规划，明确自主研发与创新的方向、目标和重点任务，包括金融科技、支付结算、信用体系、风险防控等方面，确保金融基础设施的自主可控。同时，出台和实施鼓励金融科技创新的政策法规，设立专项研发基金，对涉及金融基础设施核心领域的企业给予税收优惠、财政补贴等政策支持，培育一批在金融基础设施领域具有核心竞争力的本土企业，支持它们承担关键技术研发、系统集成和运维服务工作。此外，设立金融科技监管沙盒，为金融科技创新提供安全的试验环境，鼓励企业在合规前提下大胆尝试，以此推动金融基础设施关键技术和模式的迭代升级。

（二）推动金融基础设施的标准化建设

标准化建设可以为我国自主研发的金融基础设施技术提供明确的发展路径和应用规范，有助于不同金融系统、服务和产品之间的无缝对接和数据交换，提高金融市场运行效率，减少由于接口不一致、标准不统一带来的摩擦成本，从而增强金融系统的整体协调性和流畅性。我们要研究并推行金融基础设施关键技术的规范和指南，例如，数据安全与隐私保护标准、金融交易接口标准、金融信息服务接口标准等，确保各类金融机构和市场参与者在技术层面互联互通，提升服务效率和质量。同时，要加强对金融信息技术标准的推广，包括金融科技、监管科技等领域的标准，推动金融科技的合规创新，提升金融系统的数字化和智能化水平。此外，建立金融基础设施的运营管理、维护保养、性能检测、故障恢复等全流程标准，确保基础设施稳定运行，有效应对突发事件。

（三）强化技术布局与核心技术攻关

强化技术布局和攻关核心技术能够确保金融领域关键软硬件设施、信息技术系统的自主研发和国产化替代，减少对外部技术的依赖，这有助于构建稳固的金融网络安全防线，防止来自外部的技术攻击、信息泄露等风险，从而增强金融体系的独立性和安全性，从根本上提升金融自主掌控能力。国内的金融机构应当围绕关键的方向进行项目攻关，加强金融科技自主研发，尤其是在人工智能、区块链、云计算和大数据等前沿技术领域的研发投入，实现核心技术的自主可控。同时，金融机构可以通过技术合作与交流的方式，与同行业或专业金融科技企业共享技术资源和研发成果，共同研发新技术、新产品；也可以与国际金融机构进行技术交流，引进先进的技术和管理经验。此外，金融机构还需要重视金融科技人才的培养和发展，通过内部培训、外部引进等方式，建立一支具备技术专长和业务理解能力的复合型人才队伍。

第七章

金融的国际化与合作

全球经济合作是实现共同繁荣、推动科技创新、促进文化交流的关键力量，为各国提供了共同繁荣的机会。特别是，新兴市场国家通过积极参与国际贸易和投资，能够更快地融入全球价值链，实现经济的跨越式增长。资源全球配置的需要及资本全球流动的特点，决定了金融领域的国际合作至关重要，是深化一国对外开放、融入全球经济体系、提升自身金融实力和国际影响力的重要途径。

第一节　国际金融合作的重要性

一、国际金融合作促进全球经济合作更加稳定

国际金融合作天然具有分散风险的属性，而通过建立统一的监管制度、增强金融危机的应对能力，国际金融合作更是为全球经济合作的稳定与可持续发展创造了有利条件。

（一）有助于分散风险

通过促进跨国投资和金融流动，国际金融合作有助于实现风险的分散。在金融学理论中，有效资产的配置应对冲各国资产自身特有风险。不同国家和地区的金融市场存在着独特的经济周期和风险因素，投资组合的国际化可以减轻单一国家或地区的经济波动对金融系统的冲击，从而达到资产配置的有效性。国际金融合作为市场提供了更为多元化的金

融产品和工具，帮助金融机构更好地管理风险，从而减少金融市场中的风险。

（二）有助于形成一致性标准

国际金融合作能够促进国际监管形成相对一致且健全的金融管理标准，促进国际金融资源流动，优化资源配置，并减少经济中隐藏的风险。各国相互合作、互联互通，共同制定并遵循更加严格的金融监管标准，包括资本充足率、风险管理、信息透明度等，这些标准有助于提高金融机构的稳健性，减少金融体系内部的风险，将危机防患于未然，从源头上降低金融危机爆发的可能性。例如，巴塞尔银行监管委员会（BCBS）所制定的《巴塞尔协议》，规定了银行资本要求、风险管理等标准。《巴塞尔协议》的主要内容包括提高资本充足率的最低要求、严格资本扣除限制、扩大风险资产覆盖范围、引入杠杆率和流动性监管指标等，世界上诸多国家的银行监管框架的制定也均是以《巴塞尔协议》为模版。例如，我国的《商业银行资本管理办法》就是吸收了《巴塞尔协议》的内容，并结合我国的特殊性制定的。这种统一的标准为国际银行业的监管奠定了基础，为维护金融系统的稳定性提供了重要支持。

在银行业以外，也有诸多的国际金融协会、组织在为全球金融行业监管的标准化贡献力量。例如，国际证监会组织（IOSCO）致力于制定和推动全球证券业的监管标准，它为全球证券市场提供了包括防止市场操纵、投资者教育、公司治理等多个领域的指南；国际保险监管协会（IAIS）作为保险业的国际组织，旨在促进各国保险业监管机构之间的合作与沟通；国际会计准则委员会（IASC）则推动了国际财务报告准则（IFRS）的制定，使得各国企业的财务报告更加标准和可比。

（三）有助于监控金融风险

国际金融合作还能够预防金融危机在各经济体的产生，并防止金融风险在彼此之间的传染与扩散。国际组织能够实时监测各个国家的金融风险，强化对全球金融体系的管理和监管。例如，世界银行与 IMF 共同开展的金融部门评估规划（FSAP）的评估范围涵盖了银行业、证券市场、保险业和宏观金融政策等各方面，旨在协助会员国评估和加强其金融体系的稳定性和弹性，并给当局一些改善金融体系稳定性的建议。同时，各国监管之间的金融信息共享帮助全球各个国家都能更及时、全面地了解国际经济和金融市场的动向，发现潜在的金融问题，从而减缓危机的发生。

（四）有助于增强金融危机应对能力

国际金融合作通过建立危机应对机制，使得各国在面临金融危机时能够得到及时的援助和支持，防止危机的蔓延，保护全球金融体系的稳定性。全球金融安全网[①]也能够在各国的金融体系出现困难时，充当最终贷款人的角色，以应对金融市场的波动和潜在的风险。各国的财政部门与货币部门也能够通过协调货币政策、财政政策以及进行结构性改革，共同缓解全球性的经济波动，减少金融系统面临的压力，形成一个更健康的全球经济环境。

---

① 全球金融安全网主要包括四个层面：各国自身的国际储备、各国央行的双边互换协议、区域性融资机制和通过国际金融组织提供贷款援助。

二、国际金融合作降低国际贸易与国际投资成本

国际金融合作通过减少汇率波动、促进跨境资本流动、促进资源更合理配置，降低国际贸易和国际投资的成本，为全球经济的增长和繁荣创造了更有利的条件。

（一）减少汇率波动

汇率的稳定性对国际贸易非常重要，跨国贸易中最大的交易成本之一是汇兑造成的损益。稳定的汇率能够为企业提供更为可靠的交易环境，降低了贸易中的汇率风险，且企业能够更准确地预测未来的交易成本，从而更容易进行国际贸易，促进全球经济的健康发展。同时，稳定的汇率也能够提高国际投资的可预测性，从而创造稳定的投资环境。因此，各国政府和央行都在积极通过国际金融合作的方式，制定共同的金融政策并协调汇率机制，以便为全球经济提供更为稳定的汇率环境。具体看，国际金融合作可以通过多种方式减少汇率的大幅度波动。

首先，国际金融合作使各国能够协调宏观经济政策，特别是货币政策。一国的货币政策通常能够通过利率平价机制产生溢出效应，尤其是美国这样的经济体，每一次加息、降息都会带来大规模的跨境资金流动，造成"美元潮汐"现象。通过国与国之间的协调，国际组织和国家可以避免采取过于激进的政策，减少对全球汇率的冲击，共同维护宏观经济的稳定性。

其次，国际金融合作能够帮助各国增加汇率政策的透明度。在金融市场中，信心与预期是影响金融市场与经济运行的重要因素。国际金融合作能够通过市场分析、政府间合作等方式，提高汇率政策的透明度，降低市场对未来走势的不确定性，有助于减缓短期内的汇率波动。

最后，国际合作能够设立汇率稳定基金。一些国际合作组织会给予成员国特别贷款来稳定汇率，并设置汇率稳定基金，供汇率出现剧烈波动时通过市场干预、流动性注入等手段稳定市场。汇率基金本身的存在也可以降低市场的投机行为，并维护市场信心。例如，IMF 设立特别提款权（SDR），成员国可以提取一定便利额度应对汇率波动，同时可以向 IMF 申请金融援助，帮助其应对汇率波动和外汇危机。

（二）拓展支付渠道，促进资本跨境流动

国际金融合作的深化不仅为全球支付手段的拓展提供了机遇，而且也显著减少了跨境资本流动的制度性障碍，两方面的发展共同降低了国际贸易与国际投资的成本，提高资金流动便利性，推动了全球经济的繁荣。特别是，国际金融合作在拓展支付手段方面发挥了至关重要的作用，其中，全球支付标准化、新兴支付技术的引入、国际支付网络的建设以及央行数字货币桥（mBridge）的建立都令国际支付变得更加便捷。例如，SWIFT 通过提供标准化的跨境金融电信服务，对接全球超过 11000 家银行和金融机构，将全球国际化银行联结。它是当今全球最重要的金融基础设施之一，全球几乎所有跨境支付交易都通过 SWIFT 系统来得以完成。同时，国际金融合作也催生了新兴支付技术的发展。例如，区块链技术通过去中心化模式，可以提供更快、更安全的支付解决方案，国际贸易中可以通过区块链实现实时的货款结算，消除了传统支付中烦琐的环节，提高了支付效率。此外，数字支付和电子钱包也逐渐在全球普及，支付宝和微信支付在境外支付中也占据一席之地[①]，展示了数字支付手段在全球范围内的广泛应用。

---

① 2024 年 2 月 18 日，微信支付发布最新数据显示，春节期间通过微信支付境外支付完成的海外线下消费同比增长了近 240%。

央行数字货币（CBDC）也是国际金融合作引领下的另一项探索，有望在未来改变全球支付格局。CBDC 转账交易模式可以让没有银行账户的本国及外国居民直接持有，用户友好度更高。同时，其使用可以促使传统的链式多级代理银行结构变得更加扁平化，缩短了支付链，减少了交易时间，也减少了跨境支付的成本。[①] 尤其是中国人民银行主导的央行数字货币桥（mBridge）项目，将传统的链路状支付体系变成网络状支付系统，所容纳节点数大幅上升，将为国际支付提供更为安全、直接的选择，也为跨境贸易支付提供新的可能性。

在国际金融合作不断深入的未来，更多创新性的支付手段将不断被引入。数字身份、生物识别技术等在支付安全领域的应用，以及区块链和智能合约在支付智能化方面的发展，将为国际支付带来更为革命性的变化，帮助降低支付费用，提高支付便利性；同时，国际合作将继续推动全球支付的标准化，加强支付网络的互联互通，为全球商业和金融提供更加高效、便捷的支付生态。

三、国际金融合作优化资源配置

国际金融合作促进了全球资本的流动和配置。资金可以自由在国际市场流通，寻找最佳的投资机会，推动经济效益最大化。

（一）推动了金融市场的全球化

国际金融合作的深化也推动了金融市场的全球化与开放，为资本的

---

① 参见国际清算银行（BIS）联合各大央行发布的《中央银行数字货币的基本准则与核心特征》报告。

自由配置创造了有利条件。各国金融市场之间的互联互通得以加强，投资者能够更自由地配置资产，获得更广泛的投资选择。同时，国际金融合作也推动了金融机构的国际化发展，加强了它们在全球范围内的业务布局。例如，渣打银行作为全球化程度最高的银行之一，在70多个国家或地区运营1200多个分支机构和网点（包括子公司、联营公司和合资企业），拥有约87000名员工，推动超过163亿美元的资金在国际市场间流动。

（二）促进资源合理配置

学术界有诸多理论分析说明了国际金融合作能够促进资源更合理配置。例如，国际资本流动理论[①]强调资本在全球范围内的流动性，以及通过跨境投资可以实现资源的最佳配置；在此理论框架下，国际金融合作通过深化金融市场的开放，降低了跨国资本流动的障碍，使得资本能够更为迅速、灵活地流动到各国。这种资本的自由流动有助于将资源引向最具生产力的领域，从而提高了全球资源的配置效率。技术流动理论[②]强调通过技术在全球范围内的互动能够缩小各国间的技术差距，提升本地生产力和经济发展水平。在该理论框架下，国际金融合作能够使得技术创新更为顺畅地跨越国界，技术落后的国家或地区通过吸收和应用外来技术可以推动产业结构升级，从而有助于提高全球经济整体的效率。贸易

---

① 这是一种基于完全竞争市场的理论，认为国际资本流动的根本原因在于各国的利率差异和预期利润率的不同。该模型假定资本可以在全球范围内自由流动，以寻求最高的回报率。资本流动最终促使各国的资本边际产出率趋同，从而提升全球总产量和各国的经济福利。

② 该理论认为技术可以通过多种途径在不同国家间流动，如跨国公司直接投资、技术许可、国际贸易、合资企业以及研发合作。技术流动可以促进生产效率、创新能力和经济增长，特别是对发展中国家来说，技术引进是缩小与发达国家差距的关键。

与金融深化理论^①将贸易和金融两者紧密联系，强调金融体系的深化可以促进贸易的发展，从而使资源更合理地配置；在该理论框架下，国际金融合作在这一理论框架下通过深化金融市场，提高金融体系的效率和透明度，为国际贸易提供了更加健全的基础，使得全球范围内的资源更为合理地配置。全球价值链理论^②认为生产活动已不再局限于国内，而是通过全球范围内的价值链相互连接；在该理论框架下，国际金融合作通过资本的流动和国际金融市场的合作，有助于企业更好地融入全球价值链。这使得各国可以依托各自的优势参与全球生产网络，使得资源在全球范围内更为合理配置。

第二节　积极参与国际金融合作有助于国家发展

一、"引进来"——国际金融合作促进国家经济增长

国际金融合作能够促进资本的跨境流动。通过与其他国家合作，一国可以吸引外国直接投资（FDI）和外国资本流入。^③资本流动不仅为一国提供了资金，也为其引进先进技术和管理经验创造了条件。在国际上有诸多国家成功通过国际合作引进大量资金，促进经济发展，提高了居

---

① 该理论认为，贸易的增加促进了跨境资本流动，从而推动了金融市场的发展和深化。金融深化使得金融体系更有效地分配资源，支持更高水平的投资和创新。此外，金融深化可以增强经济体应对外部冲击的能力，同时促进更广泛的经济一体化和长期增长。

② 根据该理论，生产过程被拆分为多个阶段，每个阶段在全球范围内由最具竞争优势的地区或国家完成。这种分工不仅提高了生产效率，还使得国家能够专注于具有比较优势的生产环节，从而提升其在全球市场中的地位。

③ 朱平芳，张征宇，姜国麟.FDI与环境规制：基于地方分权视角的实证研究［J］.经济研究，2011（06）：133-145.

民生活水平。

（一）国际金融组织促进生产力提升

根据财政部公布的数据，截至 2023 年 12 月 31 日，我国利用国际金融组织（包括世界银行、亚洲开发银行、国际农业发展基金、欧洲投资银行、新开发银行、亚洲基础设施投资银行、欧佩克国际发展基金、北欧投资银行）和外国政府贷款累计承诺额约 1851.2 亿美元，累计提款额约 1522.5 亿美元，累计归还贷款本金约 988.4 亿美元，债务余额（已提取未归还贷款额）约 534.1 亿美元。贷款用于支持我国 3885 个项目，涉及大气污染防治、节能环保、应对气候变化、绿色发展、乡村振兴、交通、城建、教育、医疗卫生、农业、灾后重建等领域。由此可见，国际金融组织能够为一国生产力的显著提高提供重要的资金支持。

以世界银行的贷款为例，贷款类型多为项目贷款，贷款资金直接用于特定的项目建设。这些项目涵盖了工业、农业、能源、运输、教育等多个领域，以便支持成员国实现经济多元化、提升产业结构、改善民生福祉。自 1981 年世界银行提供给我国的第一笔贷款共 2 亿美元投向了亟待发展的教育领域，在随后的 20 世纪 90 年代，我国年度利用世行贷款规模达到历史最高点，超过 30 亿美元，连续三年成为世行最大的借款国；进入 21 世纪以来，世行贷款投向和结构发生变化，70% 以上的贷款资金投向中西部和东北地区，70% 以上的贷款项目转向节能、环保、新能源和民生等领域，这些贷款支持了我国大型基础设施项目的建设，推动了区域经济的发展。此外，区域性开发银行也帮助诸多国家提供资金，提高国家的生产力和技术。例如，亚洲基础设施投资银行（AIIB）对"一带一路"共建国家的投资，亚洲开发银行（ADB）对菲律宾的投资和非洲开发银行（AfDB）为埃塞俄比亚提供的融资支持等。以埃塞俄比亚为例，其从非洲开发银行的贷款主要用于基础设施、农业等多个领域的项目，不仅帮助埃塞俄比亚克服了财政困难，提高了国家的生产力，还加速了国家的经济发展，同时也促进了该国与其他非洲国家的区域经济一体化。

（二）国际金融合作促进技术进步

国际金融合作在推动国家技术提升方面发挥着至关重要的作用。通过跨境资本流动、项目融资、技术引进及经验共享等方式，各国得以共享金融资源，优化资金配置，从而加速技术研发与创新。而发展中国家在此过程中也能够得到更先进的管理理念和科技知识的传播，进一步推动了国家技术水平的提升。

如果将国际金融合作的贷款比作"输血"，那么国际金融合作带来的先进发展理念和制度创新，则提供了维持长久发展的"造血功能"。例如，1984年我国与世界银行合作的云南鲁布格水电项目首次将国际竞争性招标制度引入我国，被称为"鲁布格模式"，并在其他领域加以推广；1987年我国第一条利用世界银行贷款建设的京津塘高速公路项目首次采用工程监理制度，为我国公路建设管理体制改革提供了有益借鉴。世界银行还与我国携手开展一系列经济调研，从全球性视角出发完成了近200篇调研报告，为我国经济发展提供了有益的政策参考。

国际金融组织还为我国在金融领域的监管提供帮助。例如，巴塞尔委员会通过制定和推广一系列国际银行业监管标准和准则，为我国商业银行监管提供了重要的参考和借鉴。同时，巴塞尔委员会还促进了我国商业银行的国际合作与交流。通过参与巴塞尔委员会的工作，我国商业银行可以与其他国家和地区的银行分享经验、交流做法，共同应对全球金融挑战。这种国际合作与交流有助于提升我国商业银行的国际竞争力，推动其更好地融入全球金融市场。

（三）开放与合作有助于国际金融中心建设

以新加坡为例，其能够作为亚洲重要的国际金融中心，主要得益于新加坡借助国际金融合作迅速崛起，成为全球金融体系的重要参与者。长期以来，新加坡凭借自身得天独厚的地理优势，成为东南亚的贸易中心。自独立后，新加坡积极促进金融业发展，着手建设外汇离岸交易中心。亚洲美元市场在新加坡成立后，外国银行迅速参与外汇交易，新加坡借此发展自身的外汇市场、股票市场、债券市场，吸引各类风险资金的到来。在此过程中，新加坡金管局、新加坡国际金融交易所、新加坡证券交易所等金融监管机构与金融市场纷纷成立，各路国际资本来到新加坡，助推新加坡经济迅速增长，并将其打造成为国际金融中心，进一步带动了国内经济的高速增长。

二、"走出去"——国际金融合作提升国家竞争力

一国通过国际金融合作走出去，能够提升本国在世界经济贸易体系中的影响力，并借此提高本国企业在全球市场上的竞争力，推动更多国内产业走向国际市场，在全球范围内拓展商业和投资领域。同时，通过建立国际金融合作机制，能够增进与其他国家的互信，使本国在国际政治舞台上有更大的话语权，有助于促进该国参与的国际经济贸易体系更加稳定和可持续。

例如,"一带一路"倡议便是我国走出去的典范,而"中巴经济走廊"则是"一带一路"倡议中的典范,也是国际金融合作映射到实体经济合作的样板。2015 年 4 月,习近平主席访问巴基斯坦,把中巴关系由战略合作伙伴关系升级为全天候战略合作伙伴关系,确定了以中巴经济走廊为中心,瓜达尔港、能源、交通基础设施和产业合作为四大重点的"1+4"合作布局。下面以"中巴经济走廊"为例,说明国际金融合作在助推企业和金融机构"走出去"方面的重要作用。

(一)增加企业国际竞争力

"中巴经济走廊"是一条包括公路、铁路、油气管道和光缆覆盖的"四位一体"通道和贸易走廊,因此带动了沿线一大批能源、电力、公路、铁路等基建重大项目,其中绝大部分的工程项目都由我国企业承建,帮助中国企业成功"走出去",提高自身技术水平与在国际上的竞争力。据统计,2022 年,中国企业在巴新签工程承包合同额 32.7 亿美元,完成营业额 45.6 亿美元。[①]与此同时,我国拥有世界领先的基础设施建设能力,但国内基础设施建设经历 20 多年高速增长,固定资产投资主要流向制造业和房地产业,大量投资涌入电力、钢铁、水泥、平板玻璃、化工等基础产业,使得这些行业的产能快速增加,严重过剩;但对于巴基斯坦,基础设施建设缺乏,投资回报率高,对我国的企业也能够找到新的增长点,有效缓解了我国产能过剩的问题。

(二)提升人民币国际地位

通过国际金融合作,中国与巴基斯坦各行各业联系更加紧密,人民

---

① 中华人民共和国商务部 .2022 年中国—巴基斯坦经贸合作简况 [EB/OL] .http: // www.mofcom.gov.cn/article/tongjiziliao/sjtj/yzzggb/202312/20231203463480.shtml.

币国际地位也稳步提升。例如，双方达成 100 亿元和 1400 亿卢比的货币
互换协议，并同意各自商业银行在彼此国家开设分支机构；巴基斯坦更
是批准贸易商在与中国的双边贸易中使用人民币作为结算货币，巴中两
国的公共和私营企业在双边贸易和投资活动中可以自由选择使用人民币，
由此进一步提升了人民币的国际地位。

（三）服务国家安全

国际金融合作能够服务于国家安全战略。我国目前的能源、贸易通
道过于单一。从印度洋沿岸进口的石油占我国石油进口的近 80%，从西
非、东南非经过南印度洋穿越马六甲海峡的航线，承载了我国与非洲和
欧盟的大部分贸易活动。一旦发生战争或者突发事件，我国来源于印度
洋的经济利益尤其是石油进口将有可能被阻断，经济发展将承受严重打
击，政治和军事上也将受制于人。"中巴经济走廊"能够有效增加中国能
源的进口路径，既能把中东石油直接运抵我国西南腹地，也能降低对正
在建设中的中缅油气管道的依赖，有助于提升我国的能源安全。

（四）增进国际影响力

"中巴经济走廊"通过打造"人类命运共同体"样板，增加了其他国
家对我国的了解与信任。"中巴经济走廊"8 年多来累计为巴基斯坦带来
254 亿美元直接投资，创造了大量就业岗位。我国以较低的利率水平借钱
给巴基斯坦，与"中巴经济走廊"有关的政府贷款利率仅为 2%，这种金
融合作不是简单的一次性援助，而是通过投资切切实实地提高了巴基斯
坦的生产力，促进了巴基斯坦的发展。巴基斯坦的发展实践体现了"全
球命运共同体"的理念，进一步说明各国在追求本国利益时应兼顾他国

合理关切，在谋求本国发展中促进各国共同发展。"中巴经济走廊"的成功彰显出我国的大国担当，极大提升了我国的国际声望和影响力。

第三节　国际金融合作的历史与目前格局

当前国际金融合作的格局并非一蹴而就，而是经历了多次金融体系的改革和调整。了解这些改革的动因和效果，可以帮助我们理解国际金融规则的演变及其背后的原因，以便更好地应对未来的挑战和机遇，为金融强国建设打下基础。

一、国际金融合作的历史

（一）"一战前"的金本位制度

金融合作最原始也是最直接的表现形式是货币在全球市场的统一。在最初的国际贸易中，人们普遍采用贵金属（金或银）作为货币，但由于金银复本位存在不稳定性[①]，各国逐渐转向金本位制度来保证货物价格的稳定性。在"一战"前，世界主要国家实行金本位制，各国货币联系黄金，汇率稳定，加上主要资本主义国家拥有自身的殖民地，国际收支多呈顺差，货币信用和国际结算制度也未建立起来。因此，在当时的情况下，国际金融合作没有产生的需要。

[①] 若金银均可作为本币自由流通，其兑换比例自由兑换，则市场货物标价需要经常调整，造成不稳定；若其兑换比例为官方固定的比例，则"格雷欣法则"生效，劣币驱逐良币。例如，官方规定1金兑换5银，但由于发现银矿导致市场价为1金兑换6银，人们在消费时就会使用银而非金，难保持两种铸币同时并行流通，金银复本位失效。

（二）"一战"后，防范货币超发

"一战"后，战胜国集团为处理战后德国赔款问题，在瑞士巴塞尔成立了国际清算银行（BIS），这是最早的国际金融组织。但当时的金本位制度受限于黄金的稀缺性，制约了各国的发展，因为金本位制下的国际贸易，一旦出现逆差就意味着本国黄金储备下降，中央银行所发行的货币就应当减少，国家陷入通货紧缩之中，人们就会减少投资并持有黄金，不利于社会的发展。如果中央银行不控制货币发行量，人们会对能否足额兑换黄金产生疑问，进而引发黄金挤兑问题，钞票贬值甚至失去兑现黄金的能力，国家纸币就会失去信用，这也是当时魏玛共和国[①]出现超级通胀的原因。因此，金本位制一旦建立，各国政府必须限制本国财政政策避免巨额财政赤字。但"一战"期间，欧洲的黄金储备严重降低，纷纷流入美国，欧洲各国的货币纷纷竞争性贬值。根据世界银行披露的数据，1920年2月，英镑较战前黄金平价贬值35%，比利时法郎贬值62%，法国法郎贬值64%，意大利里拉贬值71%，德国马克贬值96%；英国曾一度在1925年试图将英镑汇率恢复到"一战"前水平，这使得英镑汇率被高估，严重抑制英国的对外出口，导致英国国内进入通缩状态，物价下降，经济预期悲观。因此，靠单一的国家无法建立稳定的货币制度，各国开始呼吁进行国际金融合作。

（三）"二战"后，以美元为锚

"二战"后，为了结束国际金融秩序混乱的局面，世界各国普遍希望

---

① 指1918—1933年期间采用共和宪政政体的德国，后因1933年希特勒及纳粹党上台执政而结束。

建立稳定的国际金融新秩序。1944 年 7 月，44 个国家的代表在美国新罕布什尔州的布雷顿森林公园举办联合国国际货币金融会议，由此确立了"布雷顿森林体系"。该体系的主要内容包括三点：一是美元与黄金挂钩；二是其他国家货币与美元挂钩，其他国家政府规定各自货币的含金量，通过含金量的比例确定同美元的汇率；三是维持汇率稳定，各国货币对美元的汇率，只能在法定汇率上下各 1% 的幅度内波动。若市场汇率超过法定汇率 1% 的波动幅度，各国政府有义务在外汇市场上进行干预，若会员国法定汇率的变动超过 10%，就必须得到 IMF 的批准。在布雷顿森林体系之下，设立的两大全球性金融治理机构：IMF 和世界银行，成为从事国际金融业务、协调国际金融关系、维系国际货币和信用体系正常运作的超国家金融机构。当时的国际货币合作大多是在 IMF 框架之下进行的，它拥有监督国际货币合作的职权，美国利用其具压倒优势的政治、军事和经济实力，掌握着国际金融合作规则的制定权，尤其在汇率方面。

随着西方国家经济实力的复苏，美国黄金储备逐渐由"二战"结束后占全世界的 70% 下降到 1968 年的 25%，美元对黄金的锚定难以为继，美元作为世界货币遇到了"特里芬难题"（Triffin Dilemma）[1]，布雷顿森林体系随即垮台。之后的国际金融治理体系不再仅依赖于两大国际金融组

---

[1] 由于美元与黄金挂钩，而其他国家的货币与美元挂钩，美元虽然取得了国际核心货币的地位，但是各国为了发展国际贸易，必须用美元作为结算与储备货币，这样就会导致流出美国的货币在海外不断沉淀，对美国来说就会发生长期贸易逆差；而美元作为国际货币核心的前提是必须保持美元币值稳定与坚挺，这又要求美国必须是一个长期贸易顺差国。这两个要求互相矛盾，因此形成悖论。

织，国与国之间的合作机制也逐渐发展。例如，国际债务危机[①]出现时，G7首脑会议组织等对发展中国家债务问题进行了频繁的磋商和协调，提出了一系列缓解金融问题的方案并实施，债务减免得以实现。同时，区域性金融合作组织逐渐发展，除了欧洲形成欧元区外，北美、东亚、拉美以及非洲地区纷纷成立区域性金融合作机构，由此进入了国际金融合作的新阶段。除了区域金融合作之外，国际行业性合作机构也在此过程中成立。例如，巴塞尔委员会对银行管理规则的制定、国际保险监督员协会对全球200多国家保险标准的制定、国际证监会组织对证券业规则的规范等。

在此过程中，全球金融合作的模式得到拓展，形成了以全球性金融合作组织为首，不同区域、不同行业的金融合作并存的国际金融治理体系。

二、国际金融合作的现状

国际金融合作可分为全球性国际金融合作组织、区域性国际金融合作组织、行业性金融合作组织。

（一）全球性国际金融合作组织

1.国际货币基金组织（IMF）

IMF源于在布雷顿森林会议上通过的《国际货币基金协定》，于

---

① 部分发展中国家外债负担沉重。20世纪80年代初，美国、联邦德国、日本等发达国家实行高利率政策，发展中国家利息负担大大加重。1982年8月，墨西哥宣布无力偿还到期债务，引发战后最严重的国际债务危机。1983年巴西、阿根廷等42个债务国陆续宣布无力偿还到期债务，危机空前恶化。

1945 年 12 月在美国首都华盛顿正式成立，是联合国的一个专门机构。其成立宗旨是，协助会员国平衡国际收支、稳定汇率、促进国际贸易的发展。IMF 通过向会员国提供短期资金，解决会员国国际收支暂时不平衡和外汇资金需要，以促进汇率的稳定和国际贸易的扩大。目前，IMF 的最高权力机构是董事会，由各会员国委派董事和副董事各 1 人组成，执行董事会负责处理日常业务，共由 23 人组成。我国是 IMF 的创始国之一，1980 年 4 月 17 日，我国在 IMF 的合法席位得到恢复，目前是其第三大股东。

参加 IMF 的每个会员国都要认缴一定的基金份额。基金份额的确定，与会员国利益密切相关，因为会员国投票权的多寡和向基全组织取得贷款权利的多少取决于一国份额的大小。IMF 的资金来源，除会员国缴纳的份额以外，还有向会员国借入的款项和出售黄金所获得的收益。IMF 的主要业务是发放各类贷款，商讨国际货币问题，提供技术援助，收集货币金融情报，与其他国际机构的往来等。

2. 世界银行（WB）

世界银行是与 IMF 同时成立的另一个国际金融组织，也是联合国的专门机构之一，它于 1946 年 6 月开始运营，总部同样位于华盛顿。世界银行的主要目标是通过提供长期贷款和投资来满足成员国在战后经济恢复和发展中的资金需求。加入世界银行的国家必须是 IMF 的成员国，但 IMF 的成员国不一定要加入世界银行。世界银行成立时有 39 个成员国，截至 2024 年 7 月，成员国数量已增至 189 个。成员国需认购世界银行的股份，认购额度通常与其经济和财政实力以及在 IMF 中的份额相对应。世界银行的投票权与认购股份的数额成正比。世界银行集团包括国际开发协会（IDA）、国际金融公司（IFC）、多边投资担保机构（MIGA）和国际投资争端解决中心（ICSID）。世界银行的最高决策机构也是董事会，每年9月与IMF联合举行年会。执行董事会负责日常运营，由21名成员组成。世界银行的资金来源包括成员国的股份、国际金融市场的借款、债权转让和利润收入。主要业务活动包括提供贷款、技术援助和领导国际银团贷款。我国同样是世界银行的创始成员国之一，1980年5月5日，世界银行正式恢复了中国的代表权。

3. 国际清算银行（BIS）

国际清算银行（BIS）是根据1930年在荷兰海牙签订的《海牙国际协定》成立的，由英国、法国、意大利、德国、比利时、日本，以及代表美国银行利益的摩根银行、纽约花旗银行和芝加哥花旗银行共同创立，总部位于瑞士巴塞尔。BIS最初旨在处理第一次世界大战后德国的赔款支付和国际清算问题。布雷顿森林会议后，BIS的目标转变为促进各国中央银行之间的合作，为国际金融业务提供便利，并作为国际清算的代理人或受托人。BIS的最高权力机构是股东大会，由各国中央银行代表组成，每年召开一次。董事会负责日常运营，下设银行部、货币经济部、秘书处和法律处。BIS的资金来源主要是会员国的股金、中央银行的借款和客户存款。主要业务包括国际结算、银行业务（如存款、贷款、贴现等）、买卖黄金、外汇和债券，以及黄金存款。BIS还是IMF内的十国集团（代表发达国家利益）的活动中心，定期在巴塞尔召集成员和瑞士中央银行行长举行会议。

（二）区域性国际金融合作组织

区域性国际金融合作组织数量众多，其目标通常是促进区域经济金融的合作，帮助成员国的关系更加紧密。

1. 欧洲中央银行（ECB）

欧洲中央银行（ECB）是欧盟（EU）经济和货币联盟的核心机构，成立于 1998 年 6 月 1 日，总部位于德国法兰克福。ECB 的成立是根据 1992 年签署的《马斯特里赫特条约》（现称《欧洲联盟条约》），主要负责制定和执行欧元区的货币政策。ECB 作为一个具有法人资格的实体，能够独立进行财产和法律事务的处理。

ECB 的决策机构包括管理委员会和执行委员会。其中，管理委员会由执行委员会成员及欧元区各成员国央行行长组成。ECB 的执行委员会由行长、副行长和四名成员组成，他们由欧盟委员会在咨询欧洲议会和 ECB 管理委员会后提名，并由成员国首脑会议一致通过任命。ECB 的注册资本为 50 亿欧元，由各成员国央行认购和持有，认购额基于成员国的 GDP 和人口比例确定。ECB 的结构类似于美国联邦储备体系（FRS），具有"二元"中央银行体系，地方和中央机构分别行使权力，确保了相对独立性。管理委员会是 ECB 的最高决策机构，负责制定和实施欧元区的货币政策。

2. 欧洲投资银行（EIB）

欧洲投资银行（EIB）成立于 1957 年 3 月 25 日，根据《建立欧洲经济共同体条约》设立，总部位于卢森堡。EIB 旨在利用国际资本市场和共同体资金，促进欧洲共同体市场的平衡和稳定发展。EIB 的主要业务包括提供贷款和担保，支持欠发达地区的发展项目、企业现代化和新活动。EIB 的资金主要来源于向欧洲货币市场的借款。

3. 阿拉伯货币基金组织（AMF）

阿拉伯货币基金组织（AMF）是一个区域性金融机构，旨在帮助阿拉伯伊斯兰国家平衡国际收支和促进经济一体化。1975 年 2 月，在巴格达举行的阿拉伯各国中央银行行长全体会议和阿拉伯经济统一委员会中央银行行长第七次会议上与会代表通过了成立 AMF 的决议，经并于 1977 年 4 月在阿拉伯联合酋长国首都阿布扎比正式成立。AMF 与各国中央银行以及 IMF、世界银行等机构保持密切合作。AMF 的职责包括提供财政支持、指导货币兑换、推动经济一体化、提供投资咨询、促进金融市场发展等。

4. 亚洲开发银行（ADB）

亚洲开发银行（ADB）成立于 1966 年 11 月，总部位于菲律宾马尼拉，是根据联合国亚洲及远东经济委员会的协议而设立的。ADB 的目标是为亚洲及太平洋地区的发展规划筹集资金，提供技术援助，并与联合国及其专门机构合作，以促进区域经济发展。ADB 的资金来源包括成员国的股金、亚洲开发基金和国际金融市场债券。

5. 非洲开发银行（AfDB）

非洲开发银行（AfDB）成立于 1964 年 9 月，总部位于象牙海岸阿比让，旨在为会员国的经济和社会发展提供资金，协调各国发展计划，促进非洲经济一体化。AfDB 的资金主要来源于会员国的股本和国际金融市场借款。

6. 亚洲基础设施投资银行（AIIB）

亚洲基础设施投资银行（AIIB）是一个多边开发机构，专注于亚洲区域的基础设施建设。AIIB 成立于 2015 年 12 月 25 日，总部位于北京，注册资本 1000 亿美元。AIIB 旨在促进亚洲区域的互联互通和经济一体化，加强中国及其他亚洲国家和地区的合作。截至 2023 年 9 月，AIIB 拥有 109 个成员国。

7. 新开发银行（NDB）

新开发银行（NDB），也称为"金砖国家"开发银行，是由巴西、俄罗斯、印度、中国和南非共同倡议建立的国际金融组织。NDB 的目的是促进金砖国家间的结算和贷款业务，减少对美元和欧元的依赖。NDB 总部设在上海，核定资本为 1000 亿美元，初始认缴资本为 500 亿美元，由五个创始成员国平均出资。NDB 的主席将在五国之间轮值，每五年为一个任期。

（三）行业性国际金融合作组织

1. 巴塞尔银行监管委员会（BCBS）

巴塞尔银行监管委员会（BCBS），又称"巴塞尔委员会"，是一个国际性的银行监管机构，成立于 1974 年，隶属于国际清算银行。该委员会由多个国家的中央银行代表组成，包括比利时、德国、加拿大、日本、法国、意大利、卢森堡、荷兰、瑞典、瑞士、英国和美国等。BCBS 在国际清算银行的巴塞尔总部定期举行会议，主要任务是提升国际银行业务监管的效率，讨论影响国际银行业务的问题，并与全球监管机构交换信息。虽然 BCBS 没有正式的跨国监管权力，其决议也不具有法律约束力，但由于其成员国的经济实力，委员会的影响力在全球金融领域中占有重要地位。

2. 金融稳定委员会（FSB）

金融稳定委员会（FSB）是一个国际性的金融监管机构，成立于 2009 年 4 月，继承了 2009 年 G20 伦敦峰会设立的金融稳定论坛（FSF）。FSB 的成员包括 20 多个国家的央行、财政部和金融监管机构，以及主要的国际金融机构和专业委员会。FSB 的成立旨在加强全球金融监管的信息交流与合作，维护全球金融体系的稳定。在 1997 年亚洲金融危机和 2007 年美国次贷危机的背景下，FSB 强调了对"影子银行"监管的重要性，以防范其对金融稳定构成的风险。

3. 国际证监会组织（IOSCO）

国际证监会组织（IOSCO）是一个由全球证券和期货管理机构组成的合作组织，总部位于西班牙马德里，成立于 1983 年。IOSCO 的成员监管着全球 95% 以上的证券市场，截至 2019 年 12 月，会员总数为 228 个，其中包括 129 个正式会员和众多联系会员及附属会员。IOSCO 的目标是制定和实施国际公认的监管标准，其原则已被 G20 和 FSB 批准，并构成了 IMF 和世界银行金融部门评估规划（FSAP）的基础。

4. 国际保险监督官协会（IAIS）

国际保险监督官协会（IAIS）是一个由 200 多个司法管辖区的保险监管机构组成的组织，成立于 1994 年。IAIS 致力于制定和推广保险业的监管原则、标准和指南。其目的是促进全球保险业的有效和一致性监管，以支持公平、安全和稳定的保险市场，为全球金融稳定做出贡献。

5. 国际期货业协会（FIA）

国际期货业协会（FIA）是一个关注期货、期权和中央清算互换产品的行业协会，由美国期货业协会（FIA）、英国期货和期权协会（FOA）和 FIA 亚洲分部于 2013 年合并而成。FIA 总部位于美国华盛顿，拥有300 多个会员，包括期货经纪公司（FCM）和交易所、清算所等。FIA 致力于推动衍生品市场的规范化，为政策制定者提供市场信息，维护市场竞争环境，保护会员和客户利益，并加强公众对衍生品市场的信任。

三、全球金融治理体系的挑战与展望

随着金融科技和环境问题的日益突出，数字货币、跨境支付、网络安全、气候变化等新兴议题倒逼全球金融治理体系做出改革。同时，发展中国家的兴起也需要全球金融治理体系做出相应的改变来适应这些变化，使得全球金融治理体系正面临一系列新的挑战。

1. **数字货币的冲击**。近些年来，以比特币为首的数字货币给金融体系带来了一场数字革命，去中心化的加密数字货币如何监管、如何增强其稳定性，中央银行所主导的法定数字货币（CBDC）如何推广落地等，都需要全球金融治理体系改进支付体系、监管框架和货币政策工具。国际金融组织和各国的央行正在积极研究数字货币的潜在影响，并努力制定相应的政策，以确保金融体系的稳定和安全。

2. **支付和金融一体化问题**。随着全球贸易和投资的增加，跨境支付变得更加频繁，但现有的国际支付系统存在着效率低下、费用成本高等问题，尤其是小额支付的手续费用相当高昂。如何应用科技手段提高跨境支付的效率、降低交易成本成为金融业面临的突出问题。

3. **网络安全和数据隐私问题**。近年来，全球金融和保险企业被攻击次数逐年增加，截至 2022 年 12 月，全球金融和保险实体经历了 566 起数据泄露事件，迄今为止已泄露超过 2.54 亿条记录，损失达到 590 亿美元，其中，美国、阿根廷、巴西和中国的机构受到的影响最大。在 2022 年网络安全和金融系统弹性报告中，美联储指出，影响美国经济状况风险与威胁中，网络安全问题位居榜首。金融机构和国际组织需要采取更加严密的网络安全措施，防范网络攻击和数据泄露。同时，加强国际合作，建立共享信息的机制，以更好地应对跨境网络威胁。

4. **全球气候变化风险的加剧**。随着气候变化问题的日益突出，全球金融治理体系也在积极应对可持续发展挑战。金融机构越来越关注环境、社会和治理（ESG）因素，推动投资和融资更加注重可持续性。国际金融组织和监管机构逐渐强化对金融机构的气候风险披露要求，以推动整个金融系统朝着更加可持续的方向发展。

5. 发展中国家的国际话语权较低。 在当前的全球金融治理体系中，发展中国家的话语权远远低于其在全球经济中的体量。在全球经济整体不景气的情况下，新兴市场国家对全球经济增长的贡献度为 52.9%，远大于七国集团的 22.9% 和欧盟国家的 12.2%。但是，以美国为首的发达国家在国际金融体系中长期占据垄断地位，发展中国家话语权缺失和影响力弱化。正如我国外交部前发言人汪文斌所说："国际货币基金组织和世界银行是多边金融机构，是反映国际关系民主化的平台，在充分反映各成员国利益的基础上推动国际合作。它们不是'美国国际货币基金组织'，也不是'美国世界银行'。"① 国际金融合作机构的决策权也不应该反映 20 世纪末的全球金融发展水平，而应与时俱进，反应当前形势下国际金融发展情况。不过，国际金融治理组织也有意向增加发展中国家的话语权，IMF 总裁格奥尔基耶娃（Georgieva）2023 年 10 月在接受英国《金融时报》采访时称，IMF 应做出改革，以更好反映过去 10 年包括中国崛起在内的全球经济变化。未来，发展中国家与国际金融合作组织将双向奔赴，推动全球金融治理体系更均衡地发展，以应对日益增强的全球不确定性。

第四节　当前国际金融治理体系中各国影响力

全球金融治理体系中，一国所起到的影响力与其地位相统一。当前

---

① 澎湃新闻 .IMF 应作出改革，反映中国崛起等全球经济变化［EB/OL］.https：//www.thepaper.cn/newsDetail_forward_24823910.

全球金融治理体系呈现"一超多强"的格局，美国处于垄断地位，其余的发达国家地位较高，而发展中国家的地位相对较低。我国作为发展中国家的代表，经济已经跃升至世界第二，但金融治理体系有较强的滞后性，与所处的全球经济地位不匹配。一方面，因为制度变更相比于现实力量变化普遍更慢；另一方面，则因为金融治理的变化依赖信用的逐渐积累，新兴经济体即使有较强经济实力，得到相匹配的金融地位也需要一定过程。

通常而言，一国在国际金融体系中的影响力与地位主要体现在两方面：一是其法币的国际地位；二是其在国际金融资源分配中的地位。具体看，法币国际地位和国际金融资源分配中的地位包括该国法币使用的广泛性，自身货币政策的影响力，对国际金融合作组织的影响力以及对金融规则制定的影响力。货币有储值手段、价值尺度、交换媒介、支付手段四个功能，支付清算手段和该国货币的储备情况可以体现出全球金融市场对一国货币的信任程度，也能够反映出其金融市场建设的完备度；货币政策影响力则反映一国在资本市场上的影响力，也是其法币在世界上地位的体现；对金融合作组织的影响力可以直接作用在全球金融问题的决策权上，能够帮助自身及盟友获得更多金融支持；对规则影响力可以反映一国自身的金融治理水平，也可以帮助本国金融机构获得更大的优势。

一、美国在全球金融治理体系中占据支配地位

（一）美元是全球储备货币

美元在国际贸易和金融交易中占据主导地位，也被广泛用作全球储

备货币。在支付清算中，以美元计价的支付清算占比较高。2023 年之前的一段时间，由于加息周期与地缘不稳定因素的出现，"去美元化"成为世界趋势，以美元计价的支付清算比例不足 50%，甚至与欧元差距不到10%，但自 2023 年 7 月开始，SWIFT 公布的美元计价的支付清算比例上涨至 60% 附近，拉开了与其余货币的差距。[①]2023 年 11 月的交易数据显示，美元占比达到 59.78%，欧元为 12.88%，英镑为 5.46%，日元为 4.87%，人民币为 3.15%。根据国际清算银行（BIS）公布的全球贸易数据，大约60% 的交易以美元计价，使得其他国家需要维持大量美元储备，以便进行国际贸易和支付。根据 IMF 的统计数据，截至 2022 年初，美元在全球外汇储备中的占比为 59.2%，虽然该比例在近些年下降严重，但是其仍然具有不可撼动的支配地位；第二位是欧元，占全球的 21%，第三位是日元，第四位是英镑，人民币则占据第五位，比例为 2.68%。[②]

美元能有如此地位离不开长期的信用积累，也离不开"石油美元"带来的支付场景。20 世纪 70 年代，美国要求沙特将美元作为石油计价和结算的唯一货币，并希望沙特将巨额的石油盈余投放在美国的政府债券上。由于沙特是当时世界上第一大石油出口国，是欧佩克（OPEC，即石油输出国组织）中最有话语权的成员国，欧佩克其他国家也接受了这一协议。由此，现行的石油计价机制正式形成，石油美元[③]应运而生，这也

---

① Statista.Most used currency in the world for international payments in SWIFT from January 2019 to June 2024，based on share in total transaction value.［DB/OL］. https：//www.statista.com/statistics/1189498/share-of-global-payments-by-currency/

② Esvar Prasad. 持久的美元主导地位［EB/OL］.https：//www.imf.org/zh/Publications/fandd/issues/2022/06/enduring-preeminence-eswar-prasad.

③ 鉴于国际石油交易都是以美元计价，而且第一次石油危机带来的油价暴涨使得石油出口国收入激增，美国经济学家奥维斯（Ibrahim Oweiss）在 1973 年首次提出"石油美元"（Petrodollar）一词，即通过出口石油获得的收入。

意味着全球大多数国家需要持有美元来购买石油。因此，美元的支配地位从支付端扩散到储备端，购买"工业血液"——石油的需求促使其他国家将大量外汇储备转化为美元，巩固了美元的储备货币地位。[①]

美国还拥有全球最大、最活跃的金融市场，这使得美元成为全球最具流动性的货币，大大提升其作为储备货币的吸引力。例如，国际清算银行全球流动性指标（GLIs）显示，2023年第二季度，美国境外非银行机构的美元信贷未偿存量达13万亿美元；相比之下，欧元区境外欧元信贷未偿存量为4万亿欧元，日本境外的日元信贷未偿存量仅为4000亿美元。美国金融市场的流动性也较好，能够将一国所储备的大量美元资产在市场上迅速换为美元进行交易，且美元在外汇市场的日均交易量约占全球外汇交易总量的半数以上。美元的这种深度和流动性使其成为投资者和多数中央银行首选的资产。

（二）美国货币政策对全球经济的溢出效应

美国的货币政策决定了全球金融市场的流动性和利率水平，是全球经济体系中的关键因素，直接影响其他国家的货币政策和经济状况，其变化和调整会对全球金融市场、贸易平衡和其他国家的经济产生深远影响。一方面，许多国家的汇率直接与美元挂钩，形成固定汇率，美国的货币政策变动势必直接影响相关的货币政策；另一方面，美国的货币政策决定了以美元计价市场的利率水平与价格水平，造成资金的迁移，进而影响了国际间的资本流动与外汇市场的汇率变化。

---

① 郭海涛. 国际原油定价机制与国际原油［J/OL］.https：//www.shfe.com.cn/upload/20180607/1528353154166.pdf.

　　同时，由于一个国家的政策需要在"不可能三角"中抉择，即在资本自由进出、固定汇率和独立自主的货币政策之中，只能同时实现其中的两者。因此，很多国家与地区因为自身信用不足，放弃了独立自主的货币政策，选择将法币的信用建立在以外国货币为锚的基础上，而其中绝大多数国家和地区选择的锚是美元。有学者通过探究当今世界上固定汇率的国家锚的选择，认为美元作为世界储备货币在今天与在布雷顿森林体系早期时一样占主导地位，而欧元作为第二名被远远甩在后面，在21 世纪停滞不前，其全球重要性在逐渐地下降。[①] 固定汇率制度最典型的是中国香港，港币与美元挂钩始于 1983 年 10 月 17 日。中国香港以百分百外汇储备，保证港币以 7.75~7.85 港元兑 1 美元的汇率与美元挂钩，而中国香港的外汇储备资产总额达 4157 亿美元，约相当于流通港币的 7倍。当美国的货币政策变化时，因为利率平价的存在，中国香港也需要跟随美国进行同等程度的加息或减息，以确保挂钩的稳定，因此中国香港的货币政策并不独立。

　　此外，美国的货币政策决定了以美元计价的金融市场的利率水平与价格水平。在 2022—2023 年的美元加息周期中，美国国债在二级市场上的价格大幅下降，一度造成以美债为核心资产的部分金融机构资产缩水，出现资不抵债的情况，硅谷银行（SVB）破产就是一个典型案例。利率上升不仅会带来以美国国债为代表的无风险资产价格下降，同样也造成股票、基金等风险资产的价格下降。例如，2022 年，道琼斯工业指数下跌 8.78%，这一方面是因为当无风险利率升高时，股票的风险性要求更

---

　　① 　Ilzetzki E，Reinhart C M，Rogoff K S. Exchange arrangements entering the twenty-first century：Which anchor will hold？［J］. The Quarterly Journal of Economics，2019（2）：599–646.

高的风险补偿；另一方面是因为加息导致居民和企业更愿意将钱储蓄而非消费，造成企业业绩下滑。此外，当美国加息时，以美元计价的资产价格下降，没有资本管制的国家的资金会涌入美国购买美元资产，造成这些国家的资金外流。例如，南美洲各国在美国加息时，其资本外流情况严重，造成本币的大幅度贬值，这些国家只能选择加息，可见美国的货币政策能够通过资产价格间接影响其他国家的货币政策。所以，部分国家认为，与其被动接受，不如主动将本币绑定在美元上，甚至直接使用美元。例如，阿根廷 2023 年 12 月上任的总统哈维尔·米莱（Javier Milei）就对外宣布实施"美元化"。然而，如果过度依赖美元，则会丧失自身的货币政策独立性，不利于对国家经济的自主调节。

（三）美国对国际金融组织的影响力

美国在国际金融组织和区域性金融合作组织中扮演着重要角色，特别是在当今世界最重要的两大组织，IMF 和世界银行中，美国都具有较高的影响力，在决策权、制度建设等多方面具有较大的话语权。

美国在决策权方面的影响首先体现在对 IMF 和世界银行两大世界性金融合作组织领导者的提名与任命上。美国和欧洲在 1945 年达成"绅士协议"，即通常由欧洲人担任 IMF 总裁，并由欧洲国家提名人选，世界银行行长则由美国公民担任，并由美方提名人选。然而，由于 IMF 的负责人通常都有较长的美国生活或工作经历，受到美国经济金融制度的影响颇深，这在潜移默化中也增强了美国对于 IMF 的影响力，例如，IMF 前总裁拉加德第一份工作就在芝加哥。

其次，美国的影响力体现在 IMF 和世界银行的内部治理结构上。执行董事会作为上述两大国际金融组织的最高权力机构，能够决定组织中的绝大多数重要事项。美国在 IMF 执行董事会的投票权高达 16.50%，是其最大的股东，在世界银行的投票权也超过 15%，同样具有最高的权重，能够左右执行董事会的决议。此外，对于两大组织中的一些重要事项，例如，接纳新成员、增加份额、IMF 特别提款权（SDR）的分配、世界银行的重大贷款等，美国都有一票否决权。

再次，美国还会通过其影响力主导某些项目，影响国际金融体系的运作。例如，IMF 的一揽子债务减免计划，即"重债穷国倡议"（HIPC Initiative），在一定程度上受到美国主导，世界银行批准项目的国别分布反映了美国在政策引导上的影响。美国通常能够确保其支持的国家在获得世界银行的贷款和援助时得到更多的支持。美国还会通过 IMF 向其他国家提供条件性贷款，对受援国的经济政策和改革方向产生着深远的影响。例如，IMF 通过结构性调整方案（SAPs）[①]向受援国提供贷款时，通常会要求其进行经济结构调整和改革，而美国在 IMF 中的影响力使得其对这些方案的制订和执行有着重要的发言权。

最后，美国还参与了许多区域性经济金融组织。例如，在美洲地区，美国是北美自由贸易区（NAFTA）的成员之一，主导加拿大、墨西哥和美国之间的贸易合作，三方在 2018 年 9 月更新为《美墨加三国协议》（USMCA）；美国也是美洲国家组织（OAS）的成员，该组织致力于推动美洲国家之间的政治和经济合作。在亚太地区，美国曾经是跨太平洋伙伴关系（TPP）的谈判国之一，但在特朗普政府时期退出了该协定。

---

①　SAPs 通常包含一系列涉及财政、货币、贸易和结构性改革的政策，包括削减政府支出、提高税收，还可能要求借款国开放其经济，促使市场自由化和全球化，以吸引外国投资和提高出口。一些国家的确通过 SAPs 实现了经济复苏，但也有一些国家因其负面影响而对其持批评态度。例如，拉美国家得到 SAPs 后进行的市场化改革经常性引发游行与动乱。

（四）美国主导国际金融体系规则制定

美国的影响力还体现在主导国际金融治理体系规则的制定，进而对全球的金融市场、金融机构产生直接影响。

例如，SWIFT[①]是全球金融机构之间进行跨境支付和信息交流的主要平台，本应作为国际金融基础设施在国际争端之中保持中立。但在SWIFT的治理体系中，25人的董事会属于发展中国家的董事只有中国与中国香港两位成员，绝大多数董事来自美国和欧洲，其不受任何政治影响和政府干预的成立初衷难以被内部力量监督。根据俄罗斯国家SWIFT协会的数据，俄罗斯约有300家银行和一半以上的信贷机构使用SWIFT，拥有仅次于美国的第二大用户群。但在2022年，美国与欧盟通过SWIFT来实施金融制裁，将俄罗斯主要金融机构直接踢出该系统，体现了美国能够将国际金融基础设施武器化，进一步显示了其在国际金融治理体系中对规则的支配力。

此外，在国际会计准则（IFRS）的制定中，美国也起到了极为重要的作用。美国的公司主要使用美国通用会计准则（GAAP），而其他几乎所有国家都使用IFRS准则，例如，英国、加拿大和中国。随着全球化的推进，世界范围内许多企业对IFRS支持声音逐渐加大，使用IFRS的比例越来越高。在此情况下，美国财务会计准则委员会（FASB）和国际会计准则理事会（IASB）于2002年达成"诺沃克协议"（Norwalk Agreement），以促进GAAP与IFRS之间短期和长期项目之间的趋同。当

---

① SWIFT总部位于比利时，由十国集团（G10）中央银行监督，摩根大通的格雷姆·门罗在2023年3月被任命为SWIFT的非执行主席。

然，美国并不是简单地抛弃 GAAP 准则，而是对 IFRS 的一些会计科目提出要求，使 IFRS 和 GAAP 逐渐靠拢，形成一套新的准则供世界所有国家使用，这对全球的上市公司与金融机构都会造成影响。

二、欧元区在全球金融治理体系中仅次于美国，远远超过全球其他经济体

欧元区是指使用欧元作为官方货币的欧盟国成员，目前，共有 20 个欧盟成员 ① 国家组成，欧洲央行（ECB）是负责欧元区货币政策的中央银行。由于欧元区国家在全球经济中占有重要份额，因此，欧洲央行的货币政策会对世界经济产生深远的影响，涉及全球贸易、金融市场、资本流动和各国间的货币政策协调等方面。

（一）欧元的支付清算与全球储备货币地位

欧元的崛起使全球货币体系呈现多极化趋势，其在支付清算与全球储备中的比例仅次于美元。根据 SWIFT 披露的数据，截至 2023 年 11 月，欧元在国际支付清算中的占比为 22.95%，仅次于美国的 47.08%；而 IMF2023 年第四季度的数据显示，欧元是全球外汇储备中的第二大货币，占比为 20%，仅次于美国的 58%。这使得欧元区在国际货币体系的演变中发挥了积极的推动作用，有助于降低全球金融治理的单一性。欧元区的贸易伙伴，尤其是新兴市场国家，通过与欧元的结算和贸易，减少了对美元的依赖，降低了全球贸易的汇率风险。

---

① 欧盟成员国家目前有 27 个。

而欧元区市场同样活跃,根据国际金融服务协会(IFSA)的报告,欧元区的投资银行在全球市场中占据着显著份额,尤其在国际债券承销和股票交易等领域具有重要影响。欧元区内的金融机构对全球金融市场的影响力同样巨大,例如,德意志银行和法国兴业银行是全球系统性重要银行(GSIBs),这些银行在全球范围内拥有广泛的业务网络,涵盖了投资银行、零售银行和资产管理等多个领域,它们在全球范围内提供了融资、交易和资产管理服务,助力了国际资本的有效配置。

(二)货币政策的溢出效应

欧洲央行货币政策的影响力虽弱于美联储的货币政策,但其溢出效应仍然存在。有学者论证了欧元区的货币政策紧缩会导致中欧、东欧和东南欧的产出恶化[①],而负面溢出效应主要是由于欧元区需求下降导致中欧、东欧和东南欧的进出口下降而产生,也就是说,欧元区的货币政策紧缩会通过影响本国居民和企业的消费、储蓄、投资行为而影响其商贸伙伴的增长。同时,欧元区的货币政策主要跟随美联储的政策步伐,但也存在一定分歧。以本轮美联储加息周期为例,欧元区在2022年7月从零利率开始跟随美国加息,但在2024年6月,欧洲央行宣布开始降息,体现了欧元区货币政策在跟随的同时仍有一定的自主性。

此外,法国作为欧元区国家之一,除了通过欧盟参与国际治理外,其对非洲的金融和经济事务产生了深远影响,且部分影响力主要由欧洲央行继承。例如,多个非洲国家(包括14个西非国家和6个中非国家)

---

① Feldkircher M,Schuberth H. Understanding Monetary Spillovers in Highly Integrated Regions:The Case of Europe[J]. Oxford Bulletin of Economics and Statistics,2023.

建立了非洲金融共同体法郎（CFAF）货币体系[①]，虽然法郎 CFA 区的国家拥有自己的中央银行，但它们并不完全独立制定货币政策，这些国家的中央银行在法国财政部和法国央行的监督下运作，并将部分外汇储备存放在法国央行，而法国央行作为欧洲央行的一部分，使得欧洲央行在非洲的金融事务中也具有一定的影响力。

（三）欧元区对国际金融组织的影响力

由于欧洲在世界历史上很长一段时间内处于世界领先的地位，欧元区在国际金融组织中曾具有较高地位，世界第一个金融合作组织国际清算银行（BIS）就是由一些欧元区国家与美国和英国共同设立，可见，欧元区在国际金融组织中也扮演着重要角色。例如，在 IMF 的投票权和份额占比中，截至 2017 年 4 月的更新数据，全部 20 个欧元区国家的投票取占比总额达到 22.8%，份额占比总额达到 20.83%[②]，且 IMF 总裁由欧洲国家进行提名，因此，欧元区的意见往往能够影响 IMF 的政策方向。在2009 年欧洲爆发主权债务危机时，IMF 配合欧洲央行给予货币化支持，提供贷款缓冲化解各国债务的短期风险。2010 年 5 月由欧盟与 IMF 成立了"欧洲金融稳定机制"（ESM），并设立了欧洲金融稳定基金（EFSF），该基金和 IMF 等机构向各债务国提供贷款、担保，成为各家债务国的最终担保人。此外，欧洲在世界银行的决策中同样具有重要地位。世界银行通过融资项目、技术援助和政策建议等方式支持发展中国家的经济和

---

① 法郎 CFA 是一种与法国货币体系紧密相关的货币，其历史可以追溯到法国殖民时期。法郎 CFA 最初是根据 1944 年布雷顿森林协定体系创建的，当时法国货币与黄金挂钩。后来，法郎 CFA 与欧元挂钩，由法国中央银行负责维持其固定汇率。

② 数据来源：IMF 官网 . https://www.imf.org/external/np/sec/misc/consents.htm#a2.

社会发展，而欧元区国家常常是这些决策的关键参与者。

（四）国际金融体系的规则制定

欧元区作为全球主要的经济体，其经济实力和金融市场的发展水平对国际金融体系具有重要影响，使得欧元区在制定和推广国际金融规则时拥有显著的发言权。例如，欧洲央行在国际货币和金融委员会（IMFC）、国际清算银行（BIS）等国际组织中扮演重要角色，参与制定全球货币政策和金融稳定框架；巴塞尔委员会制定的《巴塞尔协议》是国际银行业资本监管的基石，影响深远；欧盟及欧元区也通过欧洲银行管理局（EBA）和欧洲证券和市场管理局（ESMA）等机构，推动了金融监管改革和标准的提升，强化了欧洲在全球金融监管领域的领导地位。此外，欧盟及欧元区在推动绿色和可持续金融方面处于全球领先地位，制定了《欧盟绿色分类法》（*EU Taxonomy*）等一系列可持续金融政策，成为全球金融市场中重要的参考标准，推动国际金融规则向可持续发展方向转变；欧盟及欧元区的《通用数据保护条例》（*GDPR*）对全球的数据隐私和金融合规标准也产生了巨大影响；这些政策都对全球的金融监管框架产生了深远的影响，欧元区国家也通过这些标准在全球推广其金融监管经验。

三、日本在国际金融治理体系中也具有一定影响力

（一）日元在支付清算与储备货币中占比较大

日本的经济体量和国际贸易活动促进了日元在国际支付清算中的使用，使得日元在支付清算领域也具有相当程度的影响力。据 SWIFT 数据

统计，截至 2024 年 3 月，在主要货币支付额排名中，日元以 4.13% 的占比处于世界第五的位置。同时，日元也是世界公认的避险货币之一。1998 年 10 月，美国对冲基金 LTCM 的突然陨落对市场造成巨大冲击，日元兑美元当月大涨 10%，使日元的避险属性得到市场关注。2008 年以后的数次危机，如 2008 年由美国次贷危机引发的全球金融危机、2010 年欧洲主权债务危机等，日元兑美元汇率均出现强势拉升。究其原因，日本拥有较大的外汇储备规模和低外债水平，是全球主要债权国之一，并且长期实行超低利率政策，从而有助于维持日元币值稳定，加大做空日元的难度，这也是外国投资者青睐日元的原因。据 IMF 披露的数据，截至 2022 年第四季度，日元在全球外储中的占比为 5.51%，排名世界第三，仅次于美元 58% 和欧元的 20%。

此外，日本的金融机构在国际金融市场中也具有广泛的影响力，例如，三井住友银行、三菱日联金融集团等日本金融巨头在全球范围内都拥有庞大的业务网络，对国际金融体系的运作具有重要影响。

（二）日本货币政策的溢出效应

日本货币政策也会对全球资本流动和金融市场稳定造成影响，从而产生较强的政策溢出效应。如果日本央行长期执行的宽松货币政策导致日元贬值，虽有助于提升日本出口竞争，但由于亚洲国家多为出口导向型，日元贬值势必冲击这些国家经济，导致亚洲货币市场出现竞争性贬值的情况。例如，1991 年，日本资产泡沫破裂，经济一蹶不振，日本央行大幅降息，央行贴现率从 1990 年的 6% 一路降到了 1995 年的 0.5%，美日利差达到 4.5%。东南亚多国货币绑定美元，被动地随美元一起相对于日元不断升值，导致本国出口萎缩，国际收支恶化，在国际游资的猛烈冲击下，东南亚国家出现了严重的货币危机，在某种程度上可以说日元的大幅贬值也是 1997 年爆发东南亚金融危机的诱因之一。

（三）日本对国际金融组织的影响力

日本在国际金融组织中也颇具影响力。日本目前在 IMF 拥有第二高的投票权（6.5%），高于中国的 6.4%；在世界银行的投票权也有 6.84%，高于中国的 4.42%，这使得日本能够在这些机构的决策过程中发挥重要作用。同时，日本也对 IMF 委派副总裁，使得其在执行董事会中有较高地位。

日本是亚洲开发银行的创始成员国之一，也是最大的股东国之一，历任行长均由日本推荐担任。日本政府每年向亚洲开发银行提供大量的资金支持，并积极参与该机构的项目决策和管理。通过亚洲开发银行，日本推动了亚洲地区的基础设施建设、贸易和投资便利化等一系列合作项目，促进了亚洲地区的经济发展和合作，扩大了自身的影响。

（四）日本对国际金融体系的规则制定

日本作为 G7、G20 等重要国际经济合作组织的成员，并在 IMF、世界银行等国际金融组织中拥有重要席位和投票权，因此其在国际金融体系规则的制定中也发挥着一定作用。同时，日本政府和金融监管机构通过参与国际金融论坛、与其他国家和地区的合作以及提出倡议等方式，也推动着国际金融规则的制定和改革。

五、中国在国际金融体系中影响力日益增强

近年来，我国在国际金融治理体系中的作用日益增强，不仅通过

IMF 和世界银行等传统金融机构参与全球治理，还通过倡导新的金融机构和“一带一路”倡议等多样化手段影响着国际金融秩序，但要在国际金融体系中占据支配地位，仍然有漫长的路要走。

（一）人民币国际化进程加快

自 2010 年起，我国先后推动建立离岸人民币市场和人民币跨境支付系统（CIPS），并与 40 个国家和地区签署双边本币互换协议，互换总金额超过 4 万亿元。根据 SWIFT 数据，截至 2024 年 3 月，人民币国际支付份额达到了 4.7%，稳居世界第四位。从 2009 年下半年开始，中国人民银行联合相关部门在上海、深圳、广州、珠海、东莞五个城市启动跨境贸易人民币结算试点，此后持续扩大试点范围，并在 2012 年将相关业务拓展至全部经常项目。2023 年 3 月，人民币在中国跨境收支中占比从 2010 年几乎为零上升至 48%，创历史新高，首次超过美元。这体现出中国的贸易伙伴国对人民币的认可度提高，未来与中国做生意，以人民币结算将成为主流。此外，随着我国经济的持续增长和人民币国际化的推进，未来会有越来越多的国家和地区开始将人民币纳入其外汇储备中，人民币在国际上的地位将会持续提升。

在建设人民币金融市场方面，我国政府推动了在境外设立离岸人民币市场，包括中国香港、新加坡、伦敦等地的离岸人民币市场逐渐壮大，成为全球最重要的离岸人民币交易中心。同时，人民币债券市场也不断发展壮大，吸引了越来越多的国际投资者参与。直接投资方面，中国人民银行在 2011 年先后启动了对外直接投资（ODI）和外商直接投资（FDI）人民币结算工作，以更好地促进人民币跨境直接投资。在证券投资方面，为满足境内外机构投资者开展人民币证券投资的需求，中国人民银行在

2011 年和 2014 年相继启动了人民币合格境外机构投资者（RQFII）和人民币合格境内机构投资者（RQDII）机制，通过制度的完善，外资将更愿意也更容易持有人民币。

我国还通过推动数字人民币（CBDC）的发展，走在各国央行数字货币的前列，引领了全球数字货币的探索。在世界上多数国家的央行数字货币还停留在讨论和规划阶段时，数字人民币试点项目已经在多个城市进行。截至 2022 年 8 月 31 日，我国 15 个省（市）的数字人民币试点地区累计交易笔数 3.6 亿笔、金额 1000.4 亿元，支持数字人民币的商户门店数量超过 560 万个。① 此外，以数字人民币为核心的央行数字货币桥（mBridge）可以大幅提高跨境支付效率，降低跨境支付成本 50%，未来将对人民币的进一步出海与国际支付清算系统产生更大的影响。

（二）中国对国际金融组织的影响力与日俱增

随着经济实力的增长以及国家的长期争取，我国在国际金融组织中的地位不断上升，在 IMF 和世界银行中的出资份额和话语权逐渐增加。经过 2021 年的改革，我国在 IMF 中的总配额已经超过 500 亿美元，且在 IMF 中的投票权比重已经达 6.4%，位居全球第三，仅次于美国和日本，并能够派出官员作为其副总裁参与 IMF 的内部治理。同时，我国也是世界银行的重要成员国之一，出资比例同样位居第三位。此外，我国在区域性金融治理中则有更多的行动。例如，我国通过发起设立亚洲基础设施投资银行（AIIB）、新开发银行（NDB）等金融机构，支持了一系列基

---

① 中国人民银行 . 扎实开展数字人民币研发试点工作［EB/OL］. http：//www.pbc.gov.cn/redianzhuanti/118742/4657542/4678070/index.html.

础设施和经济发展项目。其中，我国是 AIIB 的创始成员之一，也是其最大的股东国，拥有最大的投票权（27%）。截至 2022 年，AIIB 已经批准了约 200 个项目，大部分与"一带一路"相关，涉及亚洲、欧洲、非洲等多个地区，获批的总金额超过 380 亿美元。我国也是新开发银行五大股东之一，具有约 19% 的表决权，行长将由五大股东国轮值。该行自成立以来累计批准成员国 98 个项目，投资总额约 332 亿美元，并通过这些投资项目对国际金融治理产生一定影响力。

"一带一路"倡议是我国推动国际金融合作的重要平台，通过基础设施建设、贸易合作等方面的投资，推动"一带一路"共建国互联互通，带动沿线国家的经济发展，促进人类命运共同体的建设。"一带一路"倡议自 2013 年提出以来，已有超过 3000 个与之相关的基础设施项目，总投资额估计超过 4 万亿美元，成为全球最大的基础设施投资项目之一。根据海关总署公布的数据，2023 年，我国对共建"一带一路"国家进出口 19.47 万亿元，占进出口总值的 46.6%，投资合作日益密切。[①] 据 2021 年的数据显示，我国对"一带一路"共建国家的投资涉及国民经济 18 个行业大类，沿线设立企业超过 1.1 万家，约占中国对外投资企业数量的四分之一。[②] 截至 2022 年末，我国政策性银行对"一带一路"共建国家贷款合计 3.1 万亿元，同比增长 6.6%；大型商业银行对"一带一路"共建国家贷款余额约 2.3 万亿元。[③]

---

① 商务部. 2023 年我国与共建"一带一路"国家进出口达 19.47 万亿元 [EB/OL]. http://fec.mofcom.gov.cn/article/xgzx/xgzxfwydyl/202401/20240103467277.shtml

② 中国政府网. 我国对外直接投资流量连续十年位列全球前三 [EB/OL]. https://www.gov.cn/xinwen/2022-11/07/content_5725198.htm.

③ 新华网. 金融监管总局：不断提升"一带一路"金融服务水平 [EB/OL]. http://www.news.cn/fortune/2023-10/17/c_1129921828.htm.

我国是世界第二大经济体，但金融影响力尚未匹配经济实力。随着人民币国际化的不断稳慎推进，人民币正逐渐在全球范围内获得更广泛的认可和使用，这不仅为我国的国际贸易提供了更加便利的条件，也为我国金融体系赢得了更多的信任和尊重。同时，我国对国际金融组织的影响力也在逐步增强，参与全球经济治理的话语权和决策权不断扩大，为世界经济的稳定与繁荣贡献着更大的力量。而"一带一路"倡议为我国拓展了与沿线国家的金融合作空间，推动了区域内金融市场的互联互通，加强了我国与其他国家的经济联系和合作。通过共建基础设施、加强金融机构间的合作与交流，不仅加速了沿线国家的经济发展，也为我国金融业走向国际提供了新的契机和平台。

我国正处于建设金融强国的重要时期，需持续推进人民币国际化进程，不断提升对国际金融组织的影响力和对国际金融监管规则制定的话语权，深化与"一带一路"共建国家的金融合作，努力使我国的金融实力与经济地位相匹配，为构建开放型世界经济、推动经济全球化进程做出更大的贡献。

第八章

迈向金融强国之路

　　金融既是实体经济的重要支撑，也是国家核心竞争力的重要组成部分。多年来，我国金融业在支持实体经济发展的同时，自身也得到了长足发展，已成为名副其实的金融大国，但距金融强国还有相当距离。当前我国经济发展进入新常态，已由高速增长阶段转向高质量发展阶段，传统金融业务模式助力实体经济发展后劲不足。金融强国建设既要补齐我国在传统金融业发展方面的短板，更要在创新发展方面有所突破，照抄照搬国外金融业发展的一般经验，包括历史上金融强国的发展经验都是不够的，需要以更加全面的战略思维统筹兼顾、系统安排。

第一节　中国与金融强国之间的差距

　　党的十八大以来，在以习近平同志为核心的党中央领导下，我国金融事业发展取得了一系列重大成就。目前，我国拥有全球最大的银行体系，截至 2023 年 12 月末，银行业金融机构的总资产规模为 409.70 万亿元，位居全球第一[①]；我国资本市场初步形成了包含主板、创业板、科创板、新三板、区域性股权市场、柜台市场等构成的多层次资本市场体系，截至 2023 年 12 月中旬，我国境内 A 股市场上市公司总数达到 5323

---

　　① 根据国家金融监管总局统计数据显示，截至 2023 年 12 月末，银行业金融机构的总资产为 409.70 万亿元，较 2019 年增长 45.02%，其中，大型商业银行的总资产达 170.64 万亿元，较 2019 年增长 54.32%。5 年间，大型商业银行的资产规模占银行业金融机构资产规模总值的比重从 39.14% 提高至 41.65%。

家，总市值达到 70 余万亿元，一直稳居世界资本市场的第二位；我国债券、保险的规模也位于全球第二，外汇储备规模连续 17 年位居全球第一，绿色金融、普惠金融、数字金融等新型金融业态走在世界前列。同时，人民币的国际地位也大幅提升，自 2023 年 11 月，人民币全球支付占比超越日元，升至全球第四大最活跃货币，截至 2024 年 3 月，占比为 4.7%①；根据中国人民银行发布的《2023 年人民币国际化报告》显示，人民币在国际储备货币中排名第五，占比 2.69%，且已有 80 多个境外央行或货币当局将人民币纳入外汇储备；2023 年 5 月，IMF 宣布将人民币在特别提款权（SDR）中的比重从 10.9% 提升至 12.3%，位居第三。② 从金融中心与跨国金融集团的角度看，根据北京立言金融与发展研究院联合 GYbrand 全球品牌研究院 2024 年 6 月发布的第 14 期《国际金融中心指数 100 强》研究报告，全球金融中心指数 100 强中，我国已拥有 14 个上榜的国际金融中心。其中，中国香港、上海、北京、深圳在全球的排名分别位列第三名、第六名、第八名和第十四名，其他诸如广州、杭州、成都等表现均较抢眼。上述各种数据表明，我国已经是名副其实的金融大国。

问题是金融大国仅能说明一国的金融规模在世界各国中的数量优势，无法刻画出金融的"强"度，金融大国与金融强国之间还有很大差距。就我国金融业的现实来看，整体上仍是一个以规模、数量、速度为驱动的发展模式，这种规模优势在目前尚难以转换成为切实的金融动能和国

---

① 上海证券报.人民币连续 5 个月位居全球第四大支付货币［EB/OL］. https：//news. cnstock.com/news，bwkx-202404-5220249.htm.

② 目前，SDR 中占比排名第一和第二的分别是美元和欧元，其中美元的权重由 44% 现降为 41.9%，欧元的比重 34% 提高到 37.4%。此外，排名第四和第五的分别是英镑和日元，其中英镑的权重由 11% 提高到 11.3%，日元的权重由 11% 降至 9.4%。

际竞争力，与中国式现代化和高质量发展的要求相比仍有很大距离。具体表现在：

一、金融结构布局尚需完善

目前，我国已经建立起覆盖银行、证券、保险、基金、期货、信托等多领域的金融机构和金融市场体系，各项金融基础设施功能日益完备，为我国改革开放以来经济的高速增长提供了有力支撑。但从金融结构来看，银行业"一业独大"的问题依然突出，证券和保险行业发展仍然滞后，资本市场及保险业的功能发挥不足。银行市场的规模占比逾九成，证券和保险等金融市场占比不足一成。截至 2023 年末，我国金融业机构总资产达 461.09 万亿元，总负债 420.78 万亿元。其中，银行业总资产 417.29 万亿元，总负债 383.12 万亿元；银行业在金融机构总资产和总负债中的占比分别高达 90.5% 和 91.0%，而证券业总资产规模仅为 13.84 万亿元，总负债 10.43 万亿元，保险业总资产规模 29.96 万亿元，总负债 27.22 万亿元，证券业和保险业合计的总资产和总负债占比仅为 9.5% 和 8.9%。这种金融结构导致的直接结果就是间接融资在我国融资结构中长期占据主导地位，经济发展及宏观调控均对银行业形成了较大的依赖性。多层次资本市场发展滞后、直接融资比例过低带来了几个突出问题：一是全社会杠杆率逐年上升，抵御风险冲击的能力降低；二是银行业积累的金融风险越来越高，金融市场的风险分散功能受限；三是金融体系对于科技创新和个人创业的支持明显不足，中小企业难以通过债券市场融资，股票发行难度更大。

我国资本市场虽然在股票市值、股票交易额、债券余额等"量"的指标方面已名列前茅，但在市场规范、透明、国际化程度、活力以及韧性等"质"的指标方面，距离金融强国还有较大差距。据上海证券交易所 2020 年 6 月发布的《全球资本市场竞争力报告（2020）》，我国资本市场在全球资本市场竞争力排名中位居第五位，排在美国、英国、日本、加拿大之后，处在第二梯队。此外，我国资本市场活跃程度不够，股票指数长期处于低迷状态，资本市场缺乏自我调节、自我平衡和自我稳定机制。因此，中央金融工作会议在完善金融市场功能方面，再次强调要更好发挥资本市场枢纽功能，疏通资金进入实体经济的渠道。

二、金融机构的竞争力和协同性有待加强

金融机构是实现金融功能的主要载体，金融强国通常拥有规模和质量处于全球前列、具有国际竞争力的商业银行、投资银行、保险公司和信托公司等金融机构。与现阶段美欧等发达国家的金融机构相比，我国的银行业机构大而不强，国际竞争力明显不足；其他非银行金融机构既不大，也不强。特别是服务于科技创新的直接融资型金融机构整体偏弱，距离金融强国所需的强大金融机构体系要求尚有不小的差距。在国际影响力和品牌价值方面，美国的摩根大通、高盛、花旗集团等金融机构在全球金融市场中占据领导地位，远超其他国家。我国金融机构综合实力虽然不断增强，但缺乏一流的投资银行和投资机构，在国际市场上的影响力和品牌认知度较低，国际业务比例相对较小。近年来，我国金融机构虽在金融科技应用方面取得了显著进展，但在金融产品体系和服务创新方面，尤其是在衍生品市场、资产管理、风险管理工具等方面与国际领先金融机构相比还有较大的提升空间。国际领先的大型金融机构普

遍拥有成熟的风险管理体系和内部控制机制，这些机制在全球金融危机中经受了考验，并不断改进优化；我国金融机构的风险管理和内部控制水平虽然也在不断提升，但与国际先进水平相比，仍面临着风险识别、量化、管理和控制等方面的挑战，特别是还没有经历过完整的宏观经济周期及重大金融风险事件检验。

此外，不同类型的金融机构在业务开展中可能存在信息不对称、业务重叠或空白地带，导致金融资源的配置效率不高，金融机构间的协同性有待加强。习近平总书记曾指出要构建分工协作的金融机构体系，旨在促进不同类型的金融机构各司其职、各专其业，同时相互协作、互为补充。当前，我国已经形成规模较大、种类较完备的金融机构体系，但子行业机构间相互分隔，整体的协同性仍然较差，不同规模机构间未能互为补充，不同行业机构间未能形成合力。

三、金融业对实体经济发展支撑不足

我国金融业坚持以服务供给侧结构性改革为主线，不断完善政策、优化产品和服务，基本建成多层次金融服务体系，金融服务的覆盖率、可得性和满意度都显著提高。然而，金融服务与产品供给还未能很好地与需求端相适应，金融业存在的"脱实向虚"倾向阻碍了服务实体经济的广度和深度，导致金融服务实体经济的质效不高。近年来我国金融业增加值占 GDP 的比重基本维持在 8% 左右的高位，超过了许多比我们发达的国家，但金融资源未能更好地支持经济社会发展的重点领域和薄弱环节，对实体经济并没有起到应有的促进作用，不能满足经济高质量发展的要求。以美国作为参考对象，我国金融在支持实体经济方面与其还存在着较大差距。

在资源配置效率方面，美国的金融市场更加成熟、效率更高，金融资源能够较为有效地流向实体经济中需要支持的领域，如创新科技、中小企业等。同时，美国的资本市场层次分明，在资源配置中扮演着重要角色，为实体经济提供了丰富的融资工具和直接融资渠道，满足了不同类型企业的融资需求。我国虽也在努力推动多层次资本市场的发展，但目前仍面临一些挑战，如市场准入门槛高、融资工具相对单一等，直接融资比重相对较低，银行贷款仍是主要的融资渠道，这导致小微企业和创新型企业融资难、融资贵的问题较为突出，限制了金融业对实体经济的有效支持。

在金融服务的多样性和普惠性方面，美国金融业在提供普惠金融服务方面相对完善，能够覆盖更广泛的实体经济领域，包括小微企业、农村地区等，美国拥有发达的社区银行体系，专注于为当地企业和居民提供金融服务，而且美国金融机构提供的金融产品和服务种类繁多，满足了不同类型企业和个人的多样化需求。就我国金融业而言，借助金融科技的蓬勃发展，在普惠金融服务方面近年来虽取得了显著进展，但在一些偏远地区和小微企业领域，金融服务的多样性和可获得性仍然不够充分，特别在某些领域，如长期融资、风险管理工具等方面，与美国相比仍有提升空间。

在对创新和科技企业的支持方面，美国的风险投资市场非常发达，对初创企业和科技创新有着重要的支持作用。此外，资本市场对于创新型企业的支持也非常明显，许多科技公司通过 IPO 获得了大量资金。而我国政府和金融机构虽正在加大对创新型企业的支持力度，包括设立国家融资担保基金、鼓励发展创业投资等，但与美国成熟的风险投资市场相比，我国在这一领域仍有很大的上升空间。

四、金融监管效能有待增强

2023 年 5 月，国家金融监督管理总局在原中国银行保险监督管理委员会的基础上组建，中国金融监管体系从"一行两会"迈入"一行一总局一会"的新格局，并逐步建立起以《中国人民银行法》《商业银行法》《证券法》《保险法》等基础金融法律为核心，相关行政法规、部门规章及规范性文件为重要内容的金融法律制度框架。在具体实务中，金融监管却仍然存在着诸如执法不严、透明度低和监管效率不高等一系列问题，导致经济金融风险隐患依旧较多，金融乱象和腐败问题屡禁不止，金融监管和治理能力薄弱。对比美国的金融监管体系，我国的金融监管在诸多方面还存在一定差距。

例如，在监管法律与制度环境方面，美国的金融监管法律框架相对完善，为监管机构提供了明确的法律依据和权力边界，且法律惩罚力度较强，一旦触犯，极有可能被罚得倾家荡产，而我国的金融监管处罚力度相对较轻，相对较轻的处罚力度有时候甚至是在鼓励犯法。在监管透明度和公众参与方面，美国在金融监管过程中强调透明度和公众参与，监管机构在制定重要规则时通常会公开征求意见，增加了政策的透明度和公众的参与度，而我国虽然近年来透明度有所提升，但在监管政策的制定和执行过程中，公众参与程度和透明度相对较低。在消费者权益保护方面，美国在消费者权益保护方面有着较为完善的法律体系和监管机制，能够更有效地保护消费者合法权益，而我国在消费者权益保护方面还需加强，各种黑灰产业层出不穷，消费者隐私保护力度不足，需要进一步完善相关法律法规和监管措施，提升消费者权益保护水平。

此外，在数字和科技的赋能下，金融创新的速度不断加快，业务模式和产品结构的复杂性与日俱增，但我国金融监管的演进客观上滞后于金融创新。这一方面导致监管空白和监管套利的产生，不利于金融监管的"全覆盖"；另一方面，监管部门在规范金融活动、处置金融风险时缺少有力的技术手段和政策工具，最终结果是无法及时有效地防范和应对系统性金融风险。

五、基础设施的自主性和完备性有待提升

支付和结算系统、金融信息系统和信息服务机构等金融基础设施对于金融业的发展具有至关重要的作用，它为金融市场的高效运作提供了基础支撑，直接影响到金融服务的可靠性、安全性和效率。近年来，我国围绕货币、证券、基金、期货、外汇等领域持续加强金融基础设施建设，已建成支付系统、中央证券存管系统、证券结算系统、中央交易对手方、交易数据库和国家信用信息基础数据库等，对金融活动实现了基本覆盖，但与美国等金融强国相比，我国的金融基础设施仍存在一些薄弱环节和优化空间。一方面，金融基础设施建设还未完全实现自主可控，对关键核心技术的掌握尚不充分，自主研发水平不高，金融基础设施的功能实现还存在一定程度上的外部依赖，在软硬件设备的国产替代化和金融信创产业的技术自主掌控方面仍然有较大的提升空间；另一方面，我国的支付系统虽然近年来取得了显著的进步，如网上支付、移动支付等，但在跨境支付、复杂金融交易结算等方面仍存在一定的差距，例如，中国人民银行推出的 CIPS 系统与 SWIFT 相比仍然存在较大的差距。此外，我国的金融基础设施还存在着覆盖盲区，像偏远地区和"三农"领域的金融基础设施相对于城市地区明显薄弱，行业内对金融基础设施的投入还有待进一步加强。

六、金融业国际化程度仍然不足

扩大金融业对外开放是我国长期坚持的政策导向，金融强国目标的实现必定是以金融业高水平开放为前提。党的十八大以来，我国金融业开放广度与深度不断拓宽，正在形成由点到面、由浅到深的全方位金融开放格局，在制度和机制建设上向着更高水平迈进。但不可忽视的是，我国金融在全球范围内缺乏足够的竞争力乃至话语权，在国际金融规则制定中一直都处于"被支配"的地位，与金融大国的地位并不匹配，无法依靠金融力量来有效维护国家利益。

例如，在国际金融规则制定和影响力方面，我国对于金融市场定价、标准和规则制定的国际话语权和主导性还不够强，对全球金融治理的参与程度和影响力还比较低。以金融国际标准为例，国际标准化组织（ISO）金融标准技术管理委员会已发布标准 59 项，其中我国实质性参与的只有 2 项，2022 年标准制定的 16 个联络机构均为欧美国家金融机构；作为 IMF 和世界银行的创始国成员之一，我国在这两大国际金融组织中的话语权却不高，并没有获得应有的待遇 [1]，无法与美国等世界金融强国同日而语。同时，我国金融市场和金融机构的国际金融竞争力还不够强，上海虽然已成为全球重要的国际金融中心，但发展水平与纽约、伦敦等国际金融中心相比依然有较大的差距。国内具有超高国际影响力的顶级金融机构数量也不够多，金融产品和金融业务还不够丰富，在提供跨境金

---

[1] 首先，表现在投票权上，2010 年 IMF 和世界银行对投票权进行了改革，改革后中国投票权份额分别为 6.08% 和 4.57%，排在美国、日本之后列第三位。其后十九年，尽管中国经济规模不断增加，早已超过日本，但中国在 IMF 和世界银行的投票权份额并未根据经济体量做出调整。其次在高级管理人员方面，中国籍高层与其他经济大国相比数量不多，与中国的金融大国地位并不匹配。

融服务和全球化经营方面仍有所欠缺，监管也在积极拓展海外市场，但全球布局相对有限，尤其是在欧美等发达金融市场的参与度相对较低。相比之下，美国的高盛、摩根士丹利、贝莱德集团等金融机构则在全球范围内拥有广泛的业务网络和分支机构，国际影响力和竞争能力较大。

人民币国际化近年来虽然稳中有进，但人民币作为国际货币，在支付、投资、融资和储备上的国际份额等职能履行方面的竞争力与世界主要货币仍存在一定差距，不仅显著弱于美元和欧元，甚至在部分领域还逊于瑞士法郎、澳元和加元等，人民币国际货币功能和国际地位与我国经济和金融规模及作用极不相称，我国货币金融体系的国际影响力、定价权和竞争力仍亟待进一步提升。

第二节　金融强国建设的机遇和挑战

随着我国金融业的高质量发展，有力支撑了经济社会大局，为如期全面建成小康社会、实现第一个百年奋斗目标作出了重要贡献。但也要清醒看到，国内金融领域当前仍存在着诸多问题，金融风险隐患依旧较多，这就要求我们在建设金融强国过程中，要充分抓住机遇，积极应对挑战，推动我国金融业不断向前发展。

一、金融强国建设的机遇

现阶段，我国在建设金融强国的过程中面临着诸多历史机遇，例如，经济转型升级，从高速增长转向高质量发展阶段，这为金融业提供了广阔的发展空间；监管政策优化，为金融业发展创造了良好的政策环境；金融科技发展，提升了金融服务的质量和效率；金融对外开放，为中国金融业带来了更多的竞争和合作机会。

（一）经济持续增长，为金融强国建设奠定了坚实的经济基础

习近平总书记强调，金融强国应当基于强大的经济基础，具有领先世界的经济实力、科技实力和综合国力。[①] 可以说，强大的经济基础是建设金融强国的前提条件。改革开放 40 多年来，我国经济发展取得了举世瞩目的成就，截至 2023 年，我国 GDP 达到 126 万亿元，按平均汇率折算，GDP 规模已达到 18 万亿美元，经济总量仅次于美国稳居世界第二位。经济的持续快速发展不仅带动金融体系逐渐完善，还提高了居民的财富水平，进而刺激了消费市场升级以及巨大的金融服务需求，由此为金融强国建设奠定了坚实的基础。

2023 年 12 月召开的中央经济工作会议强调，必须把高质量发展作为新时代的硬道理，完整、准确、全面贯彻新发展理念，推动经济实现质的有效提升和量的合理增长。随着我国经济从高速增长向高质量发展转型，这就要求我们要加快建设现代化经济体系，加快构建新发展格局，经济结构也会相应地不断优化和升级，特别是在大力发展新质生产力的加持下，新兴产业和高新技术产业的发展将对金融服务提出更多新的多元化需求，为发展金融服务业提供了巨大的空间。同时，"一带一路"倡议、粤港澳大湾区建设、长三角区域一体化发展等国家战略实施，为金融产业服务实体经济、支持区域经济发展、拓展跨境金融服务、构建多

---

① 坚定不移走中国特色金融发展之路　推动我国金融高质量发展［N］.人民日报，2024-01-17.

元化融资渠道提供了广阔的舞台，推动了金融业的持续繁荣发展。经济兴，则金融兴，经济发展为金融发展提供了真实需求，是金融体系发展和金融强国建设的基础支撑。

（二）政策环境改善，为金融强国建设建立了有力的制度保障

近几年来，我国相关政府部门出台了一系列政策措施，来支持金融业的发展和创新，包括推动金融市场深化改革、优化金融监管体系、加强金融基础设施建设等。例如，为推动资本市场深化改革，完善市场基础制度，落地实施了股票发行注册制；为加强金融监管，实现监管全覆盖，2017年设立金融稳定发展委员会，统筹协调金融监管工作，强化对系统重要性金融机构的监管，防范和化解金融风险，后根据2023年9月通过的《党和国家机构改革方案》，将金融稳定发展委员会撤销，其相关职责划入新组建的中央金融委员会办公室；为稳步推进金融开放，吸引外资金融机构进入中国市场，取消银行和证券公司的外资持股比例限制，允许外资机构在中国设立全资子公司，增强了金融市场的活力和创新能力；为鼓励金融科技创新，中国人民银行发布了《金融科技发展规划（2022—2025年）》，探索金融科技在普惠金融、跨境支付等领域的应用，提高金融服务的普及性和便捷性。2024年7月召开党的二十届三中全会通过《中共中央关于进一步全面深化改革、推进中国式现代化的决定》（下文简称《决定》），其中全文共提及"金融"34次，充分体现了党中央对金融改革的高度重视。由此可见，政策环境的改善为我国金融业的稳定发展创造了有利条件，这将有助于推动我国金融业实现高质量发展，为建设金融强国提供有力的政策支持和制度保障。

（三）科技创新驱动，为金融强国建设提供了必要的技术支撑

随着全球新一轮科技革命和产业变革的深入发展，人工智能、区块链、云计算、大数据等新一代信息技术应运而生，数字技术革命成为推动时代之变的重要驱动力。上述数字技术在金融领域得到广泛应用，不仅提高了金融服务的效率和便捷性，还为金融机构提供了更多创新产品和服务的机会，推动了金融业的数字化转型和升级。2022 年以来，以 ChatGPT 语言大模型为代表的人工智能技术实现跨越式发展，国内外各类通用、垂直领域大模型百花齐放。金融业作为数据密集度高的行业，天然是适宜大模型率先落地应用的行业之一，金融大模型无疑将成为最为热门的行业垂直领域大模型，代表着未来金融变革发展重要方向。就金融大模型的开发应用成效来看，它既是数字金融的重要体现，也是发展数字金融的重要载体和关键路径，更是提升数字金融质效水平的重要支撑，并通过数字金融持续赋能科技金融、绿色金融、普惠金融、养老金融，积极认真做好"五篇大文章"，以此增强我国金融业的整体竞争力。

总之，数字化、网络化和智能化技术快速发展和应用，为我国金融业带来前所未有的变革动力，有助于打造新型金融业态，提升金融服务效能，并可能催生新的经济增长点。我们要抓住数字技术革命的机遇，推动金融与数字技术的有机融合，积极探索新型数字技术在推动金融高质量发展、深化金融供给侧结构性改革等方面的积极作用，为金融强国建设提供必要的技术支撑。

（四）国际合作加强，为金融强国建设赢得了较高的外部声誉

我国正在着力推进金融高水平开放，在国际金融领域的合作日益频繁

和深入，由此提升了我国金融体系的国际地位和影响力，为建设金融强国赢得较高的外部声誉和外部优势。以我国提出的"一带一路"倡议为例，该倡议目前得到了全球越来越多国家的认同和参与。在此框架下，我国与"一带一路"共建国家在基础设施、贸易投资方面的合作进入快速发展阶段，资金融通成为"五通"中的核心环节①。通过亚洲基础设施投资银行、丝路基金等机构，我国为"一带一路"共建国家提供了大量的资金支持，推动了沿线基础设施建设和经济发展，国内金融机构也加快了在"一带一路"共建国家设立网点的步伐。随着"一带一路"建设的推进，人民币的国际地位会随之逐步提升，人民币也成为一些沿线国家的储备货币和结算货币，这有助于降低交易成本和汇率风险，增强我国金融市场的国际影响力。

二、金融强国建设面临的挑战

尽管我国金融强国建设面对着诸多历史性机遇，但不能否认我国金融领域还充斥着各种矛盾和问题。这些矛盾和问题相互交织、相互影响，对于金融强国建设也形成了一定挑战。为了确保金融强国战略的稳步推进，我们也要正视这些挑战，并积极应对这些挑战，从而为金融强国建设保驾护航。概括而言，现阶段我国在建设金融强国过程中可能面临的挑战主要包括以下几方面。

（一）国际环境日益复杂，外部不确定因素逐渐增多

当今世界正经历百年未有之大变局，地缘政治冲突不断增多、国际

---

① "一带一路"倡议中的"五通"指的是政策沟通、设施联通、贸易畅通、资金融通和民心相通。

贸易和投资保护主义抬头、全球经济增速放缓、全球债务危机陡升，使得我国发展的外部环境日趋复杂，不确定性因素逐渐增多，这些都可能对我国金融市场产生直接或间接的冲击，对我国金融市场的稳定和开放造成不利影响。例如，全球经济复苏乏力，主要发达经济体货币政策转向，可能带来全球需求萎缩和金融市场动荡，影响我国金融市场的国际联系和资金流动，使我国在吸引外资、管理跨境资本流动等方面迎来更大挑战；中美关系的不确定性可能导致贸易、投资等领域的摩擦升级，影响我国对外金融合作和投资安全；全球初级产品市场的不稳定性可能影响我国的资源进口成本和价格波动，对金融市场造成冲击；俄乌冲突、中东紧张局势等地缘政治事件可能引发全球避险情绪上升，推高金融市场波动，使得金融安全面临严峻考验。

（二）内部经济隐患仍然较多，对金融安全性要求上升到新高度

我国当前内部经济隐患仍然较多，风险较为集中的重点领域主要在房地产、地方政府债务和中小金融机构方面，如果处置不好这些风险，也将严重威胁我国的金融安全。具体而言：

在房地产风险方面，房地产行业对于我国经济增长的贡献是毋庸置疑的，但当前我国房地产供需关系发生了重大变化，市场正在经历持续的调整过程，过去依赖"高杠杆、高负债、高周转"开发模式的大部分房企面临着经营亏损、流动性短缺和债务违约的风险。近几年来，房企"爆雷"事件频发，导致银行面临不良资产增加的风险，使得房地产市场的风险向金融体系资产负债表渠道传导，影响了整个金融体系的稳定性。

在地方债务风险方面，多数地方政府通常依靠着高负债来拉动当地经济增长，过去经济形势较好时，债务能够产生经济效益并推动经济增

长。然而，随着全球经济增速放缓，尤其是在国内房地产市场下行和土地出让金下降的背景下，地方债务压力凸显，加之隐性债务化解不实，期限短、成本高的债务占比较高，中西部地区债务化解能力有限，极易带来严重的财政隐患，最终可能将风险转移给金融机构，进而引发金融风险，并给经济发展和社会的稳定性也造成威胁。

在中小金融机构风险方面，作为服务民营企业、小微企业、乡村振兴等方面的主力军，中小金融机构是金融体系不可或缺的组成部分，但现阶段也面临着一系列的经营风险，例如，公司治理水平偏弱，存在股权结构不清晰、大股东控制等问题，极易导致内部人控制、利益输送和违法违规的关联交易等风险事件；资本充足率相对较低，面临着较大的资本补充压力，影响其风险抵御能力和长期稳健经营；区域经营及客户集中度高，在经济下行压力加大的背景下，盈利能力下降较为明显，一旦股东或核心客户经营出现问题，将对中小金融机构产生严重影响，面对冲击时往往容易出现流动性风险。此外，部分中小金融机构在追求规模扩张和盈利增长的过程中，还可能偏离了服务地方经济和小微企业的市场定位，涉足高风险业务领域，增加了风险积聚的可能性。

除了上述风险，还有许多新兴的金融风险也需要加以留意。例如，来自数字金融领域的金融数据隐私泄露、网络安全等；来自绿色金融领域的气候变化对金融业所带来的冲击等；来自养老金融领域的人口老龄化下的养老金风险等。这些风险的背后都蕴含着对金融体系更加灵活和高效的需求，对金融安全性的要求也将达到一个新的高度。

（三）金融监管能力依然薄弱，难以满足高质量发展要求

我国金融业已呈现出混业发展的态势，各金融机构之间经营边界交

又重叠、模糊不清，金融业务呈现隐蔽化、交叉化、复杂化等特点，导致金融监管在实践中存在着诸多问题，例如，权责界定不清导致出现监管缺位或错位；监管利益多元化导致地区不协调、部际不协调；监管和发展双重职能导致监管成本较高、监管效率较低；监管立法内容滞后于金融业发展现状，导致对新兴金融业务、金融产品缺乏相应法律法规的规制等。这些问题暴露出我们对金融风险的认识水平比较有限，尽快提高金融监管水平，切实提高金融监管的有效性，已成当务之急。

此外，金融监管部门对科技的投入相对不足，科技水平远远滞后于金融机构对金融科技的运用水平，这导致了监管部门对金融风险的全面穿透和全面监管，以及对金融风险的识别和控制方面存在困难。对于金融机构在运用金融科技当中形成的风险，监管者需要建立一套更加科学审慎、具有包容性的监管规则、监管制度和监管标准，并提升相应的监管科技水平，但这些目标目前尚未完全实现。

（四）金融乱象和腐败问题屡发，一定程度影响金融市场秩序

金融领域涉及面很广，而且行业特殊，专业壁垒高，利益输送的方式多种多样，且不易追查，存在着较多的金融乱象和金融腐败问题。

在金融乱象问题方面，部分领域问题屡查屡犯，乱象花样翻新，重大案件和风险事件仍时有发生，严重干扰了金融市场的秩序，存在引发系统性金融风险的重大隐患。例如，有些机构未经国家金融监管部门批准，擅自开展金融业务，搞非法集资；有些机构打着"高大上"旗号，设计出花样百出的庞氏骗局，增加了金融风险隐患；个别第三方财富管理公司存在欺诈、圈钱跑路等，造成大量投资者的权益受到侵害；互联网金融的网络借贷和"套路贷""套路保"，银行、证券、保险的一些产品创新

过度，如"邮币卡"骗局，场外市场借现货名义做期货等无疑都增加了金融风险隐患。

在金融腐败问题方面，金融腐败对金融秩序的冲击更强，对金融市场的破坏性也更大。从全面从严治党和反腐败斗争全局看，金融领域反腐工作还需要深入，查处金融监管部门人员违纪违法成为新一轮反腐工作的重要特征。据不完全统计，2023 年以来，截至 11 月 12 日，中央纪委国家监委网站共披露了 87 名金融系统干部被查。其中，中管干部 8 人，中央一级党和国家机关、国企和金融单位干部 62 名，省管干部 17 名。在持续的高压反腐态势下，腐败乱象依然层出不穷，我国金融反腐工作须继续发力。

第三节　金融强国建设的路径和建议

习近平总书记在省部级专题研讨班上强调，建设金融强国需要长期努力，久久为功。必须加快构建中国特色现代金融体系，建立健全科学稳健的金融调控体系、结构合理的金融市场体系、分工协作的金融机构体系、完备有效的金融监管体系、多样化专业性的金融产品和服务体系、自主可控安全高效的金融基础设施体系。由此可见，建设金融强国是一个复杂的系统工程，涉及多方面的改革与发展，同时具有很高的标准和要求，不可能一蹴而就，必须保持战略定力和历史耐心，坚持目标导向和问题导向相结合，坚持稳中求进的工作总基调，通过长期开展一系列专业且艰苦的工作，按照分阶段、分步骤的目标持续有序推进，一步一个脚印解决前进道路上的各种问题，并能够逐步积累成果，夯实金融强国建设基础，推动金融高质量发展。

一、统一指导思想，深刻把握金融工作的政治性和人民性

由于中国金融与西方金融有着本质区别，因此，我们的金融强国建设必然具有鲜明中国特色，要根据自己的国情和发展目标来建设金融强国，坚定不移走中国特色金融发展之路。为了实现金融强国目标，首先要在思想上进行统一，只有先明确指导思想，才能提升金融强国建设的效率。

（一）明确党的作用，坚持党中央对金融工作的集中统一领导

党的领导是做好金融工作的根本保证，开拓中国特色金融发展之路的"八个坚持"[①]第一位便是坚持党中央对金融工作的集中统一领导。在加快建设金融强国的过程中，我们有许多难题需要解决，有许多宏伟目标任务等待实现，这就更加需要坚持党中央对金融工作的集中统一领导，把党的领导的政治优势和制度优势转化为金融治理效能。在领导经济社会发展过程中，我们党能够综合运用政治领导力、思想引领力、群众组织力、社会号召力，充分发挥领导核心作用，通过高效的行政管理网状协调各级政府、金融机构等多方面资源，有效集中资源和调动各方面的积极性，有序推进金融工作，更好地发挥金融在现代经济中的核心作用，从而形成加快建设金融强国的强大合力。可以说，党中央在金融强国建

[①] "八个坚持"是指导中国特色金融发展的重要原则，奋力开拓中国特色金融发展之路，必须坚持党中央对金融工作的集中统一领导、坚持以人民为中心的价值取向、坚持把金融服务实体经济作为根本宗旨、坚持把防控风险作为金融工作的永恒主题、坚持在市场化法治化轨道上推进金融创新发展、坚持深化金融供给侧结构性改革、坚持统筹金融开放和安全、坚持稳中求进工作总基调。

设过程中不仅是政治领导的象征，更是在风险时刻的坚强支撑，其高效集聚资源的能力、协调各方合作的机制、动员社会资源的影响力以及对社会信心的维护，都为建设金融强国提供了坚实的保障。

（二）深刻把握金融工作的政治性和人民性

建设金融强国时，深刻把握金融工作的政治性和人民性至关重要，因为这关系到金融发展的方向和金融服务的宗旨。金融不仅仅是经济活动的润滑剂，更是确保金融工作服务于国家战略和人民利益的根本保证。一方面，坚持金融工作的政治性，就是要确保金融发展符合国家的战略需求，服务于国家的发展大局，维护国家的经济安全和金融稳定。国安则民顺，国家安全是民族复兴的根基，是党和国家长治久安、人民安居乐业的首要前提。在百年未有之大变局中，做好金融工作已不再是简单的经济问题，而是事关国家安全的重大政治问题。金融系统必须提高政治站位，胸怀"国之大者"，全力整治当前金融领域中的突出问题，努力答好"复兴强国，金融何为"答卷。另一方面，坚持金融工作的人民性，则意味着金融应当服务于广大人民群众，坚持以人民为中心的价值取向，统筹市场化竞争和"金融为民"理念，不断增进人民福祉，满足人民群众日益增长的多样化金融需求，提供更加优质、便捷的金融服务，由此提升人民获得感、幸福感，促进社会的公平与正义。

（三）统筹政府与市场的关系，提高金融资源配置效率

自党的十八大以来，我国进一步明确市场在资源配置中的决定性作用，以及更好发挥政府作用的政策战略。基于此，我国金融体系中

的市场与政府关系也在动态发展之中，在政府作用下的金融系统经济调节功能成为经济平稳较快增长的基础保障之一，有力支撑了我国经济后发优势和赶超策略。金融强国的建设目标不仅是提高金融业的国际竞争力，更是通过整合"国际＋国内"多方资源、优化金融资源配置布局，实现金融产业的可持续稳定发展。这就要求国家行为在金融领域具备俯瞰全局、统筹资源和调整内外环境的能力，能够协调好各主体利益关系，推动金融资源的合理配置，从而推动整个金融体系的健康发展。未来，我们要继续统筹好市场和政府间的关系，在用好市场这只"看不见的手"的同时，也不要忽视政府这只"看得见的手"，通过国家行为强化市场机制、优化金融结构体系、统一制定金融战略与规则等措施，提升国家在金融治理中的主导力度，以便市场体系在资源配置中出现失灵时，能够马上弥补市场缺陷，真正发挥好秩序维护者的作用。

二、完善金融体系建设，打造坚实的基础设施

现代化的金融体系不是单一的机构和市场，而是一个完整的、相互联系和促进的系统，涵盖了金融调控体系、金融市场体系、金融机构体系、金融监管体系、金融基础设施体系等内容，而打造高质量的现代金融体系也是建设金融强国的首要任务。习近平总书记曾指出，必须加快构建中国特色现代金融体系，建立健全科学稳健的金融调控体系、结构合理的金融市场体系、分工协作的金融机构体系、完备有效的金融监管体系、多样化专业性的金融产品和服务体系、自主可控安全高效的金融

基础设施体系^①。围绕这些关键点，未来在完善金融体系建设时，可着重开展以下工作：

（一）建设现代中央银行制度，助力完善金融宏观调控体系

中央银行是金融宏观调控体系的核心和基石，它通过制定和执行货币政策、维护金融稳定和管理储备资产、推动金融改革和开放等手段，对金融市场和经济运行进行全方位的宏观调控，确保金融市场的稳定运行和国家经济的健康发展。《决定》中也特别提到要加快完善中央银行制度，畅通货币政策传导机制。中国人民银行原行长易纲曾对现代中央银行制度的内涵进行了非常详细的阐述^②，这也为我们如何完善中央银行制度，更好发挥中央银行在宏观调控中的作用提供了重要参考。

1. 健全现代货币政策框架。 现代货币政策框架包括优化的货币政策目标体系、创新的货币政策工具体系和畅通的货币政策传导机制。货币政策以币值稳定为首要目标，更加重视充分就业。丰富货币政策工具箱，健全结构性货币政策工具体系。以深化利率市场化改革为抓手疏通货币政策传导机制，更好服务实体经济。中央银行要实现币值稳定目标，需要以市场化方式对银行体系货币创造行为进行调控，前提是中央银行能够保持资产负债表的健康可持续。为此，必须实行独立的中央银行财务预算管理制度，防止财政赤字货币化，在财政和中央银行两个"钱袋子"之间建起"防火墙"，同时要防止中央银行资产负债表承担企业信用风险，最终影响人民币信用。

---

① 坚定不移走中国特色金融发展之路　推动我国金融高质量发展［N］.人民日报，2024-01-17.

② 易纲：建设现代中央银行制度［N］.人民日报，2020-12-24.

2. **建设金融基础设施服务体系。**中央银行通过金融基础设施为金融体系和社会提供最基础的金融服务，金融基础设施是中央银行实现经济增长、控制通胀、充分就业和维持国际收支平衡四大宏观经济任务的重要支撑，经济发展和对外开放对金融基础设施服务的便捷性、联通性、安全性不断提出新的要求，需要持续加强金融基础设施建设，优化结构布局，统一监管标准，确保安全高效运行。

3. **要构建系统性金融风险防控体系。**我国在打好防范化解重大风险攻坚战中积累了经验，形成了若干行之有效的处置风险模式，但金融监管和风险处置中的道德风险问题依然突出，市场纪律、破产威慑和惩戒机制尚未真正建立。中央银行作为金融体系的最后贷款人，必须在事前事中事后全过程切实履行防控系统性金融风险的责任。从事前防范看，一是健全宏观审慎管理体系，应对金融机构顺周期行为和金融风险跨机构跨市场传染；二是完善审慎监管基本制度，强化金融监管协调机制，促使微观审慎监管不留空白；三是指导行为监管，保护金融消费者合法权益。从事中处置看，要压实股东、各类债权人、地方政府和金融监管部门责任。从事后问责看，要对重大金融风险形成过程中金融机构、监管部门、地方政府的责任进行严肃追究和惩戒，有效防范道德风险。

4. **完善国际金融协调合作治理机制。**我国经济是大国经济，有很强的溢出效应和溢回效应，人民币会以市场化方式逐渐成为国际货币。在此背景下建设现代中央银行制度，要求我们必须从完善国际金融协调合作治理机制的高度出发，推动国际货币体系和金融监管改革，积极参与构建全球金融安全网，完善人民币汇率形成机制，推进金融双向开放。

（二）充分发挥资本市场功能，提升资本市场广度和深度

在金融市场层面，金融强国战略就是要有合理的直接融资和间接融资市场，要有适应不同规模、行业、所有制的多元化股权融资和债权融资方式。其中，资本市场作为建设金融强国的重要力量不仅是资源配置的平台，更是引导产业升级和创新发展的关键载体，我们要拓展资本市场的深度和广度，最终形成一个规范、透明、开放、竞争力强、有韧性的多层次资本市场体系，以便稳步增强资本市场投资的财富效应，改善资本市场的预期和信心。《决定》也强调要健全投资和融资相协调的资本市场功能，促进资本市场健康稳定发展，支持长期资金入市，提高直接融资比重，建立增强资本市场内在稳定性长效机制，优化国有金融资本管理体制。

目前，股票发行注册制已经落地实施，但需要进一步走深走实，走深在于完善相关制度规则，走实在于将制度规则落到实处。为此，需要强化市场规则，打造规则统一、监管协同的金融市场，优化资本市场融资结构，促进长期资本形成。一方面，发展多元股权融资，根据经济主体的不同需求，采取股权质押融资、股权交易增值融资、股权增资扩股融资和私募股权融资等多种方式，持续丰富资本市场产品工具，更好发挥资本市场的枢纽功能，疏通资金进入实体经济的渠道，让任何一个符合条件的企业都有权到资本市场上获得股权融资，同时，推动区域性股权市场规则对接、标准统一；另一方面，以投资者为本，健全投资者保护机制，注重平衡好融资方需求和投资方的利益关系，大力提高上市公司质量，强化上市公司监管和退市制度，把好事前上市关、事中监管关和事后退市关，完善大股东、实际控制人行为规范约束机制，完善上市公

司分红激励约束机制，并强化对各类中介机构、股票发行人的信息披露的约束和责任；信息披露要完整充分及时，保护好各类投资者特别是中小股民的合法权益。

同时，金融强国需要促进多层次债券市场高质量发展。目前，我国已经成为全球第二大债券市场，中央与地方政府、各类金融机构和非金融企业都是重要的债券发行主体，债券品种体系也较为丰富，涵盖了利率债、信用债和资产支持债券等，债券合约条款也更加灵活多样。在此基础上，债券市场高质量发展的核心在于，切实建设社会主义债券市场诚实守信的契约精神，促进债券市场各类基础设施之间有序互联互通，促进债券市场的统一监管。

（三）完善金融机构定位，建立中国特色现代金融企业制度

在金融机构层面，金融强国需要有强大的、具有国际竞争力的金融机构体系。现代金融体系大致可分为三类功能各异的金融机构，即银行、证券与保险机构，金融强国建设要对三大类金融机构进行明确定位和治理，健全服务实体经济的激励约束机制。

对银行类机构而言，金融强国建设需要不同层次的银行机构提供有差异的金融服务，形成大中小机构合理分布、分工明晰、良性竞争的发展格局。例如，支持国有大型银行做优做强，当好服务实体经济的主力军和维护金融稳定的压舱石；严格中小银行准入标准和监管要求，推动和支持中小银行回归本源和主业，立足当地开展特色化经营；同时，鉴于民营银行在服务中小微企业方面具有优势，可以扩大民营银行的规模，提高民营资本在整个金融机构体系中的比重。此外，政策性银行则应强化职能定位，即为弥补市场失灵、按金融运行的一般规律为国民经济薄弱

环节提供"保本微利"的金融服务。

对证券类机构而言，投资银行类机构和投资类机构是最为典型的两种机构。其中，投资银行类机构为企业发行股票、债券、并购重组提供信息、承销和财务顾问服务；投资类机构则是为广大投资者提供专业投资理财服务，这以各类证券投资基金为代表，旨在助力投资者实现财富的保值增值。未来应加快步伐培育一流投资银行和投资机构，出台更多政策支持投资机构和投行业务发展。例如，鼓励头部证券公司通过业务创新、集团化经营、并购重组等方式做大做强证券类金融机构；通过加大信息技术资源投入，深化金融科技布局，加快推动金融科技与经营业务的有机融合，实现业务边界拓展及全面的降本增效，推动业务模式创新；加强与国际金融机构的合作交流，学习借鉴国际先进经验，建立成熟的投资理念和投研体系等；出台相应的行业规范性指导文件和职业标准，规范国内财富管理市场和财富管理从业人员队伍，提高投资理财业务的专业性和合规性。

对保险类机构而言，其主要通过保险服务为企业和个人提供有效的风险应对手段。作为金融行业的重要组成部分，保险类机构不仅提供风险保障，还承担着经济补偿、资金融通和社会管理等多重功能，金融强国建设过程中对于保险类机构的定位要充分考虑到它的社会责任，坚持保险姓"保"，发挥保险业的"经济减震器"和"社会稳定器"功能。例如，保险公司要不断完善风险评估、定价和赔付机制，以确保在风险事件发生时能够及时、有效地为客户提供保障；可以通过为企业提供财产保险、责任保险、信用保险等，降低企业运营风险，促进企业稳定发展，支持实体经济的健康成长；可以提供各类人寿、健康、养老保险产品，为个人和家庭提供额外的保障，减轻因疾病、意外、老龄化等社会问题带来的经济压力。

《决定》强调要完善金融机构定位和治理，因此，除明确各类金融机构的市场定位外，金融强国建设还需要建立健全这些金融机构的法人治理体系，建立具有中国特色的现代金融企业制度。例如，把党的领导融入公司治理，着力构建"党委领导、董事会战略决策、高管层执行落实、监事会依法监督"的法人治理结构；强化公司治理领域问题整改督导力度，推动形成"风险预警—问题整改—早期干预"的工作闭环，紧盯"关键人""关键事"，推进重大违法违规股东公开常态化，健全金融风险问责机制，对重大金融风险严肃追责问责。

（四）强化金融监管力度，建立现代化金融监管体系

金融强国建设离不开有效的金融监管，只有加强金融监管，才能确保金融体系的稳健运行，为经济发展提供有力的金融支持。国务院2023年印发的《党和国家机构改革方案》所涵盖的19项改革措施中，有8项措施与金融监管改革密切相关，目的在于实现金融监管全覆盖。《决定》也首次提到制定金融法，并要完善金融监管体系，依法将所有金融活动纳入监管，强化监管责任和问责制度，加强中央和地方监管协同。这就要求我们加强机构监管、行为监管、功能监管、穿透式监管、持续监管，消除监管空白和盲区，坚持既管合法，又管非法，确保金融监管事业始终沿着正确的方向前进。

1. 明确监管部门的职责分工。中央金融管理部门和地方承担金融管理职能的机构要各司其职，加强和完善现代金融监管，聚焦中国式现代化建设全过程，全面强化综合监管理念，切实提升监管的前瞻性、精准性、有效性和协同性。一方面，中央金融管理部门要制定和完善与市场

发展相适应的金融监管法律法规，及时推进金融重点领域和新兴领域立法，确保监管活动有法可依，依法全面监管各自领域合法金融活动，以法治促进金融助力实体经济、提升金融监管和治理能力；另一方面，中央和地方两个层面在金融监管上要沟通协调，按照实质重于形式的原则，监管并处置各自领域非法金融活动，严厉打击非法集资、欺诈销售、操纵市场、信息泄露等非法金融活动违法违规行为，真正实现监管全覆盖、无例外。

2. **要结合宏观审慎监管和微观审慎监管**。微观监管主要关注个体金融机构的安全与稳定，宏观审慎管理则关注整个金融系统的稳定，将宏观审慎监管和微观审慎监管结合起来，可以形成更加全面、有效的金融监管体系。一方面，建立和完善宏观审慎政策框架，通过逆周期和跨周期调节、强化资本和流动性要求、监管重点金融机构等措施，确保金融系统的稳健运行；另一方面，加强金融机构的资本管理、风险管理、内部控制等方面的监管，确保金融机构稳健经营，并强化对金融机构的现场检查和非现场监管，提高金融机构的合规性和透明度，加大对金融机构违法违规行为的处罚力度，切实维护金融消费者的合法权益。同时，还要完善跨境金融监管制度，加强对跨境金融活动的监管力度，建立统一的全口径外债监管体系，并通过跨境金融监管合作，共同应对跨境金融风险。

3. **推进监管技术的创新与应用**。随着金融科技的快速发展，金融市场的产品和服务日益复杂，交易量和数据量急剧增加，传统的监管手段难以应对现代金融市场的挑战。通过将金融科技与监管业务相结合，推动监管科技发展，监管机构可以提高监管效率和效果，更好地应对金融市场的复杂性和快速变化。例如，大数据分析可以帮助监管机构更全面地了解市场动态，提高监管的精准性和实效性；利用智能监控技术，监管部门可以自动监控金融市场和机构的行为，识别异常交易和潜在风险；通过机器学习算法，自动生成监管报告和风险分析报告，提高报告的准确性和时效性。总之，推进监管技术创新，加强监管科技和大数据分析等前沿技术的应用，不仅有助于及时发现潜在风险，还为监管政策的制定提供了更多的数据支持，使监管更加科学和智能。

（五）完善金融基础设施建设，加强金融基础设施统筹监管

金融基础设施是金融市场稳健高效运行的基础性保障，它们如同金融体系的"骨架"，为金融活动提供必要的支撑和服务。经过多年的建设，我国已初步建立为多种金融交易活动提供支撑的基础设施体系，且借助这些基础设施，金融活动的规模也日益增加。以支付清算系统为例，根据《中国支付产业年报2023》披露，2022年，我国支付清算结算等金融基础设施稳健高效运行，交易量实现较快增长，人民银行支付清算系统和其他支付系统运行稳健，全年共处理支付业务1.06万亿笔、金额10877.24万亿元，同比分别增长13.85%和15.09%。其中，银行行内支付系统全年共处理业务188.60亿笔，金额2183.00万亿元，同比分别增长2.22%和6.21%。

尽管我国金融基础设施取得了显著成就，但仍存在诸多需要加以改善的问题。例如，金融基础设施方面缺乏系统性、全面性的法律法规体系和聚焦性、针对性的政策指引，监管较为分散，标准不统一，多头联动的管理机制尚不健全；自主创新能力还有待提升，某些关键领域和核心技术上，仍然存在对外部技术和知识产权的依赖；不同金融基础设施之间可能存在信息孤岛现象，数据共享和系统互联不够顺畅等。为了进一步

完善我国的金融基础设施，习近平总书记曾强调，要加强金融基础设施的统筹监管和互联互通。① 同时，《决定》也强调要建设安全高效的金融基础设施，统一金融市场登记托管、结算清算规则制度，推进自主可控的跨境支付体系建设，强化开放条件下金融安全机制。

基于此，一方面，要强化顶层设计与统一监管，推进金融基础设施之间的互联互通。例如，制定统一的监管标准，避免监管套利和监管空白；建立统一的技术标准和业务规范，确保不同金融基础设施之间的兼容性和互操作性；开发和维护统一的技术平台，实现金融基础设施之间的数据共享和业务协同；合理规划金融基础设施的布局，推动形成布局合理、治理有效、先进可靠、富有弹性的金融基础设施体系。另一方面，要提升技术和设备的自主创新和自主掌控能力，实现金融基础设施"自主可控、安全高效"的目标。例如，加大对金融基础设施相关技术的研发投入，不断提升自主研发和创新能力，掌握核心技术和关键资源，确保金融基础设施的安全、稳定和可靠，不受外部势力的控制和干预；持续更新和推动金融基础设施的数字化和智能化升级，利用人工智能、区块链、云计算、大数据等先进技术提升服务效率和质量；通过提供财政补贴、税收优惠等政策措施支持国产金融信创设施的发展等。

（六）加强金融人才队伍建设，提升金融人才专业水平

金融领域专业性强、复杂程度高，金融人才队伍至关重要，是推动我国金融高质量发展的关键力量。在数字经济时代，金融行业正在经历

---

① 服务实体经济防控金融风险深化金融改革　促进经济和金融良性循环健康发展［N］. 人民日报，2017-07-16.

深刻的变革，金融与科技的密切结合也使得金融行业对复合型、创新型和实践型人才的需求不断扩大。《决定》对人才体制机制改革方面也做出若干决定，其中提到要完善人才自主培养机制、提高各类人才素质等。针对金融人才的培训，一方面，高校作为金融人才的培养摇篮，需要建立全新的人才培养理念。除了确保基础性知识教学的质量外，高校还应提高课程与培养体系的前瞻性，采用因材施教的方式，对不同层次的金融人才进行个性化培养，培养管理型、实践型、创新型等多类型人才。鉴于金融行业科技含量和跨行业知识密度较高，高校应注重培养金融人才的学科交叉能力，致力于培养跨学科复合型人才。另一方面，金融机构应当加强与教育机构、科研机构的合作，通过与这些机构紧密合作，金融机构可以制订专业人才联合培养方案，提供多场景、多岗位的实操机会，从而更好地满足市场需求，实现人才培养与市场需求的紧密衔接，这种产学研结合的模式有助于为金融业注入新鲜血液。此外，金融业还需完善在职人员培训体系，定期进行培训教育、轮岗交流和实践锻炼，以确保金融从业人员不断提升自身素质，跟上时代发展的步伐。

同时，还需要重视对金融专业人才政治素养的教育与培养，加强马克思主义金融理论的教育。目前，金融领域普遍存在一种现象，就是许多金融专业人才对基于新自由主义的西方金融学说非常熟悉，但对马克思主义关于金融资本、资本循环的阐述等几乎没有了解，对中国特色金融发展之路理解不透，进而容易对实际金融工作中的一些具有中国特色的提法、做法产生消极情绪。因此，必须加强对金融专业人才政治素养的教育与培养。在此基础上，各级金融系统要加强金融干部人才培养选拔机制建设，注重对金融干部人才的专业化本领与政治素养全方位考察，形成能者上、优者奖、庸者下、劣者汰的良好局面，激活干部队伍活力；

要加强对金融干部队伍的监督管理，通过完善制度建设，形成防腐拒变的合力，打造真正对党忠诚、能力过硬的金融干部队伍。

三、深化改革与创新，注重金融发展的市场化、法制化和科技化

金融强国建设中，金融资源配置的总体方向，就是充分发挥金融为经济社会发展提供高质量服务功能，《决定》也提到要加强对重大战略、重点领域和薄弱环节的优质金融服务。因此，需要盘活被低效占用的金融资源，优化资金供给结构，提高资金使用效率。在这一过程中，需要坚持在市场化法制化轨道上推进金融创新发展，深化金融供给侧改革，注重金融资源的市场化配置，以及金融发展过程中的法制化建设和科技融合工作。

（一）注重金融服务的市场化，保障金融资源配置效率达到最优

金融市场化改革是建设金融强国的关键路径之一。中央金融工作会议提出，坚持在市场化法治化轨道上推进金融创新发展，也就是说，在建设金融强国过程中要更加深入推动市场改革，这将成为实现国家战略目标的关键一步。金融市场化改革要以适应经济社会发展为导向，注重形成良好的金融市场生态环境，发挥市场机制的内生动力，以促进金融服务的持续优化和发展

1. 深化利率市场化改革，优化金融资源配置。利率市场化改革是金融市场化改革的重要组成部分，通过稳步推进利率市场化改革，可以逐步实现由市场供求决定的利率形成机制，使市场机制在金融资源配置中

发挥主导作用。一方面，要健全市场化利率形成机制，持续释放贷款市场报价利率（LPR）改革的效能，督促 LPR 报价行提高报价质量，增强 LPR 对实际贷款利率定价的指导性作用；同时，建立存款利率市场化调整机制，引导金融机构根据市场利率变化合理确定存款利率水平；另一方面，培育具有广泛接受性的基准利率，如银行间同业拆借利率、国债收益率等，使其成为金融产品定价的参考。同时，完善利率期限结构，推动形成完整、合理的收益率曲线，为各类金融产品提供定价基准，引导整个金融市场利率水平的形成。

2. 发展多层次金融市场，满足不同市场主体的金融需求。在市场化改革过程中，发展多层次金融市场是金融体系完善的重要一环，不仅可以提高金融服务效率，还可以满足不同经济主体的筹资与投资需求。一方面，要构建多元化的金融市场体系，推进资本市场改革，优化主板、中小板、创业板、科创板以及新三板的功能定位，根据不同类型企业的特点和需求，设立差异化的上市门槛和交易制度；同时，发展债券市场，拓宽企业债券融资渠道，完善企业债券发行和交易规则；推动期货和衍生品市场发展，创新金融衍生工具，满足投资者风险管理和企业套期保值需求。另一方面，要培育多元化市场参与者，支持各类金融机构和非金融机构参与多层次金融市场，如商业银行、证券公司、保险公司、基金公司、信托公司等，并鼓励符合条件的民营企业、外资机构参与市场竞争；要建立健全合格投资者制度，鼓励个人投资者和机构投资者多元化，提高市场参与者的成熟度和专业性。

3. 强化金融机构市场化改革，提高金融业的整体服务功能。为了提高金融业的整体服务功能，需要深化金融机构市场化改革，支持各类金融机构多样化和差异化发展，增强金融机构的市场竞争力和活力，减少政府对金融机构经营活动的直接干预，让金融机构在市场竞争中自主决策、自负盈亏，以便增强金融机构的市场敏感度和应变能力。同时，加强金融机构内部治理结构改革，提高董事会、监事会和高级管理层的独立性和专业性，确保决策科学、管理规范；鼓励金融机构通过混合所有制改革，引入战略投资者，优化股权结构，提高经营效率和竞争力；鼓励金融机构需要加大金融创新力，推出更具竞争力的金融产品和服务，以满足不同市场主体不断变化的多样化金融需求，促进金融服务的市场化和个性化发展等。

4. 提高金融市场透明度，加强金融监管。在进行市场化改革的同时，也需要提高透明度和加强金融监管，确保金融市场的稳定和健康发展，并保护投资者的合法权益。一方面，完善信息披露制度，要求金融机构和上市公司全面、准确、及时地公开财务信息、业务运营情况、重大事项变动、关联交易等内容，增强市场透明度，监管机构也要加强对信息披露的监管，并对违规披露行为进行处罚；同时，设立统一的信息披露平台，推动金融行业内部以及与其他相关行业的信息共享，减少信息孤岛，提高信息的可用性和可比性；另一方面，健全宏观审慎、微观审慎和行为监管三支柱，完善逆周期调节和系统重要性金融机构宏观审慎监管，注重防范跨市场跨区域跨国境风险传染；健全以资本约束为核心的微观审慎监管体系，强化行为监管，严厉打击侵害金融消费者合法权益的违法违规行为。

（二）注重金融发展的法制化，为市场稳定提供坚实法治保障

金融行业比较特殊，经营的不是普通商品，而是货币等金融商品，金融资产的高流动性和金融体系的高信息不对称性等特点，使金融业与

生俱来就极具脆弱性，因此，维护金融安全是金融工作的永恒主题。其中，加强金融市场法制化管理是建设现代金融体系、防范化解金融风险的重要举措。《决定》也强调要坚持依法治国的目标，除了提出要制定金融法外，还提出要健全金融消费者保护和打击非法金融活动机制，构建产业资本和金融资本"防火墙"。因此，我们需要坚持依法治市、依法行政、依法监管，把法律制度作为管市场、控风险、促发展的根本遵循，在此基础上，建立风险早期纠正硬约束制度，筑牢有效防控系统性风险的金融稳定保障体系。

1. **继续加强和完善金融基础性法律法规体系建设。**制定和修订涵盖银行、证券、保险、信托等各类金融市场和机构的基础性法律，构建全面覆盖各类金融业态的法律框架。例如，针对《商业银行法》《证券法》《保险法》《信托法》等基础性法律进行系统梳理，评估其适用性和有效性；完善《公司法》《合同法》等与金融市场密切相关的基础性法律，并加快《金融稳定法》的立法进程，建立系统性金融风险防控的长效机制。同时，要整合零散的法律法规，着手推动制定《金融法》，统一和协调金融市场不同领域的法律标准，消除法律之间的冲突和重叠，提高法律的整体协调性和一致性，确保法律的具体执行和操作性；借鉴国际先进经验，制定符合国际标准的金融法律法规，逐步构建一个既符合中国国情又与国际接轨的完备、科学、管用的金融法制体系。此外，根据金融市场的发展变化，要及时关注新兴领域法制建设，确保法律法规的时效性和适应性，例如，针对金融科技、互联网金融、数字货币等新兴金融业态，及时出台相应的法规和监管措施，既鼓励创新，又要防控风险。

2. **加强金融法律的执行力度和惩戒力度。**金融司法部门与行政监管部门要协调配合，针对金融市场的突出问题，联合开展专项执法行动，形成监管合力，提升执法效果，并定期发布金融司法典型案例和监管执法案例，以案释法，通过案例指导提升金融司法裁量的统一性和监管执法的规范性及审理效率，确保司法裁决与监管政策的专业性和权威性。同时，要严格执行金融法律法规，以罚促改，加大对金融犯罪的打击力度，对违法违规行为零容忍，形成强大的法治威慑力，特别是对于金融诈骗、内幕交易、市场操纵等重大违法行为，要从重从快处罚，实行顶格处罚，增加违法者的直接成本，并推动刑事责任追究，对于构成犯罪的金融违法行为，确保依法追究违法行为人应有的刑事责任。此外，建立健全金融市场的信用体系，将金融市场违法失信行为纳入社会信用体系、全国信用信息共享平台，实现跨地区、跨部门的信息共享和联合惩戒，并对失信主体实行限制融资、市场禁入、公开曝光等惩戒措施，增强失信成本。

3. 构建多元化的金融法律服务配套体系。多元化的金融法律服务配套体系能够满足不同主体在金融活动中的法律服务需求，增强金融服务的深度和广度。一方面，要建立多层次的法律服务网络，设立或指定专门的金融法院或金融审判庭，提升金融案件的审理效率和专业性，并在金融集聚区设立金融法律服务中心，提供包括法律咨询、合同审查、纠纷解决、法律培训等多种法律服务和资源共享平台；另一方面，要培育和扶持专业的金融法律服务机构，包括律所、法律顾问公司等，专注于金融法律服务，提供定制化、专业化的解决方案，并完善金融市场法律人才培养机制，加大金融法律人才培养力度，建设一批既懂金融业务又懂法律的复合型监管人才队伍和金融法律服务团队，提高法律服务人员的专业素质和服务能力。此外，要建立线上线下相结合的金融服务平台，集成法律咨询、合同审查、风险管理、争议解决等功能，为用户提供一站式服务体验，并推动公共法律服务平台与金融机构合作，为小微企业和普通民众提供普惠性的金融法律服务。

4. 积极推动金融法治文化建设。积极推动金融法治文化建设，旨在营造一个以法治为核心价值，注重规则意识、诚信经营和公平正义的金融生态环境。一方面，要在金融行业内部培养法治意识和合规文化，推动金融机构建立健全内部合规管理体系，将法治文化融入企业文化之中，确保员工从入职培训到日常工作中都能深刻理解并践行法治精神，提升金融机构的法治水平；另一方面，要加强金融市场法治宣传教育，通过多种渠道开展形式多样的金融知识普及和法治宣传教育活动，提高金融法治宣传教育的针对性和有效性，增强公众的法律意识和自我保护能力。此外，要鼓励行业协会、学术机构、媒体、消费者等社会各界参与金融法治文化建设，倡导诚信经营、依法合规的市场风尚，形成多方共治的良好格局，营造良好的金融法治环境。

（三）注重金融业态的科技化，用数字化增强服务能力和效率

金融行业正迎来一场全面的数字化变革，这既是金融业竞争推动的结果，更是自身需要的结果。数字化时代，金融与科技能够结合得如此之好，其根本原因在于金融业本身就是信息密集型行业，科技与金融的结合将不断优化金融在资源配置、支付结算、财富管理等方面的功能，提高金融服务实体经济的效率。金融业要继续主动拥抱科技，探索数字化技术在金融领域的应用场景，实现产品和服务的数字化及智能化。

1. 推动金融机构向数字化方向转型。鼓励科技实力雄厚的大型金融机构可自主研发智能化水平高的管理系统和业务系统，对于科技实力有限的中小金融机构，鼓励其与科技公司、互联网公司等进行合作，引入

先进的技术解决方案，共同构建开放、共享、互联互通的数字金融生态系统，以加速数字化转型的进程。此外，监管机构也可以制定数字化转型的指导和规范，明确转型的方向和目标，为金融机构提供清晰的转型思路和路径。

2. **构建金融数据资源体系**。加强金融业数据治理和共享，全面系统提升金融数据质量，大力推动金融行业数据资源的开发、加工、交易和使用。一方面，要明确构建金融数据资源体系的目标和需求，确定需要收集哪些数据，这些数据将如何用于业务分析、风险评估、客户管理等；另一方面，要建立数据收集与整合机制，确定数据来源渠道，包括金融机构内部系统、外部数据提供商、公开数据源等，并将不同来源的数据进行整合，形成一个统一、规范的数据集；在这一过程中，必须遵守相关的数据保护法规，确保用户个人数据安全。此外，根据数据类型和业务需求，选择合适的数据库技术来存储和管理数据，建立有效的数据备份和恢复机制，以防止数据丢失或损坏，并选择合适的数据分析工具，对数据进行深入分析和挖掘，并将数据内部所蕴含的信息以直观、易懂的方式呈现出来。

3. **积极推动金融大模型的开发和广泛应用**。加强金融业存量和增量的算力统筹，避免低水平重复建设或者资源闲置浪费，确保金融大模型拥有稳定可靠的计算能力。同时，加强金融领域的产学研合作，鼓励基础研究和技术创新，解决金融大模型的关键算法问题，提高模型的训练效率和预测准确性，为金融大模型提供定制化的高效解决方案；结合我国金融业发展现状和趋势，自主研发并持续优化金融大模型训练框架，确保模型训练过程的高效性、安全性、可解释性和可信度，为金融大模型开发提供自主可控和可信的技术平台。此外，坚持金融大模型研发落地和普及应用的目标导向，构建系统化的工程生态，制定金融大模型开发应用的行业标准、规范和指引，加快建立开源、开放的金融大模型工程化平台，简化模型从开发到落地应用的流程，使大模型更易于被普及采用，从源头上防止出现"大模型鸿沟"现象。

四、推进金融高水平开放与合作，"引进来"和"走出去"并重

国内外经验表明，在开放的环境中通过参与全球竞争提高金融竞争力，是建设金融强国的必然要求，也是做强、做大金融业的唯一出路。2023 年中央金融工作会议指出，稳步扩大金融领域制度型开放，提升跨境投融资便利化，吸引更多外资金融机构和长期资本来华展业兴业；《决定》也强调要推动金融高水平开放，建立健全跨境金融服务体系。金融对外开放战略的实施，需在坚持统筹金融开放和安全的条件下，通过"引进来"和"走出去"双向开放，加强金融领域制度型开放，提升跨境投融资便利化，由此为建设金融强国打开更大的空间。

（一）增加国内金融市场的吸引力，将国际资本和机构"引进来"

在我国金融业对外开放的过程中，"引进来"是一项重要策略，主要是吸引外资金融机构和海外资本进入中国市场，以增加金融有效供给，更好地满足实体经济差异化、个性化的金融服务需求。在实施"引进来"策略方面：

1. **要进一步优化营商环境。**《决定》要求营造市场化、法治化、国际化一流营商环境，依法保护外商投资权益；同时指出要完善准入前国民待遇加负面清单管理模式。在这一要求下，一方面，我们需进一步优化国民待遇的实施机制，对标国际高标准经贸协议中金融领域相关规则，

确保内外资企业公平竞争，并通过提供税收优惠、资金扶持等政策措施，吸引外资金融机构进入我国市场；另一方面，动态调整负面清单，减少或取消不必要的限制，增加透明度，并强化事中事后监管，以构建更加开放、公平、透明、便利的市场环境，从而向全球投资者证明我国是一个理想的投资场所，有理由成为外国企业投资的首选之地。

2. 放宽外资金融机构市场准入限制。继续大幅简化外资金融机构的市场准入流程、降低准入门槛，取消或放宽对外国金融机构在我国设立分支机构、控股或独资经营的限制，提高外资在金融机构中的持股上限，甚至在特定条件下实现全资控股。同时，《决定》指出要支持符合条件的外资机构参与金融业务试点，基于此，我们要优化外资金融机构的牌照数量，拓宽他们的业务范围，允许其参与更多的金融产品和服务创新业务，如信用评级、财富管理、养老金管理、不良资产处置等。

3. 推动跨境投资和交易的便利化。《决定》指出要稳慎拓展金融市场互联互通，优化合格境外投资者制度。基于此，一方面，通过推动跨境交易的便利性，为外资机构提供更加便捷的跨境金融服务，包括跨境资金流动和跨境投资等；另一方面，加强国内外金融市场的联系和互动，通过各种合作机制和平台，如合格境外机构投资者（QFII）、人民币合格境外机构投资者（RQFII）、"沪港通""深港通""债券通""互换通"等，允许符合条件的境外投资者直接投资中国债券市场和股票市场。此外，持续推动外汇市场发展，着力提升资本项目开放质量，积极发挥好上海和中国香港两大国际金融中心作用，吸引更多外资金融机构特别是包含股本、债权等形式、期限在1年以上的长期资本来华展业兴业。

4. 加强金融合作与交流，打造国际合作新平台。加强国际交流与合作是当前全球化背景下促进经济一体化、增强国际金融稳定、推动共同发展的重要途径，它不仅可以吸引外资，增加经济发展所需的资金来源，还可以引进先进的技术和管理经验，提升国内金融市场的竞争力。例如，可以定期举办各种金融论坛、会议等活动，邀请国外金融机构代表参与，促进国内外金融机构之间的交流与合作，增进相互了解和信任。通过这些活动可以为国外金融机构提供更多关于中国市场的信息，有助于国内外金融机构建立业务联系和合作伙伴关系，也有助于引入国际先进的金融理念、技术和管理经验，提升我国金融业的整体水平。

（二）提升国际金融市场的竞争力，鼓励国内金融机构"走出去"

我国金融对外开放的另一只重要抓手便是"走出去"，即通过对外投资和贸易，推动我国金融业的国际化进程，提高我国金融业的国际竞争力。在某种程度上，"走出去"对于我国成为金融强国的意义还要高于"引进来"，因为"走出去"意味着我国金融业在国际金融舞台中的竞争力和影响力较强，这是名副其实的金融强国的重要标志。在实施"走出去"策略方面：

1. **加强政策支持和引导**。政府和监管部门应出台更多鼓励金融机构海外拓展的政策，通过简化审批流程、提供税收优惠、外汇管理便利化等措施，降低金融机构"走出去"的成本和门槛。同时，政府和监管部门应提供明确的政策指导，例如，制订国家层面的战略规划，明确金融机构"走出去"的目标、路径和阶段任务，将其与国家战略相结合，并纳入金融对外开放的整体布局；完善促进和保障对外投资体制机制，健全对外投资管理服务体系，制定合理的海外投资政策框架，以及加强跨境监管合作，确保金融机构在海外拓展业务时有清晰的合规指引。此外，政府可以设立专门的平台或机构，为金融机构提供海外市场的政策咨询、市场信息、风险评估等服务，帮助其更好地了解和适应目标市场。

2. 增强国内金融机构的国际竞争力。打造世界一流的金融机构，包括具有国际影响力的银行、保险和投资银行，丰富金融产品和服务供给。例如，完善系统重要性银行建设，支持大型银行做强国际金融业务板块；加大投资银行合并重组，建设世界一流的投资银行；发挥综合金融集团优势，支持国内大型金融机构在海外布局，率先在东南亚、中东、拉美等拓展海外分支机构或并购当地金融机构，搭建中资机构全球金融网络，构建多层次、广覆盖的全球金融体系，提升全球金融服务能力。此外，金融机构还要加强对国际金融市场的研究，充分理解和运用国际金融规则，以保护自身合法权益并提升国际竞争力。

3. 借助"一带一路"倡议推动国内金融机构海外布局。国内金融机构已与"一带一路"共建国家开展了多种形式的金融合作，例如，设立分支机构、参与项目融资、搭建交流平台以及创新金融服务等方式，由此拓展了国内金融机构的海外业务和提升国际竞争力，助力了国内金融机构成功"走出去"。国家金融监督管理总局统计显示，中国银行业保险业持续优化海外布局，截至 2023 年 6 月末，13 家中资银行已在 50 个"一带一路"共建国家设立了 145 家一级机构；6 家中资保险机构在 8 个"一带一路"共建国家设立了 15 家境外分支机构。未来随着我国金融对外开放程度的加大，国内金融机构借助"一带一路"倡议进行海外布局的数量也将会持续增加。

4. 借助国内先进金融模式和解决方案的对外输出，成功"走出去"。在金融科技、绿色金融和普惠金融等诸多服务模型和业务领域方面，国内金融机构已经走在世界前列，可以通过推动这些先进金融模式和解决方案的对外输出，助力国内金融机构成功走出国门，推动产业链、供应链的国际合作。例如，在海外市场推广移动支付、在线信贷、智能投顾等成熟的金融科技应用，提高国内金融机构的国际影响力；积极推广绿色金融理念，支持海外的可持续发展项目，这不仅有助于提升国内金融机构的国际形象，还能促进其在海外市场的业务拓展；将普惠金融的理念和实践输出到发展中国家，与当地政府和金融机构合作，共同探索适合当地市场的普惠金融模式，不仅能扩大国内金融机构的市场份额，还能提升其社会责任感。

五、引领全球金融市场，提高在国际金融舞台中的领导地位

金融强国建设的终极阶段便是本国金融体系开始引领全球金融市场，在国际金融舞台中扮演着重要角色。这其中重要的标志就是本国的主权货币成为国际上的强势货币，本国的金融中心成为国际上最主要的金融中心，本国在参与国际金融规则和标准的制定中拥有较大的话语权，在全球金融治理体系中居于领导地位。为了实现这一终极目标，在金融强国建设过程中要扎实做好相关的工作。

（一）稳慎扎实推进人民币国际化，建立强大的主权货币

强大的主权货币是成为金融强国的首要核心要素，判断一国是不是真正意义上的金融强国，也主要是看其所发行的货币是不是最主要的国际货币。因此，人民币国际化是迈向金融强国的必经之路，也是一项长期战略。《决定》强调要稳慎扎实推进人民币国际化，发展人民币离岸市场。按照这一要求，我们要积极做好人民币国际化相关工作，努力使人

民币最终成为国际认可的强大主权货币。

1. 完善人民币相关政策和制度安排。我们要简化人民币在国际贸易和投资中的使用流程和手续，降低交易成本，提高交易效率，从而提升人民币的国际竞争力和吸引力。例如，推进跨境支付结算系统的建设与优化，提供安全高效的人民币跨境支付清算服务，并加强与国际支付系统的合作，提升人民币跨境支付的便利性；大力发展离岸人民币金融业务，扩大离岸市场人民币资金池，优化离岸人民币清算体系，丰富离岸市场人民币金融产品种类等；稳妥推进数字人民币的研发，有序扩大数字人民币试点范围，不断加强数字人民币场景建设和应用创新。

2. 拓宽人民币跨境使用场景。鼓励国际贸易和投资中更多使用人民币计价结算，扩大人民币在国际大宗商品定价的使用范围，尤其是牢牢把握"一带一路"倡议为人民币国际化提供的历史机遇，在"一带一路"共建国家和地区推动大宗商品交易、工程项目等领域的人民币结算。同时，要加强与其他国家和地区的金融合作，推动人民币在区域金融合作中的使用，例如，可以与周边国家建立双边货币互换协议，促进人民币在区域内的流通和使用。此外，稳妥推进数字人民币研发和应用，积极推进多边央行数字货币桥项目，推动数字人民币在跨境支付中的使用。

3. 分步推进资本账户开放。在遵循富有效率、稳健有效的原则下，循序渐进推动资本账户可兑换，逐步放宽跨境资金流动的限制。例如，初期可以选取一些风险较低、可控性较强的资本项目进行有限度的开放，如允许符合条件的企业或个人进行一定额度的跨境证券投资、短期资本流动等。之后，随着国内金融市场的不断成熟和监管体系的完善，可以逐步取消对资本项目的限制，实现资本账户的全面开放。此外，在全面开放阶段，跨境资本流动将更加频繁和复杂，需要完善跨境资本流动的监测机制，及时发现和应对潜在风险。

4. 提升人民币作为储备货币的地位。 通过提高人民币资产的吸引力，鼓励各国央行和主权财富基金将人民币纳入其外汇储备，并通过提高人民币资产的安全性、流动性和回报率来增强其作为储备货币的功能，提升人民币作为国际储备货币的地位。例如，完善人民币汇率形成机制，使其更加市场化和透明化，增强国际社会对人民币汇率稳定性的预期；开发更多人民币计价的金融产品，丰富投资者的选择，增强人民币资产的吸引力；积极参与国际货币体系改革，争取在国际金融组织中发挥更大作用，努力提升人民币在特别提款权（SDR）货币篮子中的权重；与各国央行签订货币互换协议，特别是在关键贸易伙伴和金融中心，为人民币的国际使用提供流动性支持和风险缓冲。

（二）建立强大的国际金融中心，优化全球金融资源配置

拥有强大的国际金融中心是金融强国的重要标志之一。2023 年中央金融工作会议提出，要增强上海国际金融中心的竞争力和影响力，巩固提升香港国际金融中心地位；《决定》也再次强调了这一要求。我们要加快推进上海国际金融中心建设，巩固和提升香港作为连接中国与世界其他地区的重要纽带地位，更好地发挥国际金融中心配置全球金融资源的枢纽功能。

1. 加大上海建设金融中心的支持力度。 首先，要把服务上海国际金融中心建设作为一项重要政治任务，始终坚持"四个放在"①，把支持上海

---

① "四个放在"是指将上海发展放在中央对上海发展的战略定位上、放在经济全球化大背景下、放在全国发展大格局中、放在国家对长三角发展的总体部署中思考谋划。

国际金融中心建设与走好中国特色金融发展之路、助力建设金融强国结合起来，一体做好长三角一体化发展、上海"五个中心"①建设、浦东新区综合改革等金融服务工作。其次，要强化国际视野和金融思维，紧扣增强上海国际金融中心的竞争力和影响力，统筹发展、开放和安全，在合规前提下，勇于打破思维定式和路径依赖，提出新想法新举措，大胆探索、先行先试，持续提升服务质效。此外，中国人民银行也表示将持续深化跨境贸易和投融资便利化措施，支持上海打造人民币金融资产配置中心和风险管理中心，这包括加强金融市场基础设施体系建设，丰富和发展金融要素市场，优化升级 CIPS 功能，加大与上海在科技金融、绿色金融等方面的工作对接和推进力度，共同做好"五篇大文章"，支持上海深化数字人民币试点，探索创新场景应用测试。

2. 巩固提升香港国际金融中心地位。强化中国香港作为全球离岸人民币业务枢纽、国际资产管理中心、风险管理中心等功能，拓展债券、股票、基金、保险、财富管理等多元化的金融产品和服务。同时，香港应积极融入国家发展大局，加强与内地金融市场的联系，优化"沪港通""深港通""债券通""跨境理财通"等金融市场互联互通机制，推动两地在金融产品创新、市场规则制定、监管协调等方面的合作与融合。例如，将"债券通"项下债券纳入香港金管局人民币流动资金安排的合资格抵押品，进一步开放境外投资者参与境内债券回购业务，发布优化粤港澳大湾区"跨境理财通"业务试点的实施细则。此外，可以利用中国香港的区位优势，加强与世界各地金融中心的联系，构建全球化的金

---

① 即上海推进的五种城市建设，分别是金融中心、贸易中心、创新中心、消费者中心、全球化中心。

融服务网络，吸引更多的跨国金融机构和国际资本。

（三）参与国际金融治理规则和标准制定，获得更大话语权

我国在全球金融治理中日益扮演着重要角色，积极推动国际间的合作与共赢，逐步提升了在全球金融治理中的地位和影响力，为建立更加公正和有效的全球金融秩序贡献了中国智慧和中国力量。

1. **提升金融业国际标准化活动参与度**。在过去，我国在国际金融规则的制定中主要是学习和参加的角色。然而，随着我国经济的快速发展和对全球经济影响力的提升，我国在金融业国际标准化活动中的参与度正不断提升，开始更多地参与国际规则的制定，在国际标准组织如国际标准化组织（ISO）、国际电工委员会（IEC）、国际电信联盟（ITU）下属的相关金融技术委员会中，以及国际金融标准化组织如国际金融标准化组织（ISO TC68）、金融行动特别工作组（FATF）、巴塞尔银行监管委员会（BCBS）等活动中都有中国代表的身影。例如，我国已经成功主导制定完成了多项国际标准化组织（ISO）的金融标准，如金融服务参考数据、银行产品或服务描述规范（ISO21586：2020），第三方支付服务信息系统的安全目的（ISO23195：2021），以及金融服务中基于 Web 服务的应用程序接口（ISO/TS23029：2020）等。未来，为了进一步提升我国在金融业国际标准化活动参与度，提高规则和标准制定的主导权和话语权，一方面要加强国内金融标准化建设，通过完善国内金融标准体系，提高国内标准的质量和实施效果，为国际标准的制定提供有力支撑。例如，推动金融国家标准和行业标准的制定，以及鼓励市场自主制定团体标准和企业标准，形成多层次、高质量的金融标准体系。另一方面，利用我国在金融科技、移动支付、数字货币等领域的发展优势，率先探索实践，

制定具有前瞻性和创新性的金融标准，并将其推荐给国际标准组织，实现在金融信息化、数字化、智能化等方面形成具有国际影响力的中国主导的金融技术标准，引领国际金融标准的更新换代。例如，围绕数字货币等问题，探索建立数字货币的标准与规则，提升我国在央行数字货币（CBDC）领域的国际话语权。

2. **推动国内外监管规则标准互认**。在国际金融规则制定方面，我国主张推动国内外监管规则标准互认，这意味着我国希望与国际社会共同建立一个相互认可的监管规则标准体系，以促进全球金融市场的稳定和发展，这不仅体现了我国在国际金融治理中的责任和担当，也反映了我国在推动全球金融规则公正性方面的作用。为了推动国内外监管规则标准互认，一方面，我国要加强国际对话与合作，通过参与国际金融组织和论坛，如 IMF、金融稳定理事会（FSB）、G20 等，积极参与国际金融规则和标准的讨论和制定，推动国际社会对我国金融规则和标准的认识和接受度；另一方面，开展监管标准比较与研究，深入分析国内外监管规则和标准的异同，识别出可能存在的障碍和差异，对照国际先进监管标准，修订和完善本国金融法规，力求与国际主流规则保持一致或兼容。例如，参照《巴塞尔协议 III》等国际银行业监管标准，制定并执行相应国内监管规则。此外，建立互认的评价体系和认证机制，通过签订双边或多边协议，明确互认的原则、范围和条件，简化跨境金融服务和产品的准入流程。

3. **参与全球金融治理和政策协调**。《决定》提到要积极参与国际金融治理，而且中国人民银行行长潘功胜也曾在多个场合公开表示，中国将继续加强与国际金融组织、主要经济体央行的沟通合作，积极参与全球金融治理和政策协调，夯实全球和区域金融安全网。这表明我国在积极参与国际金融治理规则和标准制定的同时，也在全球金融政策协调方面发挥了积极的作用，为构建更加公正、包容、稳健的全球金融体系贡献中国智慧和方案。为此，一方面，参与全球金融治理的过程中，需要营造良好的国内外政治、外交、经济和社会关系，保持经济的健康稳定增长，为参与全球金融治理夯实国内基础；另一方面，在国际金融治理中，建立起信息共享的机制，及时分享经济政策的信息，促进各国之间的相互理解和信任，为政策的协调提供更加坚实的基础。例如，我国可以贡献在金融改革等领域的经验，提出具有中国特色的治理方案，推动全球金融治理体系的完善和发展。

结　语

随着本书篇章逐一展开并收束至尾声，我们深刻领悟到，金融是国家经济的血脉，是社会资源配置的重要工具，更是国家战略布局的关键一环，金融强则国力盛，金融稳则经济安。全书基于金融在国家经济社会发展中的核心地位，通过对金融发展历程和世界金融强国实践经验的提炼归纳，对金融强国基本特征的透彻解析，以及对我国金融体系现状及挑战的深度思考，揭示了迈向金融强国的具体路径。我们需要充分认识到构建一个高效、稳健且富有韧性的金融体系，是支撑国家长远发展，提升综合国力的基石。

在本书最后的笔触里，我们理解，金融强国的"强"既是形容词，代表着金融市场的繁荣、金融机构的强大、金融监管的完善、国际金融地位的提升，代表着我国金融业的终极发展目标；这个"强"同样可以理解为一个动词，即更注重金融强国目标的实现过程，强调要让金融更好地服务于实体经济，服务于广大人民群众，助力经济实现高质量发展。同时要清醒地看到，金融强国建设是一项长期而艰巨的任务，既面临国内经济降速、发展模式转变的挑战，更会面临来自外部特别是现有金融霸权国家的阻力甚至刻意打压，需要我们保持战略定力，久久为功。这要求我们在金融政策制定与实践中，坚持市场化导向，深化金融体制改革；加强法制化建设，完善金融监管机制；依托科技力量，驱动金融服务创新；强化风险防范意识，维护金融稳定大局。

展望未来，金融强国的愿景呼吁我们要矢志不渝地追求卓越与进步。在全球化背景下，中国的金融强国建设既要服务中国社会和中国人民，同时也是为全球金融服务提供可供选择的公共品，推动全球金融发展和金融治理更加公平合理。我们必须立足于新时代的新起点，以人民为中心，以创新驱动，以法治保障，以开放共赢的理念，去铸就金融强国的坚实脊梁，以此为纽带紧密联结世界的繁荣与发展，为全球经济治理注入更多的中国智慧与力量。

参考文献

［1］Adrian，T.，& Brunnermeier，M. K.（2016）. CoVaR. The American Economic Review，106（7），1705.

［2］Battaglia，F.，Gallo，A.，& Mazzuca，M.（2014）. Securitized banking and the Euro financial crisis：Evidence from the Italian banks risk-taking. Journal of Economics and Business，76，85–100.

［3］Baumol，W. J.（1963）. An expected gain-confidence limit criterion for portfolio selection. Management science，10（1），174–182.

［4］Charles Collyns. 从历史角度看危机［EB/OL］. https：//www.imf. org/external/chinese/pubs/ft/fandd/2008/12/pdf/Collyns.pdf.

［5］Esvar Prasad. 持久的美元主导地位［EB/OL］.https：//www.imf. org/zh/Publications/fandd/issues/2022/06/enduring-preeminence-eswar-prasad.

［6］Feldkircher M，Schuberth H. Understanding Monetary Spillovers in Highly Integrated Regions：The Case of Europe［J］. Oxford Bulletin of Economics and Statistics，2023.

［7］Gereffi G，Humphrey J，Sturgeon T. The governance of global value chains［J］. Review of international political economy，2005，12（1）：78–104.

［8］Goodhart，C.，& Hofmann，B.. Asset prices, financial conditions，and the transmission of monetary policy. In conference on asset prices，exchange rates，and Monetary Policy［D］. Stanford University.

［9］Gray，D. F.，& Jobst，A. A. Modelling systemic financial sector and sovereign risk［J］. Sveriges Riks bank Economic Review，2011，2（68），106.

［10］Ilzetzki E，Reinhart C M，Rogoff K S. Exchange arrangements entering the twenty-first century：Which anchor will hold?［J］. The Quarterly Journal of Economics，2019（2）：599–646.

［11］Minsky，H. P. The financial-instability hypothesis：capitalist processes and the behavior of the economy. 1982.

［12］Müller，J. Interbank credit lines as a channel of contagion［J］. Journal of Financial Services Research，2006，29：37–60.

［13］本·伯南克，张苏，丁瑞峰.大萧条传播过程中金融危机的非货币效应［J］.国外理论动态，2022（06）：155–165.

［14］毕超.加快发展金融大模型 助力金融强国建设［J］.科技中国，2024（01）：42–46.

［15］陈雳，冯文倩，马骏.以"建设金融强国"推动国家竞争力提升［J］.金融市场研究，2024（01）：1–11.

［16］陈六傅，钱学锋，刘厚俊.人民币实际汇率波动风险对我国各类企业出口的影响［J］.数量经济技术经济研究，2007（07）：81–88.

［17］陈天昊，徐玮.规范敏捷式监管：金融数据开放的监管挑战与完善路径［J］.治理研究，2023（06）：142–156，160.

［18］陈雨露，马勇，阮卓阳.金融周期和金融波动如何影响经济增长与金融稳定?［J］.金融研究，2016（02）：1–22.

［19］陈雨露.以金融强国建设全面推进中国式现代化［J］.红旗文稿，

2023（24）: 11-15, 1.

［20］崔建军，张佩瑶. 系统性金融风险的动态演进: 一个制度金融学的分析范式［J］. 经济学家，2021（05）: 6-64.

［21］存款保险基金管理公司课题组. 硅谷银行事件中美国的危机管理及启示［J］. 中国金融，2023（10）: 13.

［22］大卫·李嘉图全集: 第6卷［M］. 胡世凯，译。北京: 商务印书馆，2013.

［23］戴金平，曹方舟. 中国全球金融治理地位的测度与评估［J］. 中国外汇，2021（07）: 11-14.

［24］戴稳胜，罗雨昕. 加快建设金融强国［J］. 党课参考，2023（24）: 10-25.

［25］邓岩，丛继青. 金融监管、金融创新、金融风险三者关系的辩证思考［J］. 山东经济，2004（01）: 30-32.

［26］邓宇. 中国建设金融强国的基础、内涵与路径研究［J］. 西南金融，2024（02）: 3-15.

［27］董昀. 以高质量金融人才支撑金融强国建设［J］. 经济，2023（12）: 43-45.

［28］樊正棠，刘建利，余爽，等. 金融创新与金融风险、金融监管: 经济模型与实证分析［J］. 西北大学学报（哲学社会科学版），1998（04）: 12-16.

［29］高惺惟. 加快建设金融强国的科学内涵和实现路径［J］. 理论视野，2023（12）: 44-50.

［30］郭海涛. 国际原油定价机制与国际原油［J/OL］. https://www.shfe.com.cn/upload/20180607/1528353154166.pdf.

［31］郭洁，薛玉飞. 加快建设金融强国：政策逻辑、内涵要求与中国改革路径优化［J］. 金融经济学研究，2024（01）：33-49.

［32］顾海良. 中国特色社会主义经济学读本［M］. 江苏人民出版社，2016.

［33］何德旭，郭晓婧. 加快建设金融强国的理论内涵及实现路径［J］. 行政管理改革，2024（01）：4-13.

［34］河合正弘，王京滨. 八十年代后期日本的资产泡沫：原因、后果和经验教训［EB/OL］. https：//www.aof.org.hk.

［35］胡滨，杨涵. 英国金融科技"监管沙盒"制度借鉴与我国现实选择［J］. 经济纵横，2019（11）：103-114，2.

［36］胡海峰. 围绕关键核心金融要素加快建设金融强国［J］. 中国党政干部论坛，2024（02）：11-15.

［37］黄达. 金融学［M］. 北京：中国人民大学出版社，2012.

［38］黄震，张夏明. 中国监管科技的实践探索及其完善路径［J］. 陕西师范大学学报（哲学社会科学版），2023（04）：79-91.

［39］李木子. 英国金融监管从分业到双峰：变迁与启示［J］. 中国发展观察，2020（11）：59-60.

［40］李斯特. 政治经济学的国民体系［M］. 邱伟立译. 北京：华夏出版社，2009.

［41］连平. 金融强国建设的目标与任务［J］. 中国金融，2023（22）：12-14.

［42］连平. 以金融高质量发展推动金融强国建设［J］. 中国外汇，2024（05）.

［43］廖理，戚航，闫竹，等. 防范金融风险保护金融创新：英国监

管沙盒调研与建议之二［J］.清华金融评论，2018（04）：87-93.

［44］刘方平."一带一路"视域下中国对巴基斯坦援助研究［J］.南亚研究，2020（01）：125-147，152.

［45］刘磊，邵兴宇，王宇.金融结构特征与金融体系发展：大国的比较［J］.国际经济评论，2022（06）：71-101，6.

［46］娄飞鹏.建设金融强国：国际经验、发展基础与相关建议［J］.西南金融，2024（03）：1-12.

［47］马广奇，陈雪蒙.由金融大国迈向金融强国：国际比较与中国进路［J］.西安财经大学学报，2024（02）：46-59.

［48］缪因知.《金融稳定法》拟议，谁应该加以注意［EB/OL］.https：//m.eeo.com.cn/2022/0422/531522.shtml.

［49］彭文生.从规模经济看金融强国［J］.新金融，2024（03）：11-17.

［50］彭兴韵.金融强国建设的基础与路径［J］.中国外汇，2024（05）.

［51］饶波，郑联盛，何德旭.金融监管改革与金融稳定：美国金融危机的反思［J］.财贸经济，2009（12）：22-30，139-140.

［52］沈建光.日本"失落的三十年"，政策应对上做错了什么？［EB/OL］.https：//wallstreetcn.com/articles/3708158.

［53］沈能，刘凤朝，赵建强.财政分权、金融深化与地区国际贸易发展［J］.财贸经济，2006（01）：41-45，97.

［54］孙立坚.以史为鉴，日本"失去的三十年"的真相与启示（下）［EB/OL］.https：//fddi.fudan.edu.cn/1d/95/c18965a662933/page.htm.

［55］孙天琦.危机期间欧美债务临时性全额担保机制［EB/OL］.http：//www.cf40.org.cn/news_detail/12054.html.

［56］孙天琦，刘勤．依赖批发性融资的商业银行：风险特质、监管改进及处置机制——基于2008年国际金融危机的有关案例［J］．上海金融，2021（03）：2-15.

［57］唐建伟，邓宇．推动金融高质量发展助力"金融强国"建设——解读2023年中央金融工作会议精神［J］．新金融，2024（01）：23-30.

［58］陶玲，朱迎．系统性金融风险的监测和度量：基于中国金融体系的研究［J］．金融研究，2016（06）：18-36.

［59］王刚，黄玉．从金融大国到金融强国的实现路径［J］．中国农村金融，2023（21）：17-19.

［60］王国刚，史建平，胡滨，等．加快建设金融强国专家笔谈［J］．农村金融研究，2023（11）：3-19.

［61］王国刚，赵伟霖．中国式现代化建设中的现代金融体系构建［J］．社会科学文摘，2023（09）：81-83.

［62］王欢星．美国金融监管改革对金融稳定有效性研究：以《多德－弗兰克法》为中心［J］．经济论坛，2018（09）：112-116.

［63］王俊岭．金融支持实体经济稳定增长［N］．人民日报海外版，2023-12-05.

［64］王立勇．建立健全自主可控安全高效的金融基础设施体系［N］．光明日报，2024-01-30.

［65］王朋月，李钧．美国P2P借贷平台发展：历史、现状与展望［J］．金融监管研究，2013（07）：26-39.

［66］王文，蔡彤娟．建设金融强国：概念、定位与政策落点［J］．金融经济学研究，2024（01）：3-13.

［67］王文．金融强国理论及其目标解析［J］．中国金融，2023（24）：

21–23.

［68］王玉玲.从系统性风险视角看美国银行业危机应对［J］.中国金融，2023（16）：78–80.

［69］王兆星.防范化解系统性金融风险的实践与反思［J］.金融监管研究，2020（06）：1–5.

［70］微众银行、毕马威、金链盟.全球金融市场基础设施发展报告［R］，2020.

［71］魏鹏.加快建设金融强国的内涵要义、逻辑衔接与实践路径［J］.经济学家，2024（02）：60–70.

［72］吴光磊，吴小太，王斌.新冠肺炎疫情对我国系统性金融风险的影响分析：基于金融压力指数与组合模型［J］.管理现代化，2021（02）：103–107.

［73］吴江羽.金融科技背景下金融数据监管法律框架构建［J］.西南金融，2020（11）：76–85.

［74］吴晓求.中国金融体系存在三大缺陷［OL］.和讯网，2013-11–18.

［75］吴晓求.中国金融监管改革：逻辑与选择［J］.财贸经济，2017（07）：33–48.

［76］吴晓求.金融强国的实现路径与建设重点［J］.经济理论与经济管理，2024（01）：1–6.

［77］辛乔利.大萧条始末［EB/OL］.http://ccb.com/cn/ccbtoday/jhbkhb/20171030_1509350231.html.

［78］徐国祥，郑雯.中国金融状况指数的构建及预测能力研究［J］.统计研究，2013（08）：17–24.

［79］徐金麟，叶燕武，王巍，等. 有序发展金融衍生品 助力实体经济风险管控［EB/OL］. https：//www.financialnews.com.cn/ll/xs/202107/t20210719_223670.html.

［80］杨星，钟玉琴. 信用衍生品 CDO 对金融市场稳定性的影响研究［J］. 商业经济与管理，2012（02）：67–75.

［81］姚一旻，杨洋. 日本"泡沫经济"破裂后的跨境资本流动和日元汇率［J］. 中国外汇，2022（07）：70–71.

［82］易纲. 建设现代中央银行制度［N］. 人民日报，2020–12–24.

［83］曾金华. 财政政策加力稳经济强信心［N］. 经济日报，2024–01–02.

［84］张承惠，贺行知. 持续深化金融改革 加快建设金融强国［J］. 中国发展观察，2024（01）：15–21.

［85］张苏，丁瑞峰. 大萧条传播过程中金融危机的非货币效应［J］. 国外理论动态，2022（06）：155–165.

［86］张占斌，王学凯. 加快从金融大国向金融强国迈进［J］. 人民论坛，2023（22）：8–11.

［87］郑联盛，朱佳晨. 美国金融监管强化的根源、重点及影响［J］. 银行家，2023（09）：90–93，8.

［88］郑金宇. 地方金融监管架构的国际比较与启示［J］. 银行家，2022（09）：81–84，7.

［89］中国人民大学课题组. "十四五"时期中国金融改革发展监管研究［J］. 管理世界，2020（07）：5–14.

［90］中国人民银行货币政策分析小组，中国货币政策执行报告（202年第四季度）［R］，2024–02–08.

［91］中国人民银行.2023年人民币国际化报告［R］.中国人民银行，2003.

［92］中国人民银行国际司.美国的金融监管体系及监管标准［EB/OL］.http://www.pbc.gov.cn/goujisi/144449/144490/144525/144758/2844136/index.html.

［93］中央金融委员会办公室 中央金融工作委员会.锚定建设金融强国目标 扎实推动金融高质量发展［N］.人民日报，2024-02-20.

［94］钟红，杨欣雨.金融数据跨境流动安全与监管研究［J］.新金融，2022（09）：38-44.

［95］周立，张永霞.金融强国重要论述的逻辑框架、时代内涵及价值意蕴［J］.金融经济学研究，2024（01）：14-32.

［96］周小川.深化金融体制改革［J］.金融博览，2016（04）：40.

［97］朱平芳，张征宇，姜国麟.FDI与环境规制：基于地方分权视角的实证研究［J］.经济研究，2011（06）：133-145.

后　记

2024 年初，受人民日报出版社的委托，由我牵头，开始撰写《金融强国》一书。写作团队主要由清华大学五道口金融学院金融发展与监管科技研究中心的研究人员组成，包括高级研究专员王镇，中级研究专员庞鑫、许林和兼职研究员郭晓蓓，以及五道口金融学院博士生李昱彤。其中王镇博士（第一、二、六、八章执笔人并参与统稿）既从事过商业银行和金融科技工作，还担任过高校专职教师，庞鑫博士（第三章执笔人）兼具财政背景及较为丰富的证券从业经验，郭晓蓓博士（第四章执笔人）从事多年商业银行工作，许林（第五章执笔人）曾有海外留学和高校智库研究工作经历，李昱彤（第七章执笔人）是我在五道口金融学院的博士生，对国际金融体系进行过较为系统的研究，我本人负责全书研究内容的确定、框架搭建、审稿及最终统稿工作。

写作过程中，写作组召开了数次专家研讨会和多次内部讨论会，每周在内部例会上讨论写作进展和遇到的问题，请教了多位业界及学界的知名专家，特别是得到了尚福林主席、肖钢主席、陈文辉副理事长、张晓慧行长助理、黄益平院长等著名专家、学者的指点和肯定，在此深表感谢！全书从出版策划到写作及修改完善，全程得到了人民日报出版社的大力支持，蒋菊平主任全程负责组织协调，李安编辑认真把关，没有她们的辛勤努力，本书不可能如此顺利出版。

金融强国是一篇宏大的文章，金融强国建设是中华民族伟大复兴的一个重要组成部分，需要包括金融从业人员在内的全体中国人民持续奋斗方有可能实现。由于撰稿团队学识所限，眼界及高度不够，本书难免有不足甚至错误之处，一些观点也仅代表个人意见，可能有失偏颇。欢迎广大读者对本书提出批评和宝贵意见，以便我们在今后的学习和工作中努力改进，共同推动实现金融强国这一伟大、艰巨而光荣的目标。

张健华

2024 年 10 月于清华大学五道口金融学院